KB123195

님께

힘은 당신 안에 있습니다.

마음의 주인이 되세요.

애쓰지 않고 다 되기를…

드림

EFT로 술술 풀리는 내 인생

• 최인원 지음 •

 MBS출판사

초대하는 글

하지 않으면 하지 못하는 것이 없다 ^{無爲而無不爲}.

20년 전쯤 《노자》라는 책을 처음 볼 때, 이 구절이 유달리 눈에 띄었고 심오한 의미가 있다는 것을 직감했다. 하지만 모르는 글자가 없음에도 이 구절을 이해하기는 쉽지 않았다. 아무리 고심하며 뜯어보아도, '하지 않으면 못하는 것이 없다'는 의미 이상의 해석이 나오지 않았다. '하지 않는데 어떻게 모든 것을 다 한다는 것일까. 단순히 하지 않는다는 의미는 아닌 것 같고 뭔가 더 심오한 의미가 있는 것 같은데, 도대체 어떻게 풀어야 할까?'

이렇게 '하지 않으면'이란 구절이 해결할 수 없는 난관이 되어 나를 괴롭혔지만, '하지 못하는 것이 없다'는 구절이 마약보다 강한 중독성으로 내 마음에 여전히 맴돌았다. 이 구절만 잘 풀면 정말 못하는 것이 없는 삶을 살 수 있을 것 같은 강한 느낌이 들었다.

이 느낌이 20년간 나를 이끌면서 여기까지 오게 했고 이렇게 책을 쓰게 만들 줄은 몰랐다. 인생의 큰 시작이란 종종 이렇게 티끌만 한 호기심에서 시작되는 모양이다. 시간이 조금씩 지나면서 '하지 않으면'의 의미가 '마음 비워서 하면'이라는 정도까지 나아가게 되었다. 그래서 이 문장은 다시 다음과 같이 해석되었다.

마음을 비워서 하면 안 되는 것이 없다 無爲而無不爲.

좀 더 나은 이해이기는 하지만, 마음을 비운다는 것은 또 무슨 의미인가. 알 듯하면서도 여전히 아리송했다. 노자를 철학과 이론으로만 이해하는 데에는 여기까지가 한계였다. 더 이상 나아가지 않았다. 하지만 그 와중에도 작은 소득이 있었으니 내가 앞으로 규명해야 할 두 가지가 정리되었다는 점이다.

첫째, '마음 비움'이 무엇인지 알아야 한다. 둘째, '안 되는 것이 없다'가 정말 가능한지 경험해보아야 한다. 이렇게 정리되자 일단 앞으로 나아갈 방향이 정해지는 느낌이었고, 결국 20년이 걸려 이 두 가지를 해명하게 되었다.

먼저 '마음 비움'을 이해하기 위해서 두 가지를 알아야 했다. 하나는

'마음이란 어떤 것이냐'이고 다른 하나는 '비운다는 것은 또 어떤 것이냐'이다. 결론부터 말하면 마음에 관해서 '마음=의식+무의식'이며 무의식이 나와 마음의 본질이라는 것을 알게 되었다. 또한 비움에 관해서 '비움=무판단=무집착'임을 깨닫게 되었다. 그래서 '마음 비워서 하면'의 뜻은 '의도를 갖되 집착이 없이 하면, 집중하되 집착 없이 하면'으로 정리되었다.

그런데 문제는 이 '비움'이 쉽지 않다는 점이다. 그래서 쉬운 비움의 도구를 찾는 데 많은 시간을 썼고, 마침내 찾았으니 그것이 바로 EFT다. 모든 집착의 원천은 부정적인 감정이며, EFT는 정말 쉽게 이런 감정들을 지워준다. 그래서 첫머리의 문장을 다음과 같이 다시 말할 수 있게 되었다.

원하는 것에 대한 의도를 갖되 EFT로 집착을 지우면 안 되는 것이 없다 無爲而無不爲.

그다음 '안 되는 것이 없다'를 규명해야 했다. '안 되는 것이 없다'는데 도대체 구체적으로 뭐가 다 된다는 말인가. 한마디로 건강과 행복과 성공, 이와 더불어 영성까지 다 이룰 수 있다. 그래서 첫 머리의 문장을 다시 다음과 같이 이해할 수도 있다.

6

EFT로 무의식을 원하는 대로 바꾸면 건강과 행복과 성공과 깨달음까지 얻을 수 있다 無爲而無不爲.

너무 큰소리치는 것 아니냐고 항의하는 독자들의 목소리가 들린다. 정말 EFT로 '마음 비움'이 되면 안 되는 것이 없을까? 이와 관련해서 나는 여러 해 동안 직접적으로는 수천 명에게 강의와 상담을 해왔고, 간접적으로는 책과 인터넷 방송으로 수만 명에게 노장 사상과 EFT를 알려왔다. 그 결과는 한마디로 놀라웠다. 수많은 사람들이 정신 분열, 강박신경증, 우울증 등의 온갖 심리적 문제와 척추협착증, 암 후유증, 고질적 불면증, 섬유근통, 각종 통증 질환 등의 온갖 만성 육체 질환과 시험 불안, 부부관계 위기, 삶의 의미 상실 등의 인생 문제를 해결했고, 더 나아가 원하는 것, 즉 소득 증대, 인생 목표 달성, 삶의 의미 찾기, 인간관계 회복 등을 이루었다.

지금도 나는 저술하는 틈틈이 강의하고 방송하고 상담하면서 하루 종일 확언과 EFT로 사람들의 삶을 회복시키고 있다. 그래서 이제는 당당히 말할 수 있다. 무의식이 변하면 당신이 원하는 것이 무엇이든 다 가능하다고. 이 정도의 경험이면 독자들도 믿고 해볼 만하지 않은가!

흔히 작심삼일이라는 말을 많이 한다. 작심이란 지어 먹은 마음이란 뜻이니 무의식이 아직 변화되지 않아서 의식적으로만 뭔가를 한다는 뜻이다. 의식적으로 하면 억지로 3일은 할 수 있지만, 곧 지쳐서 나가 떨어진다. 하지만 무의식까지 변화되면 무슨 일이라도 평생 할 수 있다. 이것이 바로 무의식의 힘이다. 이 책의 목적은 바로 이 무의식의 힘을 이해하고 활용하는 법을 제시하는 데 있다.

무의식의 힘을 잘 활용하기 위해서는 먼저 다음 세 가지 조건이 필요하다. 첫째, 무의식을 이해해야 한다. 둘째, 무의식을 변화시킬 수 있어야 한다. 셋째, 무의식의 변화에 대한 풍부한 실제 경험이 필요하다. 그래서 이 책의 1부에서는 독자들의 이해를 돕기 위해 무의식에 대해서 자세하게 설명했다. 2부에서는 무의식을 변화시키는 법에 대해서 설명했다. 1부와 2부를 서술하는 과정에서 나의 20년간의 경험을 압축하여 넣었다. 그 결과 위의 세 가지 조건이 충족되도록 했다.

처음 나는 이 책을 쓰면서 두 가지 분명한 목표를 갖고 시작했다. 첫째, EFT가 무의식을 바꾸는 탁월한 도구임을 알리고 제대로 활용하게 하는 것이다. 둘째, 장자의 삶을 실천하려는 의지를 EFT를 통해 구현하는 것이다. 장자는 동서고금을 통해 많은 사람들의 삶에 영향을 주었지만, 그 영향에는 한계가 있었다. 왜냐하면 장자는 아직 철학적 이론에 머무를 뿐 도구가 부족하기 때문이다. 나도 장자를 통해 많은 변화를 경험했지만 한계를 더 많이 경험했다. 장자는 탁월한 통찰과 삶의 지침을 갖고 있지만 실행 도구가 부족했다. 그러다 EFT를 만나면서 도구의 문제는 저절로 해결되었다. 내가 그래왔듯이 독자 여러분도 이 책을 통해, EFT로 무의식을 변화시켜 장자와 노자처럼 삶의 모든 가능성을 발휘할 수 있기를 바란다. 그래서 마침내 다음과 같은 삶의 경지에 머물기를 바란다.

애쓰지 않아도 안 되는 것이 없다 無爲而無不爲.

이제 자작시 한 수로 20년 여정을 회고해보면서 여러분을 초대하려 한다.

마음 비우니 삶이 저절로 살아진다 無心生自得

혼돈 混沌 최인원

빈 마음을 몰라 길道을 말미암지 않으면 不知無心不由道
살아갈수록 더 힘들고 한낱 이룸도 없다 益生益難徒無就.
그저 마음 비우니 삶은 저절로 살아지고 但空心生自得也
이룰 뜻을 지니되확연하되 집착하지 않으니 결과는 저절로 맺힌다 有意
無執果自成.

9

contents

에고_나밖에 모르는 나

2부 나를 넘어 새로운 나를 만나라

확언이란

확언이란 내가 원하는 목표를 내 무의식에 믿음으로 심는 방법이다. 일종의 자기암시라고 할 수 있다. 확언이 무의식에 잘 심기게 하려면 확언의 규칙을 알아야 한다.

1. 삶의 목표나 요구에 부합해야 한다. 당위적인 것은 안 된다.
2. '원하는 것'을 확언하고 '원하지 않는 것'을 확언하지 마라.
3. 현재 당신의 믿음으로 가능성이 있는 것을 확언하라.
4. 확언은 현실과 적당한 거리가 있어서 흥분될 정도여야 한다.
5. 확언은 일인칭 현재형으로 진술하라.
6. 확언하고 확언이 실현된 상황을 생생하게 상상하라.
7. 타인을 확언의 대상으로 삼지 마라.
8. 확언은 자신만 알도록 하라.
9. 확언이 실현될 방법에 대해서는 신경 쓰지 마라.
10. 확언을 할 때 생기는 무의식적 저항을 EFT로 지워라.

위의 규칙에 부합되는 몇 가지 확언을 예로 들어보자.

자신감_ 나는 나를 믿는다. 힘은 내 안에 있다. 나는 존중받고 사랑받을 가치가 있다.

돈_ 돈을 잘 쓰면 잘 들어온다. 내가 쓰는 돈은 2배가 되어 돌아온다. 돈의 강물이 내 삶 속에 흐른다.

건강_ 내 눈이 점점 잘 보인다. 나는 활력과 생기가 넘친다.

확언을 할 때에는 연속두드리기 타점을 두드리면서 확언하는 것이 좋다. EFT가 확언을 무의식에 더 쉽게 뿌리내리게 도와주기 때문이다.

EFT란

"EFT^{Emotional Freedom Techniques}는 마음을 치료하는 침술이며 몸을 치료하는 침술이며 침을 사용하지 않는 침술이다."

나는 워크숍에서 처음 EFT를 소개할 때마다 이렇게 말하면서 시작한다. 좀 더 자세히 설명하면 이렇다. 첫째, 침을 쓰지 않고 한의학의 경혈^{타점, 침놓는 자리}을 두드려서 효과를 낸다. 둘째, 두드리면 놀라울 정도로 많은 육체 증상이 좋아진다. 셋째, 두드리면 온갖 부정적 감정이 사라지고 부정적 생각과 신념이 바뀐다.

EFT 계발의 역사를 간단히 소개하면 이렇다. 1980년 임상 심리학 박사 로저 칼라한은 30년간 물 공포증을 앓고 있는 여성을 우연히 경혈을 두드려서 몇 분 만에 치료하는 경험을 하게 된다. 이에 그는 경혈에 감정을 치료하는 탁월한 기능이 있음에 주목하고, 연구에 박차를 가해 몇 년 만에 TFT^{Thought Field Therapy}라는 방법을 만든다. 1990년 게리 크레이그는 이것을 더 단순화시키고 활용하기 쉽게 개발해 EFT를 만든다. 현재 EFT 매뉴얼은 전 세계 22개 언어로 번역되어 최소한 수백만 명이 활용하고 있다.

● ● ● ● EFT는 무의식을 변화시키는 탁월한 방법이다.

EFT를 하다보면 무의식에 숨어 있던 온갖 생각과 감정과 기억들이 저절로 떠오른다. 과거에는 무의식에 접근하기 위해서 최면과 꿈을 이용했지만 활용하기가 너무 어려웠다. 반면 EFT는 누구나 쉽고 간편하게 자신을 규정하고 있는 무의식에 쉽게 접근하게 해준다. 또한 접근 과정에서 무의식의 부정적 요소들을 쉽게 바꿀 수도 있다. 그런 점에서 EFT는 무의식을 탐사하고 변화시키는 탁월한 도구라고 할 수 있다.

EFT는 다음과 같은 기본 전제를 갖고 있다. 이 전제들은 수없이 EFT를 적용하면서 밝혀진 것들로 선험적이기보다는 경험적이다.

1. 부정적인 감정은 경락이 막혀서 생긴다.

2. 부정적인 감정이 신체화되어 육체 증상을 일으킨다.

3. 해소되지 않은 과거의 부정적 감정은 반드시 몸에 나타난다.

4. 부정적 경험이 누적되면 부정적 신념이나 태도를 형성한다.

5. 부정적 경험에 결부된 감정을 지우면 부정적 신념과 태도가 사라진다.

6. 경락을 두드려서 소통시키면 신체 증상이 낫는다.

● ● ● ● ● EFT는 매우 특이하지만 효과는 탁월하다.

뜬금없이 이 말을 하는 이유는 EFT가 낯선 사람들은 이 특이한 방법
에 의문을 품기 마련이기 때문이다. 사실 나도 처음 접할 때는 그랬다.
하지만 잠시 이 거부감과 의심을 내려놓고 몇 분만 지시하는 대로 따라
서 두드려보기를 권한다. 아무 생각 없이 5분만 두드려도 독자들의 50
퍼센트 이상은 그 자리에서 뭔가 달라짐을 느낄 것이다. 종종 의외의
것에서 찰나에 인생이 바뀌는 법이고, EFT가 그 계기를 마련해줄 것이
라고 확신한다. 그러니 일단 두드려보고 경험해보라.

EFT 무작정 따라하기

1. 문제 확인

해결하고 싶은 육체적, 심리적 문제를 하나 고른다.
그 증상이 얼마나 불편한지 잘 느껴보고 0 ～ 10 사이에서 점수를 매겨본다.

해결할 문제의 예들

육체적 문제

- 두통 • 요통 • 치통
- 복통 • 어깨 통증 • 피부 가려움
- 기타 육체적 불편 및 통증

심리적 문제

- 불안 • 분노 • 두려움
- 의심 • 걱정 • 죄책감
- 기타 불편한 생각과 감정

2. 준비단계

먼저 아래의 수용확언의 빈칸에 나의 문제를 최대한 구체적으로 표현해보라.
그다음 손날점을 두드리면서 3번 말한다.

수용확언

나는 비록 (   )하지만
마음속 깊이 진심으로 나 자신을 받아들입니다.

3. 연속 두드리기

각 타점을 5~10회 정도 두드리면서 내 문제의 연상어구를 말한다.
이 과정을 두 번 반복한다.

연상어구 앞서 나온 예들을 연상어구로 만들면 다음과 같다

육체적 문제

- 앞머리가 지끈지끈 아프다.
- 뒷목이 뻑뻑하다.
- 발목이 걸을 때마다 뻐근하다.

심리적 문제

- 중간고사를 망칠까봐 불안하다.
- 엄마의 잔소리에 짜증이 난다.
- 쥐가 너무 무섭다.

연속 두드리기 타점

왼편 타점만 두드리든, 오른편 타점만 두드리든, 양편 모두 두드리든 상관없다.
타점의 위치에 크게 구애되지 말고 대략 두드려도 된다.

❶ 정수리 _ 머리 꼭대기 즉 정수리
❷ 눈썹 안쪽 _ 눈썹 안쪽이 끝나는 자리
❸ 눈가 _ 눈 바깥 초리가 끝나는 자리
❹ 눈 밑 _ 눈두덩 아래나 1센티미터 아래
❺ 코 밑 _ 코와 윗 입술의 한 가운데
❻ 턱 _ 아랫 입술 밑 가장 오목한 곳
❼ 쇄골 _ 쇄골이 시작되는 곳의 아래로 2센티미터,
뼈가 아닌 살이 있는 곳
❽ 옆구리 _ 겨드랑이 아래 한 뼘

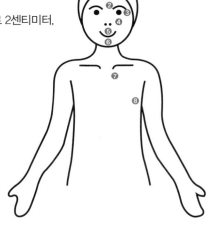

4. 문제 재확인

다시 나의 불편함이 얼마나 느껴지는지 점수를 매겨보라. 변화가 있는가? 어떤
사람은 효과가 너무 놀라워서 어안이 벙벙할 수도 있다. 수용확언과 연상어구
를 바꿔서 얼마든지 다른 증상과 문제에도 적용해보라.

증상이 줄었지만 아직 느껴질 때

증상이 줄었지만 아직 남아있다면 다음과 같이 해보라. 먼저 수용확언과 연상어구를 다
음과 같이 바꿔서 앞의 과정을 5~10분 정도 반복해보라.

수용확언

나는 비록 아직 (   )하지만
마음속 깊이 진심으로 나 자신을 받아들입니다.

연상어구

아직 (   ) 하다.

5. 마지막으로

EFT는 반드시 효과가 난다. 하지만 물론 EFT를 하는 사람의 기술 정도도 중요
하다. 문제가 너무 깊고 복잡해서 효과가 빨리 나타나지 않는 분들은 다음과 같
이 해보기를 권한다.

나의 EFT 소개 블로그(http://blog.naver.com/hondoneft)로 가서 다음 순서대로 목
차를 따라 들어가면 EFT 하는 법을 동영상으로 배울 수 있다. 'EFT 자료실' →
'EFT가 처음이세요?' → 〈EFT 무작정 따라 하기〉 : EFT 하는 법'.

그 밖에도 EFT에 관한 전한 전문서인 『5분의 기적 EFT』를 참고하거나, 유나 방
송(una. or.kr)에서 '두드림의 선물 EFT' 강의를 듣는 것도 좋다.

붕새 이야기

● ● ● ● 저 먼 북쪽 끝에 크기는 알 수 없지만 천지
天池라고 부르는 거대한 바다에 곤鯤이라 부르는 큰 물고기 한 마리가 산
다. 그 크기가 몇 백 킬로미터가 넘는지는 아무도 모른다. 시간이 지나
면 올챙이가 개구리가 되고 애벌레가 나비가 되듯 이 물고기가 새가 되
는데, 이 새를 붕鵬이라고 부른다. 붕새의 몸통은 너무 커서 잴 수는 없
지만 길이가 최소한 수백 킬로미터가 넘는 것 같다. 힘껏 날아오르는
모습을 보면 양 날개가 마치 하늘의 한쪽을 다 덮은 거대한 구름처럼
보인다. 이 새가 해류가 바뀌면 저 먼 남쪽 끝에 있는 남지南池라고 부르
는 바다로 날아간다.

남녘으로 날아가는 붕새의 모습을 보니, 바다 가까이에서 날갯짓을
하면 튀어오르는 파도의 높이가 1000킬로미터에 이르고, 저 높은 창공

에서 날갯짓을 하면 수천 킬로미터나 되는 회오리가 인다. 붕새가 일단 날기 시작하면 우선 30만 킬로미터 정도는 수직으로 선회하며 상승하고 이어서 수평으로 최소한 6개월은 날아가서야 한 번 쉰다. 아무도 남쪽 끝의 바다까지 가본 적이 없어 확인해볼 수는 없지만 전설에 의하면 그 바다는 지구상의 모든 생명이 비롯되는 곳이라고 한다. 혹자는 그곳에 모든 생명이 솟아나는 거대한 구멍이 있다고도 전한다.

물이 깊지 못하면 큰 배가 뜰 수 없다. 마당의 푹 파인 곳에 물 한 잔을 부으면 겨자씨는 띄울 수 있지만, 술잔을 넣으면 바닥에 가라앉는다. 물은 얕고 적은데 띄울 것은 너무 크기 때문이다. 마찬가지로 직상해서 바람을 두껍게 쌓지 않으면 붕새의 날개를 지탱할 부력이 생기지 않는다. 그래서 30만 킬로미터 정도는 수직 상승해야 비행을 유지할 바람을 얻는다. 이 정도 높이에서 이 정도의 바람은 타야 푸른 하늘과 태양을 등에 지고 거침없이 하늘로 날아갈 수 있다.

하지만 이때 날아가는 붕새를 보던 참새와 뱁새가 코웃음을 치며 말한다.

"쟤는 왜 저렇게 힘들게 멀리 날아갈까? 우리는 수풀 사이에서 200~300미터만 날아올라도 먹을 것 다 먹고 볼 것 다 볼 수 있으니, 이것도 '제법 난다'고 할 수 있지 않은가? 그런데 저 녀석은 30만 킬로미터나 힘들게 수직 상승해서 6개월이나 날아가는 불필요한 짓을 도대체 왜 하는 것일까? 도대체 저렇게 높이 멀리 날아 어디로 가는 것일까? 정말로 아둔하고 어리석은 놈이다."

　옛 사람들이 일컫기를, 가까운 숲에 소풍 갈 때에는 도시락 하나만 있어도 배가 든든하지만, 백리 길을 가는 사람은 며칠분의 양식을 밤새 만들어야 하고, 천리 길을 가는 사람은 석 달치의 양식을 일주일간 준비해야 한다고 했다. 참새와 뱁새 같은 미물이 어찌 이런 이치를 알겠는가? 작은 지혜는 큰 지혜에 미칠 수 없고, 하루살이가 사계절을 이해할 수 없는 법이다.

　남다른 능력이 있어 작게는 시장, 군수에서부터 크게는 총리, 대통령까지 되어 세상에서 소위 한자리한다는 사람들이 바로 이새들과 같지 않을까? 전국시대의 송영자宋榮子 선생은 그런 사람들에 대해 코웃음을 쳤다. 그는 온 세상이 칭찬하며 권해도 자기가 하기 싫으면 안했다. 또 온 세상이 비판하며 막아도 하고 싶으면 했다. 세상의 비판과 칭찬에 자신의 내면이 흔들리지 않아 세상일로 시달림이 없었기 때문이다.

　하지만 송영자도 아직 미치지 못하는 경지가 있다. 열자列子 선생은 마음대로 바람을 타는 재주가 있어 바람을 타고 하늘을 이리저리 노닐다가 열닷새가 지나면 돌아왔다. 그는 세상의 화복禍福에 애쓰지 않았고 힘들게 걸어다닐 필요도 없다고 했다. 그러나 바람에 의지해야 한다는 점에서 완전히 자유롭지 못한 점이 있다.

　또 다른 말에 따르면 혼돈 선생이라는 분은 천지의 올바른 기운을 마음대로 부려 사계절의 변화를 다스리며, 아무런 한계와 속박도 없는 경지에서 노니는 분이라고 한다. 이런 분이 의지하여 매일 것이 무엇이 있겠는가? 그런 분은 '내 몸이 나다'라는 몸에 대한 애착도, '내가 했다'라는 자부심도, '내가 나야'라는 공명심도 없기 때문이다無己, 無功, 無名.

한편 제해라는 사람은 전 세계의 오지와 극지를 많이 탐험해보아 신기한 것을 많이 아는 사람이다. 다음은 붕새에 관해 그가 전하는 말이다.

붕새는 100년을 날아 남지에 도착한다. 그런 다음 몇 달간 여행에 지친 몸을 추스른다. 이제 다시 붕새는 10여 년간 천지의 기운이 바뀌며 새롭게 비상할 수 있는 날을 기다린다. 천 년에 몇 번 있을까 말까 한 이 날이 되면 남지의 온 하늘에는 끝없는 오로라의 장막이 펼쳐진다고 한다. 마침내 절정의 시간이 되면 붕새가 이 오로라의 장막 속에서 나선형으로 비상한다. 그러다 수십만 킬로미터쯤 상승할 무렵, 매미가 허물을 벗듯 갑자기 희디흰 깃털 옷을 순식간에 다 벗는다. 깃털을 벗은 몸통은 거대한 은빛 그 자체여서 날아오르는 모습이 마치 거대한 광선이 춤을 추는 것 같다. 도대체 이 백색 광선이 얼마만큼 어디까지 어디로 가는 것일까?

벗어던진 흰 깃털 옷은 하늘에서 산산이 부서지고 흩어져내려서 남지 전체에 마치 번쩍이는 거대한 눈보라가 들이치는 것 같다. 그런데 놀랍게도 이 실조각 같은 깃털이 남지의 물에 닿자마자 모두 물고기로 변하는 것이 아닌가! 물고기 한 마리의 모습과 크기는 마치 살아 움직이는 흰 솜털 같은데, 멀리서 보면 남지의 일부분이 물고기들 때문에 살아 움직이는 눈밭이 된 것 같다. 이윽고 깃털 옷이 바다에 다 떨어져 내리고 하늘의 오로라도 모두 걷힐 무렵, 실고기들이 떼를 지어 한 방향으로 가는데, 그곳이 천지이고 이 고기들이 바로 곤의 새끼라고 한다. 이 실고기들이 천지에 도달하는 데 걸리는 시간이 혹자는 수천 년이라고 하고 혹자는 수만 년이라고 한다. 이 실고기들의 수도 10조인지 100조인지 모르지만 어쨌든 이 많은 실고기들 가운데 무사히 천지까지 도달하고 자라서 곤이 되는 놈은 몇 마리에 불과하다고 한다.

그럼 깃털 옷을 다 벗고 수직 선회하는 붕새는 마지막에 어떻게 되었을까? 무한히 날아올라서 작은 점이 되다가 마침내는 사라졌다고 한다. 도대체 붕새는 어디로 갔을까? 천문과 지리에 통달한 어떤 사람의 말에 의하면 붕새는 끝없이 날아 태양으로 다가가 태양과 한몸이 되는데 바로 흑점이 태양과 붕새가 합치되는 순간의 붕새의 모습이라고 한다.

1부

내가 왜 이런지 몰라, 도대체 나란 무엇일까?

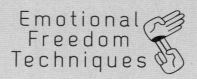

Emotional
Freedom
Techniques

나_물질일까 몸일까 마음일까

● ● ● ● 나에게는 오래된 체중계가 하나 있다. 그런데 어느 날부터인가 잴 때마다 체중이 달랐다. 처음에 일주일 단위로 체중을 잴 때는 체중계가 아니라 내 몸무게를 의심했다. 하지만 그 후 연속으로 몇 번 체중을 재는데 다 다른 수치가 나오자 비로소 체중계를 의심하기 시작했다. 자세히 보니 잴 때마다 체중계의 눈금이 0점에서 벗어나 있는 것이 아닌가.

나는 부부관계 악화로 고민하는 부부를 자주 만난다. 그들과 상담하고 문제를 해결해주는 것이 내 일의 일부이기 때문이다. 몇 년 동안 관계가 좋지 않아 나를 찾아온 사람들에게 지금의 남편을 혹은 아내를 처음 만났을 때는 어땠느냐고 물어보면 다들 이렇게 대답한다. "그때는 눈에 콩깍지가 씌었는지 좋기만 했는데 지금은 생각만 해도 미워요."

그러면 다시 물어본다. "남편이 결혼 뒤에 안 좋게 바뀐 건가요?" "아뇨, 그냥 똑같죠. 전에는 그러려니 했는데 갈수록 보기 싫고 짜증이 나요." 그렇다면 도대체 남편이 문제인가, 아니면 내가 문제인가.

남편을 판단하는 기준이 되는 나, 더 나아가 세상을 판단하는 기준이 되는 '나라는 0점'에 대한 이해와 교정이 필요하다고 생각하지 않는가?

배우자 문제에만 이런 일이 존재하는 것은 아니다. 중고등학교에 다니는 자녀들의 등교 거부, 우울증, ADHD 등의 문제로 찾아오는 부모들도 많다. 재미있는 것은 이 부모들의 상당수가 나름대로는 열성적으로 자녀들을 교육했는데 오히려 자녀들은 더 불행해지고 성적은 더 나빠지고 심지어는 학교와 부모까지 거부하려고 한다는 점이다.

그렇게 열심히 과외 시키고 학원 보내고 어학연수에 심지어 해외 조기유학까지 감행했는데 왜 이렇게 되었는지 부모도 자식들도 잘 모른다. 이렇게 대부분의 사람들이 열심히 사는 것만으로는 뭔가 부족하다고 느낀다.

무조건 열심히 하는 것과 제대로 하는 것은 다르다. 0점이 잘못된 저울로 아무리 무게를 잰들 소용이 없듯, 만물의 기준이 되는 나를 제대로 모르고서는 제대로 살기 힘들기 때문이다. 그럼, 이제부터 본격적으로 나를 알아가보자. 미리 마음의 준비를 하기 바란다. 독자 여러분이 따라오기에 가속도와 이륙 각도가 너무 벅찰 수 있으니. 자, 출발!

물질로서의 나

나를 탐구하는 가장 쉬운 방법은 일단 눈에 보이는 것부터 시작하는 것이다. 그럼 육신에서부터 나를 찾아보자. 먼저 육신은 기본적으로 물질이다. 그런 맥락에서 "세상의 모든 물질은 원자로 되어 있다"라고 20세기의 위대한 물리학자 파인만은 말했다. 우리 주변에 보이는 많은 것들, 즉 사람을 비롯하여 개, 소, 말, 배, 자동차, 집, 아메바, 바이러스, 물, 공기, 태양, 달, 은하계까지 우리가 관찰할 수 있는 이 모든 것들, 이 우주 전체가 바로 원자로 이루어져 있다.

우리의 몸도 원자로 되어 있다. 개수를 세어보면 10의 28승^{억의 억의 조}개에 달하는 원자들의 집합이 바로 몸이다. 물론 이 많은 원자들이 다 한 종류는 아니다. 수소, 황, 철, 금, 은, 산소, 탄소 등등 100여 개의 종류가 있는 것으로 알려져 있다. 그리고 돼지 몸의 수소 원자든 사람 몸의 수소 원자든 모두 동일한 수소 원자로 이루어져 있다. 만물의 영장인 위대한 인간이나 저 지저분한 돼지나 모두 동일한 원자로 이루어져 있다는 점에서 '만물은 모두 동일하다^{萬物齊同}'는 장자의 관점이 묘하게 와 닿지 않는가?

그런데 우리 몸의 수많은 원자들은 어디에서 왔을까. 당연히 먹고 숨 쉬고 마시는 공기와 물과 음식에서 왔을 것이다. 실제로 우리 몸의 구성 원자들은 모두 음식이나 공기의 형태로 들어온다. 소화와 호흡의 과정을 거치면서 지구상의 원자들이 우리 몸으로 재구성되는 것이다.

아침에 먹은 쌀밥의 구성 원자가 소화되면 다시 우리 몸의 원자가 된다. 또 이 쌀알의 원자는 거름이나 낙엽이나 곤충 시체 등에서 왔을 것이다. 더 나아가 이 원자들 중 일부는 바퀴벌레나 거머리였을 수도 있고, 시대를 거슬러 세종대왕이나 이순신 장군이었을 수도 있고, 혹 저 먼 외계에서 날아온 운석의 일부였을 수도 있다. 이처럼 원자는 마치 영원히 파괴되지 않는 레고블록 장난감처럼 무한한 시간과 공간을 떠돌며 무수한 생명과 무생명의 원재료로서 각자의 역할을 수행한다.

그럼 우리 몸에 이미 들어와 몸을 구성하는 원자들은 어떻게 되는 것일까. 놀랍게도 우리 몸을 이루고 있는 원자는 98퍼센트가 1년 안에 다른 원자에 의해 교체된다. 예들 들어, 간은 1~2년 정도면 모두 교체되고, 뼈는 10년, 근육이나 내장도 15~16년이면 모두 교체된다. 세포 전체가 교체되지 않더라도 세포 내의 원자들은 끊임없이 바뀐다. 흥미롭게도 이런 점에서는 아이나 할아버지나 몸을 구성하는 원자의 나이는 모두 거의 같다.

사람에게 수명이 있듯 별에도 수명이 있어, 시간이 지나면 태양이 폭발하게 된다. 그러면 지구도 함께 폭발하게 되고, 자신의 수많은 원자들을 다시 우주로 방출한다. 이 원자들은 다시 우주를 떠다니며 새로운 행성과 혹성을 만들고, 새로운 생명이 될 수도 있을 것이다. 지구와 같은 행성의 일부가 된 원자들은 다시 수십억 년의 세월을 거치면서 때로는 바위나 구름이 되고 때로는 미생물이나 공룡이 될 것이다. 때로는 나무가 되기도 하고 때로는 흙 속에 있다가 사람의 몸을 잠깐 만들기도 할 것이다. 이렇게 각각의 원자들은 영겁의 세월 동안 이합집산을 거듭하며 각자의 여행을 계속할 것이다.

이렇게 우리 몸이 이합집산하며 매순간 교체되는 원자들의 집합이라는 사실을 이해한다면 도대체 '나'란 무엇인가? 어떻게 매순간 변화하는 것들이 변화하지 않는 '나'를 만들 수 있는 것인가? 어쨌든 원자 차원에서 '나'를 규정할 수는 없을 것 같지 않은가?

생물로서의 나

생물학의 한 분과인 면역학에는 우리의 탐구 주제와 유사한 '자기self'와 '비자기nonself'라는 재미있는 용어가 등장한다. 30여 년 전만 해도 면역이란 그저 전염병으로부터 몸을 지키는 장치와 구조 정도로만 알려져 있었다. 그러나 점차 면역은 분자와 유전자의 작용으로 생명을 이해하고자 하는 최신 생명과학의 중심이 되었다.

이제 면역은 거시적인 생명관에도 많은 질문 거리를 제시한다. 면역은 병원성 미생물은 포함하여 모든 '자기가 아닌 것비자기'으로부터 '자기'를 구별해 생명체의 개체성을 결정하는 과정이다. 한마디로 면역학이란 우리가 그토록 알고 싶어하는 '나면역학적 용어로는 자기'를 규정하는 학문인 것이다.

1985년 면역학의 역사에서 아주 중요한 실험이 하나 있었다. 니콜루드와린과 기누타니마사에가 포함된 한 연구팀이 수정된 지 3일 정도 된 닭과 메추라기의 알을 사용해, 발생중인 배胚의 신경관 일부를 상호교체하는 실험이었다. 신경관이란 발생 초기에 외배엽이 잘록해져서 생기는 관 모양의 구조로 신경계와 망막 등이 만들어지는 부분이다. 이 시기의 메추라기의 신경관에는 신경세포와 신경관세포가 뒤섞여 있는데, 신경관세포는 피부의 색소세포로 분화하는 잠재능력도 가지고 있다. 메추라기의 이 신경관 일부분을 닭의 수정란에 옮겨놓았더니 나중에 부화한 흰 병아리에 검은 메추라기 털이 생긴 것이 아닌가.

이렇게 반인반수의 스핑크스처럼 서로 다른 종의 동물세포가 한 개체 안에 공존하는 상태를 키메라chimera라고 하는데 이 말은 그리스 신화의 인수人獸 괴물인 키마이라에서 온 것이다. 그런데 이 키메라 닭은 잘 자라다가도 생후 3주에서 3개월 사이에 깃털이 축 늘어지면서 먹지도 걷지도 못하다가 전신마비로 안타깝게도 죽게 된다. 그 이유는 이 무렵 발현되기 시작한 닭의 면역계가 메추라기에서 유래한 신경세포를 '비자기'로 인지하여 거부하기 때문이다. 실제로 척수 부분에서 닭의 면역세포가 메추라기의 신경세포를 파괴하고 탈락시키는 것이 관찰되었다. 이렇게 면역학적인 나는 나가 아닌 것을 철저히 거부하고 심지어 자기가 죽는 한이 있더라도 그것을 파괴시키는 특성이 있다. 기본적으로 생물학적인 나, 즉 '자기'는 나가 아닌 모든 것에 거부반응을 일으킬 수 있다. 천식, 알레르기, 이식 거부 반응, 혈액형 등이 바로 그런 예들이다. 이렇게 '자기'는 '자기'의 동일성을 맹목적으로 고수하려고 한다. 면역학적인 나는 지극히 자기중심적이고 공격적이어서 심지어는 스스로를 공격하고 파괴하기도 한다.

그럼 도대체 '나'는 '나가 아닌 것', 즉 '비자기'를 어떻게 구별할까? 사실 엄청난 연구 노력에도 불구하고 이 구별이 정확하게 어떻게 일어나는지 아직 모른다. 하지만 현재까지 밝혀진 사실에 따르면 면역계의 T세포가 '비자기'를 발견하여 배제한다고 한다. 게다가 놀랍게도 T세포는 자신이 직접 '비자기'를 발견하여 그것과 반응하지 않는다. 처음에 T세포는 '비자기'에는 아랑곳하지 않다가 '비자기'가 먼저 '자기' 안에 들어와 '자기'를 '비자기'화하면 그제야 그것을 인식하는 것이다.

예를 들어 알부민이라는 단백질이 혈액 안에 침입했을 때 T세포는 아직 아무런 반응을 보이지 않는다. 그러다 대식세포가 알부민을 먹어치워서 자신의 세포 표면에 항원으로 제시하면 그때에야 T세포가 알부민을 '비자기'로 인식하게 된다. 따라서 금과 은처럼 대식세포가 먹어 치울 수 없는 물질은 '비자기'이지만 T세포가 '비자기'로 인식하지 않아 거부반응도 없다. 이렇게 T세포가 '비자기'를 인식하는 것은 '자기' 인식의 부산물이다. 면역학적으로 남^{비자기}은 나^{자기}라는 맥락에서만 인식된다. 면역학적인 나는 결국 나밖에 모른다고도 할 수 있다. 이렇게 '자기'는 오로지 '자기'만 안다. 다시 말해 '자기'는 '비자기'를 아는 것이 아니라 '비자기'가 '자기'가 아니라는 것을 알 뿐이다. 이것이 생물학적, 면역학적으로 규정되는 나의 정체다.

마음으로서의 나

지금까지 눈에 보이는 나에 대해서 탐구해보았는데 여기서는 눈에 보이지 않는 나, 즉 마음으로서의 나에 대해 탐구해보자. 무형의 나를 우리는 마음, 의식, 영혼, 혼백 등의 다양한 이름으로 부르지만 여기서는 편의상 마음으로 통칭하기로 한다. 마음은 무의식과 의식 영역으로 구성되어 있다.

의식이란 하루 종일 분석하고 비판하고 논리적으로 생각하는 마음의 영역이다. 또한 우리의 주의가 머물러 인식할 수 있는 영역이기도 하다. 반면에 무의식 영역은 심박동과 호흡 등의 생리 기능을 조절하고, 또 기억이 저장되고, 지혜와 창의성과 문제 해결 능력이 발휘되는 곳이기도 하다.

우리가 잠들 때, 의식의 마음은 휴식 상태로 들어가 별 일은 하지 않는 반면에 무의식의 마음은 복잡다단한 꿈을 통해 낮 동안에 일어났던 일들을 정보로 처리한다. 우리의 무의식은 대부분의 습관들이 프로그

램화되어 저장되고 작동하는 곳이기도 하다. 우리가 뭔가를 반복해서 배울 때마다 이것들이 자동화되어, 즉 습관이나 기술이 되어 의식하지 않아도 저절로 잘하게 된다. 무의식적 기술이나 습관이란 때때로 우리의 행복과 건강에 해를 끼치기도 한다. 우울증, 회피 능장 행동, 과도한 스트레스나 좌절감 등이 바로 이러한 사고 습관의 결과로 생겨나는 증상들이다. 반대로 동기 유발, 낙천적 태도, 자신감 등의 태도도 동일하게 무의식적 습관의 결과다.

의식이 내가 지각할 수 있는 마음의 영역이라고 한다면 무의식은 내가 지각할 수 없는 마음의 영역이라고 간단하게 정의할 수도 있다. 한 연구에 따르면 인간의 행동과 반응 중 90퍼센트 이상을 무의식이 좌우한다고 하는데 그 중요성에 대해 무의식의 발견은 상당히 늦게 이루어졌다. 무의식은 19세기 말 무렵에 역사상 처음으로 지그문트 프로이트에 의해 발견되고 그의 제자 칼 구스타프 융에 의해 확대 발전되었다.

프로이트와 융이 무의식에 대해 밝히기 전까지 인간의 마음은 통제 불가능하고, 제멋대로 작동하고, 시도 때도 없이 고장 나고, 이해가 안되는 골칫덩어리이지만 필수불가결한 그 무엇에 불과했다. 그러나 인간의 거의 모든 영역을 지배하는 무의식을 이해하게 되면서 인간에 대한 이해의 폭이 넓어졌고 이후에 무의식을 활용하여 다양한 영역에서 무한한 변화를 이끌어낼 수 있는 방법들이 계발되었다.

한마디로 나의 무의식을 이해하는 것이 나의 마음을 이해하는 것이라고 할 수 있다. 따라서 여기서부터는 인간의 무의식을 통해 마음과 나를 탐색해보기로 하자. 도대체 무의식이란 무엇인지 예를 통해 먼저 알아보자.

무의식적 기억 _ 30대 회사원 갑돌이는 간밤에 코가 비뚤어지도록 술을 마시고는 만취해서 필름이 끊겼다. 술자리에서 이미 필름이 끊겼는데 어떻게 집까지 왔는지 궁금하다. 어떻게 '나도 모르게' 집에 왔을까?

무의식적 욕구나 충동 _ 20대의 여대생 을순이는 흡연자다. 1학년 때 담배를 배워 부모 몰래 피운 지 3년이 지났는데 요즘 부모님 눈치도 심상찮고 남자 친구도 싫어해서 금연한 지 겨우 3일이 지났다. 머리로는 자꾸 '담배를 끊어야 돼'라고 하는데, 마음속에서 자꾸 '피고 싶다'는 생각이 올라와, 마침내 경숙이에게 한 대를 얻어 자신도 모르게 피워버렸다. 도대체 이렇게 '끊는다'고 하면서 다시 피운 것이 몇 번이던가! 왜 '나도 모르게' 자꾸 담배에 손이 갈까?

무의식적 상처나 충격 _ 40대의 병돌이는 아내와 함께 고속도로에서 다마스를 타고 가다가 핸들을 꺾었는데 차가 옆으로 뒤집어져버렸다. 다행히 그때 뒤차들이 멀찍이 떨어져 있어서 사고는 나지 않았지만 이후에 다마스만 보면 심장이 쿵쾅거리고 다리가 후들거린다. 도대체 이성적으로는 무서워할 게 아니라는 것을 아는데 왜 '나도 모르게' 자꾸 두려워질까?

무의식적 상징이나 이미지 _ 공황장애가 있는 20대 정숙이는 자주 죽을 것 같은 느낌이 들어 괴롭다. 심지어 꿈에서도 쫓기거나 높은 곳에서 떨어지는 모습이 자주 보여서 꿈을 꾸면서도 벌벌 떤다. 그리고 꿈에서 깬 후에도 얼마간은 멍하게 부들부들 떨고 있다. 나는 왜 '나도 모르는' 이상한 꿈을 자꾸 꾸는 걸까?

무의식적 학습 _ 초등 1년생 무돌이는 요즘 구구단을 외고 있다. 벌써 일주일째 시간만 나면 구구단을 열심히 소리내어 외던 어느 날 밤, 깊이 잠든 무돌이가 갑자기 "이이는 사"라고 크게 잠꼬대로 외쳐 온 가족들이 깜짝 놀라 일어났다. 그다음 날부터 구구단이 입에서 술술 나왔다. 언제 '나도 모르게' 구구단을 다 외웠을까?

무의식적 능력 _ 20대 청년 기돌이는 요즘 인라인을 한 달째 배우고 있다. 그런데 놀랍게도 어제까지 되지 않던 회전 점프가 오늘 저절로 '나도 모르게' 되는 것이 아닌가?

앞의 예들에서 본 것처럼 의식하지는 못해도 '자신도 모르게' 행동과 반응을 조절하고 기억을 저장하고 학습을 시키는 마음의 영역을 무의식이라고 할 수 있다. 이런 무의식은 의식되지 않아 잘 모르지만 실제로는 마음의 대부분을 차지하여, 우리의 행동과 반응과 성격과 습관과 학습 능력을 조절하고 통제한다. 한마디로 무의식이 나를 나답게 만들고, 나를 움직이는 모든 것이라고 할 수 있다. 그러니 무의식을 정말 잘 알아야 하지 않을까?

무의식_ 내 생각대로 안 되는 마음

● ● ● ● 무의식은 어떤 특성을 가지고 있을까? 많은 사람들이 "내 맘이 내 맘대로 되지 않아요"라고 말한다. 이 말을 이제까지 살펴본 것을 통해 표현하면 이렇게 될 것이다. "내 무의식^{마음}이 내 의식^{생각}대로 되지 않아요." 왜 그럴까? 왜 많은 사람들이 내 마음을 내 마음대로 하지 못할까? 어떤 사람이 운전을 잘하고 싶은데 기어와 핸들이 무엇인지도 모른다면 운전을 할 수 있겠는가.

이처럼 내 맘이 내 맘대로 되지 않는 일차적인 이유는 내가 내 마음^{무의식}을 너무 모르기 때문이다. 그러니 무의식의 기본적인 특성에 대해 알 필요가 있다.

믿는 대로 경험한다

얼마 전에 〈타부-고통의 의식〉이라는 재미있는 다큐멘터리를 보게 되었다. 그 다큐멘터리에는 필리핀의 일부 도교 신자들이 매년 종교행사로 작두 타기를 하는 장면이 나온다. 종교적 흥분 상태에서 작두날로 된 64개의 계단을 올라갔다 내려오는데도 아무런 상처가 없다. 게다가 이 계단의 날은 무를 대면 싹둑 자릴 정도로 날카롭다. 종교적 흥분 상태에서 의식이 변화하자 칼날을 타도 멀쩡할 만큼 몸의 변화가 일어난 것이다. 그뿐만이 아니라 이들이 시뻘건 불꽃 위를 아무렇지도 않게 뛰어다니기도 한다.

이처럼 많은 사람들이 종교적 믿음 안에서 기적적인 치유를 경험한다. 그들은 이런 효과를 얻는 이유를 신(하나님이든 부처님이든 알라든 옥황상제든)을 믿어 신이 힘을 발휘하기 때문이라고 생각한다. 그렇다면 서로 다른 신을 믿어도 기적을 경험하는 것은 무엇 때문일까. 혹 무슨 신을 믿든 된다고 믿으면 되는 것이 아닐까. 한마디로 기적적인 힘의 원천은 믿음의 대상이 아니라 믿음 자체에 있는 것이다. 과연 이것이 사실이라면 종교의 도움 없이 나의 믿음만으로도 불치병이 기적처럼 나을 수 있을까.

이와 관련하여 나의 사례 하나를 소개한다. 3여년 전에 나의 한의원 단골이던 70대 할아버지께서 한동안 뜸하다 오랜만에 오셨다. 허리는 등 굽은 생선처럼 활 모양으로 옆으로 틀어지고, 종아리는 반쪽으로 말라붙어 제대로 걷지도 못했다. 걷는 것이 아니라 차라리 다리를 질질 끌고 간다고 하는 것이 정확한 표현이었다. 너무 심한 증상에 놀라, 일단 간단한 침 치료를 하고 병원에 가서 사진을 찍어보라고 했다. 그 다음 날 이분이 하늘이 무너진 듯한 멍한 표정으로 다시 나의 한의원에 오셔서는 척추의 MRI 사진을 내밀었다. 사진을 보았더니 요추의 3, 4, 5번이 형편없이 일그러져 척추 전체가 한쪽으로 휘어 있었다. 그동안 많은 사진을 보았지만 그중에서도 가장 처참하다고 할 지경이었다. 종합병원 진단에 따르면 심각한 척추협착증으로 고령이어서 수술도 불가능하고 그저 악화되는 대로 놔둔 채 사는 수밖에 없다고 하였다.

사진 판독이 끝나고 할아버지가 누워 있는 침대로 갔더니 할아버지께서 대뜸 한마디를 던졌다. "다 끝장났죠?" 내가 정색을 하며 물었다. "제 인생에 끝장이란 없습니다. 병원에서는 뭐라고 하던가요?" "수술을 해야 하는데, 나이가 많아서 수술 결과를 장담할 수 없으니 그냥 이대로 살라고 하데요. 그래서 수술 안 하면 어떻게 되냐고 물으니 다리 마비가 계속 심해져서 더 못 걷게 되고, 나중에는 대소변도 받아내야 할 거라고 하던데요." "그래요? 병원이 병 고치는 데지 안 낫는 병이라고 환자 가슴에 못 박는 데인가요? 그래도 방법은 있습니다."

이 할아버지는 어차피 병원에서도 포기한 환자인지라 내가 방법이 있다고 말하자 오히려 순순히 들을 태세였다. 그래서 틈나는 대로 담양의 대나무 사진을 보면서 '내 허리는 이 대나무처럼 꼿꼿하고 건강하다'라고 확언하고 건강하게 잘 걷는 모습을 자주 상상하라고 시켰다. 이 할아버지는 내 지시대로 했을 뿐만 아니라 케이블 TV에서 긍정적 사고와 몸과의 관계에 대한 프로그램을 자주 보면서 '낫는다고 믿으면 정말 낫는다'는 생각을 마음속에 심었다.

그 결과 한 달이 지났을 무렵에는 과거에는 엄두도 못 냈던 100미터 거리를 수월하게 걷게 되었다. 이후에 1년이 지나서 마지막으로 다시 확인해보니 걷는 것은 계속 좋아지고 있었고 허리의 통증도 차츰 개선되어 있었다. 결국 이렇게 낫는다는 확언[믿음]과 상상이 불치병을 낫게한 것이다.

믿음의 치료 효과에 대한 사례를 또 하나 들어보자. 2002년에 한 의학 전문지[New England Journal Medicine]에 플라시보 효과를 충격적으로 실증하는 실험이 실렸다.

이 실험은 텍사스의 베일로대학병원[Baylor University Medical Center]의 정형외과 의사인 브루스 모슬리[Bruce Mosely. M.D.]가 실시한 것으로, 그는 무릎의 퇴행성 골관절염에 대해서 두 가지 수술법의 효과를 비교하여 우위를 정하려고 했다. 당시에는 손상 연골을 긁어내는 방법과 손상 연골을 고압의 물로 세척하는 방법이 주로 쓰는 수술법이었다.

모슬리는 이 두 수술법의 효과를 비교하고 검증하기 위한 대조군으로 플라시보 수술 요법을 받는 집단을 설정했다. 이 집단은 손상 연골을 긁어내지도 세척하지도 않았다. 다만 수술 준비를 하고 마취를 한

다음 수술실로 들어갔다. 의료진은 마치 진짜 수술을 하는 것처럼 슬개골 주위에 구멍을 내고, 진짜 수술을 하는 데 걸리는 시간만큼 어슬렁거리다 다시 봉합했다. 이후 환자들은 회복 기간 동안 입원해 있었고, 물론 어떤 수술도 실제로 이뤄진 것은 없었다.

이후에 회복기 동안 세 집단의 수술 후 결과를 비교했는데 너무나 충격적이었다. 가짜 수술을 받은 환자들이 다른 두 수술법을 시술받은 환자들만큼이나 결과가 좋아진 것이 아닌가. 심지어 일부 환자들은 사실을 알고 난 뒤에도, 무릎이 너무 좋아진 걸로 보아 자기들은 진짜 수술을 받은 것임에 틀림없다고 주장했다. 일부 환자들은 통증이 즉각 소실되고 관절 가동 범위가 극적으로 커졌다고 보고했다. 걷지도 못했던 일부 환자들은 이제 뛸 수 있다고 보고하기도 했다. 이들 플라시보 수술 환자들은 실제 수술과 비슷한 효과를 얻었을 뿐만 아니라 회복 속도는 오히려 더 빨랐다. 결국 수술 받았다는 믿음이 실제 수술과 같은 효과를 낸 것이다.

이상의 사례들을 보면 무의식의 믿음이 일으키는 기적을 그저 우연이나 신비라고 보아 넘기기에는 뒤통수가 너무 당기고, 내 안의 중요한 보물을 그냥 내버리는 느낌이 들지 않는가. 결론적으로 종교를 통해서든 자신을 믿든 어쨌거나 무의식에 심긴 믿음은 반드시 실현된다.

저항하면 지속된다

독자 여러분도 이런 경험들을 많이 했을 것이다. 잠을 자려고 하면 잠이 더 안 오거나, 대학 입시를 앞두고 안 떨려고 마음먹지만 더 떨리거나, 여러 사람 앞에서 발표할 때 말을 더듬지 않으려고 할수록 더 더듬게되는 경험 말이다. 이런 현상에 대해서 칼 융은 '저항하면 할수록 끈질기게 지속된다What you resist persists'는 명언으로 무의식의 역설적 속성을 잘 설명했다. 마음의 당혹스런 측면의 대부분이 바로 이런 특징에서 비롯된다. 무엇인가를 안 하려고 하면 할수록 더 하게 되는 현상을 말한다.

이와 관련하여 내가 치료한 환자의 이야기를 하나 들어보면 더 이해가 잘될 것이다. 여러 해 전에 40대의 한 남자가 입에 침이 많이 고이는 탓에 대화할 때마다 침이 자꾸 튀어서 대화하는 것이 너무 의식되고 생활이 불편하다고 찾아왔다.

한마디로 침이 넘쳐서 말할 때마다 입 밖으로 마구 튀는 병이었다. 그러나 어떤 의학서적을 찾아봐도 나오지 않을 정도로 희귀한 병인지라 치료법이 있을 리 없었다. 게다가 당시에 나는 이런 무의식의 속성에 대해 아직 이해가 부족할 때여서 몇 가지 침법을 동원해서 일주일 이상 치료해보았지만 아무 효과가 없었다.

그러다 이분이 1년이 지나서 다시 치료를 받으러 왔다. 그동안의 경과가 궁금해서 어떤 치료를 받았는지 물어보았더니, 양·한방의 유명한 병원을 몇 군데 가보았는데, 여전히 병병도 없고 치료도 안 되는 상태라 어쩔 수가 없어 다시 왔다고 했다. 어떤 상황에서 심하냐고 물어보니 혼자 있으면 괜찮은데, 대화하려고 하면 '침이 튀면 안 되는데'라는 생각이 들면서 더 심해진다고 하였다.

이때에는 내가 무의식의 역설적 속성을 이해하고 있던 터라 이분에게 특별한 지침을 주었다. "매일 혼자 있을 때 10분씩 의도적으로 침을 마음껏 고이게 한 다음 마구 튀도록 말을 하세요. 게다가 되도록 거울을 보면서 내 입에서 침이 튀는 것도 확실히 보세요." 이분이 지침대로 일주일을 시도한 결과 침이 튀는 정도가 반 이상 줄었고 한 달 이상 했더니 80퍼센트 이상 좋아졌다. 실제로 확인해보니 입안에 별로 침이 고이지 않았다.

이렇게 자신의 의식의 의도와 반대되는 무의식의 작용을 빅터 프랭클은 '역설적 의도paradoxical intention'라고도 불렀다. 틱 증후군, 불면증, 말더듬, 발표 불안, 성적 금기로 인한 일탈행위 등에서 이런 특징이 잘 표현된다.

담배나 술 같은 중독증에서도 곧잘 나타나는데 끊으려고 할수록 더 당기는 것이 바로 이 때문이다. 이런 면에서 우리 나라에서 몇 년째 진행되는 '매춘과의 전쟁'은 결국 실패로 끝날 수밖에 없다. 금지된 매춘은 더 은밀하고 교묘하게 남성들의 욕구를 자극할 것이기 때문이다.

나와 남을 구분하지 않는다

여러분은 착하고 도덕적인 사람이 오히려 더 못산다고 생각해본 적이 없는가? 그렇다면 아마도 무의식의 이런 특징을 더 잘 이해해야 할 것이다. 나는 대학 시절에 여러 해 동안 생명운동에 참여한 적이 있다. 이 운동을 하면서 생명운동으로 유명한 몇 분을 직접 만나보기도 했다. 그때 이분들을 만나면서 존경심이 더욱 깊어지기도 했지만 한편으로는 풀리지 않는 의문도 하나 생겼다. 그분들은 모두 생명운동을 하시는지라 식사도 유기농만 드시고 생활도 소박하고 도덕적인데, 다들 위장병이 있고 여기저기가 아프고, 심지어는 위암으로 돌아가신 분도 있었다. 그때는 이렇게 도덕적이고 전원에서 생태적인 삶을 사는 분들이 왜 이렇게 아픈지 이해가 되지 않았다.

하지만 오랜 시간이 지나 무의식의 특징을 이해하고 나니 의문이 풀렸다. 그분들은 도덕적이고 생태적이지만 사회에 대한 비판의식이 너무 강했다. 그분들의 글을 보면 물질적 소비와 도덕적 타락에 물들어가는 세태와 세상에 대한 비판밖에 없었다. 한마디로 비판의식이 가득한 분들이었다. 그런데 무의식은 나에 대해서든 타인에 대해서든 모든 비판을 나에 대한 비판으로 받아들이니 그 스트레스가 오죽했겠는가. 어느 연구에 의하면 우리가 한 시간 동안 지속적으로 화를 내면 80명을 죽일 정도의 스트레스 호르몬이 분비된다고 한다.

다른 예로 여러분이 부당하게 거액의 돈을 떼여서 엄청나게 분노가 치민다고 하자. 이 분노가 정당한 것이라고 해서 당신의 혈압이 올라가지 않고, 심장이 빨리 뛰지 않고, 뒷골이 당기지 않을 수 있겠는가. 또 얼마 전 연쇄 살인으로 온 국민의 치를 떨게 한 강호순을 보고서 화가 나는 것은 정당하게 보이지만 그렇다고 당신의 혈압이 올라가지 않겠는가. 바로 이런 무의식의 특징 때문에 많은 민주투사와 독립운동가와 혁명가와 이상주의자들이 제 명에 가지 못했다. 안타깝지만 이것이 무의식의 진실이다.

또 다른 예를 들어보자. 나에게는 학창 시절에 따돌림을 당해 대인공포증이 생긴 사람들도 많이 오는데 그들을 치료하면서 재미있는 사실을 하나 발견했다. 이들을 따돌렸던 학창 시절의 가해자들이 한때에는 또 다른 피해자였다는 것이다. 게다가 지금은 내게 왕따 피해자로 치료받으러 온 사람들이 한때는 왕때 가해자였거나 현재 자기보다 못한 사람에게 가해자 역할을 하고 있는 것이 아닌가. 한마디로 무의식은 가해자였던 남과 피해자였던 나도 구분하지 않는다는 사실을 발견한 것이다.

또 다른 예로 알코올 중독으로 엄마에게 폭력을 일삼던 아버지를 보고 자란 아들이 그렇게 아버지의 행동을 혐오했으면서도, 자기가 가장이 되어서는 어느 순간 술 먹고 자신의 아이와 아내를 패다가 나에게 온 경우도 있었다. 여러분도 현실에서 위와 같은 예를 많이 발견할 수 있다. 호된 시집살이를 겪고 호랑이 시어머니가 된 며느리, 혹독한 졸병생활을 거친 후에 더 가혹해진 고참, 열렬한 민주투사로 독재 정권과 싸우다 이제는 보수 정당의 골수분자가 된 몇몇 정치인들……. 이렇게 무의식은 나와 남을 구분하지 않는다. 가해자와 피해자도 구분하지 않는다. 못된 사람과 싸우다 같이 못되어진다. 못된 시어머니 욕하다 결국 똑같은 시어머니가 된다. 못된 사람 욕하다 내 몸과 내 마음만 똑같이 못되어진다. 한마디로 무의식에서는 나도 너도 다 나다.

금지될수록 더 소망한다

우리가 저항하는 것은 끈질기게 지속될 뿐만 아니라, 때로는 강하게 금지할수록 더 그것을 소망하기도 한다. 성적, 종교적, 이데올로기적 터부나 금기가 왜 성공할 수 없는지 이 특성이 잘 설명해준다. 무엇이든 강하게 금지할수록 우리의 무의식은 그것을 더욱 소망하게 된다. 역설적으로 누군가에게 무언가를 강하게 금지시킬수록 그 사람이 결국 그것을 더 하게 될 가능성이 커진다. 독신이나 성도덕을 지켜야 하는 성직자들의 변태적 성추문이 국내외에서 종종 이슈가 되는 경우가 많은데, 바로 이런 무의식의 특성에도 상당히 원인이 있다.

따라서 사람들을 변태나 범죄자로 만드는 가장 확실한 방법은 뭔가를 강하게 금지시키는 것이다. 그러면 참을성 약하고 호기심 강한 몇 사람이 반드시 여기에 걸려들 것이고, 이에 나머지 사람들은 이들을 비난하면서 자신들의 도덕적 우월성과 자존감을 재확인하고 느끼게 된다. 어느 사회에나 하지 말라고 하면 꼭 하는 사람들이 있고, 이런 사람들을 꼭 잡아 가두는 사람들이 있다. 못하게 말리면 더 하는 법이다. 극좌나 극우, 엄격한 도덕 원리주의자나 변태성욕자, 이단 사냥꾼이나 이단 모두 동전의 양면 같은 존재들로 상호의존하면서도 서로 증오하며 존재하는 것들에 불과하다. 사람들을 변태나 범죄자로 만드는 가장 확실한 방법은 뭔가를 강하게 금지시키는 것이다.

이런 금기를 잘 활용하는 사람들이 있으니 바로 광고인들이다. 내가 보기에 심리학자들보다 무의식을 더 잘 아는 사람들이 광고인들이다. '나는 소망한다, 내게 금지된 것을'이라는 소설 제목처럼 무의식은 금지될수록 더 열망하기 마련이고 이런 무의식의 열망을 자극하면 나도 모르게 그들의 뜻대로 움직이게 된다. 내 말이 아직도 의심된다면 한때 유명했던 다음 광고 문구를 들어보라. "못생겨도 맛은 좋아" "줘도 못 먹나" "돌려먹고 빨아먹고" 그들은 이렇게 공식적으로 표현이 금기시되는 성을 은근히 성적 의미가 내포된 문구와 영상으로 드러내면서 구매욕을 충동질한다. 우리를 움직이는 것은 감정이고, 무의식은 감정의 영역이다. 성적 감정보다 강한 감정도 없다. 이 세상에는 나의 무의식을 자기들 입맛대로 조종하려고 혈안이 된 사람들이 가득하다는 사실을 명심하라.

● ● ● ● 무의식을 모르면 눈 뜨고 코 베인다.

모든 기억을 저장한다

여러분은 다음과 같은 장면을 TV에서 본 적이 없는가. 이유 없는 극심한 불안증에 시달리는 한 내담자가 최면 상태에서 잊어버렸던 과거의 충격적 사건이 원인임을 알게 된다. 범인이 탄 차량을 흘깃 목격한 증인이 최면을 통해 차 번호판을 기억해 범인을 잡게 된다. 이렇게 무의식은 놀라울 정도로 세밀하게 과거를 기억하고 있다. 다만 평소에 우리가 잘 떠올리지 못할 뿐이다. EFT로 감정을 지워나가다 보면 자연스럽게 무의식에 접근하게 되고, 그 과정에서 내담자가 온갖 것을 기억해내고는 스스로 놀라기도 한다.

15여 년 전에 독일 유학을 다녀온 한 30대 기혼 여성을 치료할 때였다. 그녀는 극심한 공황장애로 혼자서 외출하지 못한 지가 1년이 넘었는데 공황장애와 관련된 경험들을 EFT로 지워나가다 독일 유학 때의 고통스런 기억에까지 접근하게 되었다. 그런데 갑자기 그녀가 독어단어 한마디를 내뱉으면서 자신도 놀랐는지 이렇게 말했다. "이 단어가 어떻게 생각나죠? 15년 넘게 전혀 기억도 못하고 있었는데 너무 신기해요." 자초지종을 물어보니 독일 유학 시절에 미술 작업실을 수리하는 관계로 한 달 정도 외곽에 작업실을 구해 학교에서 그곳까지 차로 왕래했는데 그때 지나쳤던 도시의 이름이 생각났다는 것이다. 그때나 지금이나 그다지 중요하게 여기지 않았던 곳이라 마음에 새겨두거나 기억하고 있지 않는데, 갑자기 그때 작업실에 다닐 때의 괴로움을 생각하다보니, 그 도시의 이름이 철자 하나까지 분명하게 떠올랐다고 한다.

때때로 이런 기억은 태아 시기까지 거슬러 올라가기도 한다. 한번은 EFT 워크숍을 하는 중에 극심한 대인공포증이 있는 여성이 감정 발작을 일으켜 밖으로 데리고 나가서 EFT로 응급처치를 한 적이 있다. 그녀는 너무나 극심한 감정의 소용돌이가 발작을 일으켜 숨도 못 쉴 정도로 헐떡이면서 펑펑 울고 있었다. 거의 30분 정도를 EFT를 하면서 어떤 생각이 떠올랐는지 물었다. "엄마의 배 속에서 태아가 불안에 떨며 힘들어하고 있는 것이 보여요. 배 속에서 나갈까 말까 고민하고 있어요. 누가 이 아이를 위로해줬으면 좋겠어요." 나중에 자초지종을 듣고 보니 임신 당시에 아버지가 엄마를 마구 때렸고 출산 과정도 3일에 걸친 난산이어서 이 여성이 거의 죽다시피 태어났다는 사실을 알게 되었다.

인도 문명에서는 영혼이 윤회의 삶이라는 여행을 통해 경험하는 모든 것이 저장되는 곳이 있는데 이것을 '아카식akashic'이라고 부른다고 한다. 내 생각에는 인간의 무의식이 바로 아카식이 아닐까 싶다. 세상을 살면서 약간의 나쁜 짓을 했는데, 다행히 벌 받지 않았다고 좋아해 본 적이 없는가? 그렇다면 이제 너무 좋아할 필요가 없다. 어차피 나의 무의식에는 마치 CCTV처럼 이것이 다 기록되어 있고, 언젠가는 그 모든 것에 책임을 져야 할지도 모르니 말이다. 반대로 내가 잘했던 일을 아무도 알아주지 않는다고 억울해할 필요도 없다. 적어도 나의 무의식만은 그것을 모두 보고 다 알아주고 있으니, 물리학의 세계에 '질량 보존의 법칙'이 있듯 무의식의 세계에는 '정보 보존의 법칙'이 있다. 이 우주의 모든 정보는 그 어떤 것도 소실되지 않고 보존되는 것으로 보인다.

개인을 초월하여 상호 연결된다

한때 칼 융은 지독한 합리주의를 고수하는 한 여성을 치료하느라 애를 먹고 있었다. 그녀의 무의식에 아무리 접근하려고 해도 그녀는 합리주의의 얼음 성에서 나올 생각이 없었고, 따라서 치료도 진척이 없었다. 그러던 어느 날 그녀는 칼 융에게 전날 밤 꾸었던 매우 인상적인 꿈에 대해 설명하고 있었다. 그녀가 꿈속에서 누군가 그녀에게 황금 풍뎅이를 선물했다는 얘기를 하는 도중에 칼 융은 등 뒤의 창문에서 톡톡거리는 소리를 들었다. 뒤돌아보니 꽤 큼직한 곤충 한 마리가 유리를 치며 들어오려고 부딪히고 있었다. 게다가 이 벌레가 마침 황금빛의 큰 풍뎅이가 아닌가! 이에 칼 융은 때를 놓치지 않고 잽싸게 이 벌레를 잡아서 그녀에게 건네며 말했다. "자, 여기 당신의 황금 풍뎅이가 있소."

이 사건으로 그녀의 빈틈없던 합리주의는 허를 찔리고, 합리성을 초월하는 무의식을 경험하면서, 그녀의 심리적 문제는 비로소 해결되기 시작했다. 이것이 지금까지 칼 융의 '동시성의 원리'의 사례로 자주 회자되는 일명 '황금 풍뎅이 사건'이다. 그럼에도 대부분의 독자들은 이렇게 생각할 것이다. '그저 우연의 일치 아니야?' 그렇다면 또 다른 나의 사례를 들어보라.

10여 년 전에 나와 집사람이 소개로 처음 만나게 되었을 때의 일이다. 만날 약속은 했지만 사실 그때의 아내나 나는 결혼에 전혀 관심이 없는 상태였고 그저 부모와 친척의 강권에 못 이겨 그 자리에 나오게 되었다. 아내가 먼저 약속된 제과점에 나와 자리를 잡고 앉아 얼마간의 긴장과 흥분으로 미지의 상대를 기다리는데, 몇 자리 건너에 혼자 앉은 양복쟁이가 보이더란다. 그런데 솔직히 인물도 자기 스타일이 아닌 데다 행색도 볼품이 없는지라 자기도 모르게 이렇게 외쳤다. "저 남자는 설마 아니겠지. 저 남자는 안 돼. 정말 저 남자는 안 돼." 아내가 이렇게 엉뚱한 상대를 보고 실망하고 있을 때, 바깥에서 기다리다 지친 나는 혹시나 해서 전화를 했더니 이미 안에서 기다린다고 하지 않는가. 나중에 아내에게 들은 바로는 그때 내 전화를 받고서, 맞은편의 남자가 맞선 상대가 아닌 것에 크게 안도했고, 직후에 들어온 나를 보니 '몸에서 빛이 나는 것 같았다'고 했다.

그런데 정말 그때 내가 빛이 날 정도의 외모였을까? 사실 나의 외모는 지극히 평범한 수준이고 전혀 빛이 나지 않는다. 게다가 그때는 지방에서 올라온 고학생의 신분으로 옷도 거의 없어서, 한여름인데도 철

지난 겨울 양복바지에 셔츠 하나 달랑 걸친 차림으로, 땀을 뻘뻘 흘리면서 아내를 만났었다. 당시 아내는 나름 강남의 깔끔한 아가씨였으니, 한여름에 겨울 양복바지를 입은 촌티 나는 시골내기에 도도한 강남 아가씨의 데이트가 결실을 맺을 확률이 얼마나 되었을까?

더 흥미롭게도 첫 데이트가 끝나자 이 만남을 주선했던 작은아버지께서 거금 100만 원을 통장으로 넣어주시면서 쓰라고 하시는 것이 아닌가. 그런데 놀라운 것은 원래 작은아버지와 작은어머니께서는 워낙 검약한 분들인지라, 평소에 그분들께 용돈을 타본 적도 거의 없었을 뿐 아니라, 명절에도 차비 때문에 서울에서 시골 큰집에도 거의 내려오지 않던 분들이라는 점이다. 덕분에 작은집의 성의를 생각해서 이 돈 다 쓸 때까지라도 만나야겠다는 생각에 자주 얼굴을 보다보니 정이 들게 되었고, 돈이 다 떨어져 그만 만나야지 하는 순간에 또 100만 원을 주시는 바람에 마저 쓰다 보니 완전히 정 들어서 결혼까지 하게 되었다.

그때 아내가 그 남자와 비교되는 나의 빛을 보지 않았더라면 지금 우리는 어떻게 되었을까? 또 가난한 고학생인 나에게 작은집에서 거금의 연애 자금을 제공하지 않았더라면 내가 계속 아내를 만났을까? 그때 그것들이 그저 우연이었을까? 이 결혼은 나의 선택이었을까, 아니면 필연의 운명이었을까?

더 나아가 이 세상과 이 세상에서 일어나는 모든 일은 그저 우연의 집합일까? 더 나아가 우연이란 무엇일까? 모르면 우연이고 알면 필연일까? 우리는 일상생활에서 종종 이처럼 신비한 경험을 많이 한다. 실로 인과율과 통계법칙만으로 인간의 모든 경험이 설명될 수 있는 것일까?

이런 우리의 의문에 대해 일찍이 답한 이가 있었으니 바로 칼 융이다. 칼 융은 그 누구보다 언어로 설명이 불가능한 경험 속에 산 사람이었다. 융은 합리적으로 설명이 불가능한 다양한 현상들을 환자를 통해 체험하고, 정상 과학으로 해명할 수 없는 이런 현상들을 인생을 다 바쳐 진지하게 고민했다. 그런 끝에 1952년 여든 가까이 된 나이에 「동시성: 비인과적인 연결원리」라는 논문을 내놓는다. 융은 이 논문에서 '동시성synchronicity'이라는 개념을 새롭게 제시하여 인간의 무의식 세계에서는 인과율의 법칙을 넘어서는 또 다른 법칙이 존재할 수 있음을 설명했다.

그럼 구체적으로 동시성의 의미는 무엇일까? 무의식적 현상을 해명하는 동시성을 한마디로 설명할 수는 없지만 일단 다음과 같이 정의해 보자. "한 개인의 주관적 경험과 외부 사건 사이에 의미의 연결성이 발생하는 것으로 단순히 두 사건이 동시에 발생하는 것은 아니다."

동시성 현상은 더 구체적으로 다음과 같은 몇 가지 유형으로 구분할 수 있다.

첫째, 관찰자의 의식 상태와 외부의 사건이 의미적으로 연결되는 것으로서 앞서 말한 '황금 풍뎅이 사건'이 바로 그것이다.

둘째, 관찰자의 의식 상태와 관찰자가 지각할 수 없는 외부의 사건이 일치하는 경우다. 육안으로는 볼 수 없는 먼 곳의 사물을 보는 원격 투시가 이에 해당한다.

셋째, 관찰자의 의식 상태와 앞으로 일어날 미래의 사건이 연결되거나 일치하는 경우다. 이런 경우에 관찰자의 무의식의 정보를 파악하는 방법으로 종종 이용하는 것이 꿈, 카드 점, 주역 점 등이다. 점술이란 무의식의 정보를 매개하는 기술로 특히 주역에 관해서 칼 융은 많은 연구와 체험을 쌓은 후에 "주역은 무의식의 나와 대화하는 좋은 방법"이라고 극찬했다.

이에 관련한 융의 임상 사례가 있다. 한 등산가가 융을 찾아와 산 정상에서 발을 헛디뎌 떨어지는 꿈을 꾸었다고 말하자 꿈이 경고임을 감지한 융이 등산을 자제하라고 말했다. 하지만 꿈의 경고도 융의 말도 믿지 않은 등산가는 결국 산에서 떨어지게 되었다.

넷째, '집단 무의식' 현상으로 인종, 국가, 지역, 종교, 시간을 막론하고 모든 인류의 신화에서 의미체계와 상징의 공통성과 보편성을 많이 관찰하게 되는데 이런 것들을 집단 무의식이라고 한다.

그럼 동시성 현상이 우리에게 주는 의미는 과연 무엇일까. 동시성은 마술사의 마법처럼 그저 신비한 눈요기 거리로 치부할 여담에 불과한 것일까? 그렇지 않다면 이것이 인간에게 주는 의미는 과연 무엇일까? 배가 침몰할 운명에 처했을 때 쥐가 먼저 알고 배에서 내린다는 말은 들어본 적이 있는가. 쥐는 어떻게 먼저 알고 내리는 것이며 만물의 영장이라는 사람은 왜 미리 알지 못하는 것일까? 몇 해 전에 동남아를 강타한 엄청난 쓰나미를 보면서 나는 흥미로운 사실을 한 가지 발견했다. 사람과 가축의 시체는 그렇게 많이 발견되는데 신기하게도 야생동물은 다 피신해서 시체가 거의 보이지 않았다는 점이다. 그렇다면 우리의 의식적 판단만으로 인생을 사는 것이 과연 온당하고 안전한 것일까?

오감에만 의존하는 의식적 판단은 대상을 분명하게 파악하도록 해주지만, 여기에만 의존할 때 우리는 쥐나 야생동물보다 못한 존재가 될 수 있다. 기본적으로 무의식은 우리를 보호하려는 의도를 갖고 있고, 그러한 의도의 표현이 바로 동시성이다. 우리가 이성^{의식}에 의존한 나머지 지나친 판단과 분별의 철창에 가로막혀 위험에 빠져 있을 때, 우리의 무의식은 우리에게 다양한 방법으로 자유와 구원의 메시지를 암묵적으로 보낸다. 한마디로 동시성은 의식이 저지른 실수를 복원하고 그로 인해 위기에 빠진 인간을 구원하기 위해 무의식이 보내는 상징이자 무의식의 작용이다.

흥미롭게도 융의 동시성은 정신만이 아닌 물질의 세계에서도 드러난다. 실제로 융은 저명한 물리학자 파울리와 만나 물질세계의 동시성 현상에 대해 논의했다고 한다.

물질세계의 극한 차원이라고 할 수 있는 양자를 다루는 양자역학과 관련된 재미있는 실험이 있다. 이것은 1930년대에 아인슈타인이 양자역학을 반박하기 위해 제기한 실험으로 EPR 사고실험이라 불린다. 이 실험을 통해 전자와 다른 전자 사이에 시공간적 인과를 초월하는 정보의 교류, 즉 동시성이 있음을 발견했다.

본래 운동량이 0인 물체가 두 개로 쪼개져 양쪽, a와 b로 분리될 때, 양자역학에 의하면 하나일 때와 마찬가지로 a와 b는 서로 연결성이 있다. 즉 a의 운동에 영향을 주면 겉보기에 분리된 b의 운동도 영향을 받는다. 하지만 고전 역학의 관점에선 a와 b는 별개의 입자로 서로 독립된 운동을 할 뿐이다. 게다가 a와 b를 동시에 관찰한다면 a와 b가 정보를 주고받을 시간도 없다. 상대성 이론에 의하면 이 우주의 어떤 정보도 빛의 속도를 초월할 수는 없다. 따라서 이런 일은 불가능하며 양자역학은 틀렸다고 아인슈타인은 강하게 주장했다.

그렇다면 과연 실제 실험 결과는 어땠을까? 1982년 알랭 아스펙이 프랑스에서 실시한 실제 실험 결과는 아인슈타인의 예측과 정반대였다. 그는 원자 이하의 파편으로 하나의 원자에서 동시에 방출된 광자를 이용하였다. 각각의 광자가 나아가는 길에 편광탐지기가 설치되었다. 이것은 탐지기의 축과 나란한 축으로 진동하지 않는 광자들을 걸러냈다. 이렇게 해서 정확한 방향을 가진 허깨비 광자들만이 편광탐지기에 나타났다.

결론적으로 아인슈타인의 단언 결과와 달리 광자 a에 영향을 주면 독립된 b에도 영향이 미쳤다. 다시 말해서 광자 a와 b는 협동을 했다. 광자 a가 차단되면 광자 b도 동시에 차단되는 현상이 나타난 것이다. 그리하여 시·공간적으로 분리된 두 실체가 알지 못할 상관성이 있고 서로간의 작용이 있다는 것을 밝혔다. 더 나아가서 이 세계는 근본적으로는 인과율을 넘어선 관계로 직조된 세계라는 것을 추론할 수 있게 된 것이다.

내부세계가 실제 경험하는 세계다

여러분은 혹시 내가 보는 세상이 과연 진실 그대로일까에 대해 의심해본 적이 없는가? 내게 보이는 세상과 세상 그 자체는 같을까 다를까? 나는 초등학교 때부터 이런 의문을 가졌던 덕분에 본의 아니게 철학 공부도 많이 하게 되었다. 그런데 나만 이런 의문을 가진 것이 아니었다. 서양철학의 비조라 할 플라톤도 안와 유사한 생각을 하고 있었으니 그것이 바로 그 유명한 '동굴의 비유'다.

플라톤의 《국가》에 그 유명한 '동굴의 비유'가 나온다.

이 동굴에는 평생 동안 벽만을 바라보게 묶인 죄수들이 살고 있다. 그들은 자기 자신은 물론 옆 사람조차 볼 수 없고 오로지 동굴의 벽에 비친 그림자만 볼 수 있다. 이 그림자들은 죄수들의 등 뒤에 있는 불로 인해 만들어지는 것으로, 이 그림자들을 실체라고 믿는 죄수들은 그림자 외의 세계가 있음을 알지 못한다. 만약 이 죄수들 가운데 한 사람이 묶인 기둥에서 풀려나 그림자를 만드는 불꽃을 보게 된다면 그의 눈은 부시고 아파서 차라리 가짜 모습을 보는 것이 편하다고 느끼게 된다. 그러나 불 뒤에는 좁은 통로로 된 동굴 입구가 있고 동굴 바깥에는 나무와 강과 푸른 하늘이 있다.

이제 죄수는 좁은 통로를 통하여 바깥세상에 나오게 되지만, 햇빛이 너무 눈부셔 해는 보지 못하고, 우선 그림자를 보고 점차 나무와 산을 보게 되고, 마지막으로 해를 바라보게 된다. 태양을 바라볼 수 있게 된 이 죄수는 드디어 자신이 허위와 착각에 빠져 살아왔음을 깨닫게 된다. 그런데 이렇게 깨달은 사람이 동굴에 들어가 그가 겪은 것을 이야기하자, 그는 제정신이 아닌 자로 조롱 받고 따돌림 당하게 된다. 그리고 그들을 밖으로 인도하려 하지만, 오히려 죄수들은 그를 죽이려 한다.

혹시 여러분은 이 이야기를 듣고서 '내가 그 죄수인 것은 아닐까' 하는 생각이 들지는 않는가. 독자 여러분이 이 죄수들이고 내가 깨달은 죄수인 것은 아닐까? 그렇다면 독자들이 혹시 이 글을 읽고 나를 핍박하지는 않을까?

생김새와 성별과 연령이 모두 다른 연기자 5명이 대학로에 선다. 이들 중 한 명이 지나가는 행인을 붙잡고 길을 물어본다. 한참 길을 물어보는데 그

둘 사이로 갑자기 큰 간판이 지나간다. 그 안 보이는 사이에 간판 뒤에서 길을 물어보던 사람이 다른 연기자로 대체된다. 어떻게 될까? 바로 앞에서 사람이 바뀌니 당연히 행인들은 눈치챌 것 같은가? 만약 독자 여러분이 그 행인이라면 어떨 것 같은가? 하지만 놀랍게도 80퍼센트의 행인들이 자기 앞에 선 사람들이 바뀌었다는 것을 전혀 눈치채지 못했다. 심지어 20대 남성이 40~50대의 남성으로 바뀌어도 20대 남성이 20대 여성으로 바뀌어도 전혀 눈치채지 못했다.

이 실험은 EBS 〈인간의 두 얼굴 Ⅱ〉에 나오는 내용이다. 과연 우리가 사실을 사실 그대로 보는 것이라면, 있는 것을 있는 그대로 보는 것이라면, 도대체 왜 사람이 바로 앞에서 바뀌는 데도 80퍼센트의 사람이 알아차리지 못할까? 혹시 우리는 '있는 것'을 보는 것이 아니라 '있다고 생각되는 것'을 보는 것은 아닐까? 우리는 '있다고 생각되는 것'을 있는 것 위에 덮어서 보는 것은 아닐까? 이 다큐에 나오는 실험 하나를 더 보기로 하자.

다양한 연령대의 7쌍의 부부가 어느 실험에 초대된다. 그 전에 이들에게 모두 독사진을 한 장씩 제출하게 한다. 심리학자는 이 사진들을 바탕으로 4장의 사진을 더 합성하여 만든다. 2장은 눈을 작게 만들거나 볼을 키우는 등으로 못생겨 보이게 만든 것이고, 다른 2장은 반대로 더 예뻐 보이게 합성한 사진이다. 이후 이들 모두에게 부부관계 만족도에 관한 설문지를 작성하게 하여 관계가 어느 정도 좋은지를 미리 알아본다. 이제 아내들 7명을 의자에 앉게 한 다음, 각각의 남편 사진 5장을 봉투에 넣어 제시하여, 어느 것이 실제 남편 모습인지 고르게 한다. 그다음에 다시 남편들에게 이 과정을 실시한다. 흥미롭게도 부부관계 만족도가 높은 커플은 실제보다 잘생긴 사진을 골랐고, 평균인 사람은 실제 사진을 골랐다는 점이다. 만족도가 제일 높은 부부의 아내에게 "5장 중에 가장 잘생긴 사진을 골랐어요"라고 말하자, 이 아내는 당황한 기색이 역력했다.

결국 이 아내는 사실이 아닌 것을 사실로 보고 있는 줄도 모르고 있었던 것이다. 우리 속담에 '아내가 예쁘면 처갓집 말뚝에다 절은 한다'라는 말이 있는데, 이제 이 말이 좀 이해가 될 것 같지 않은가. 그 남편은 처가의 말뚝에서 말뚝 아닌 뭔가가 보이고 느껴지는 것이다. 말뚝에서 예쁜 아내의 콧소리 섞인 말이 들릴 수도 있고, 아니면 아내의 예쁜 눈이 보일 수도 있다. 바깥에는 없지만, 어쨌든 내 안에서는 이런 것들이 보이고 들리는 것이다. 만약에 내 안에서 보이고 들리는 이 모든 것들이 사라진다면 그때에도 아내가 예쁠까?

반대로 '자고 있는 남편의 뒤통수만 봐도 속이 터진다'는 아내들이 많은데, 죄 없이 가만히 자고 있는 남편의 뒤통수에서 그들은 도대체 무엇을 보고 듣고 느꼈을까?

내가 EFT 워크숍을 진행할 때다. 마침 EFT를 활용해 속독법을 익히는 법을 가르치는 시간이었다. 30여 명의 참가자에게 책장에 꽂아만 두고 읽을 엄두를 못 내는 책이 있으면 마음속으로 그 책을 떠올려보라고 주문했다. 이윽고 책을 떠올린 몇 명에게 그 책이 어떻게 보이는지 물었더니 그들이 대답했다.

갑 _ 책이 엄청 두껍게 보여요.

을 _ 두께는 그대로인데 엄청 무겁게 느껴져요.

병 _ 한면의 글자가 너무 빽빽해서 여백이 안 보일 정도예요.

다시 이들에게 그 책을 보는 것을 상상해보라고 시켰더니 다들 너무 힘들게 읽는 모습이 보이고 느껴진다고 말했다. 그래서 그런 책의 모습과 느낌에 대해 EFT를 적용한 후에 다시 그 책을 떠올려보라고 했다.

갑 _ 신기하네, 책이 확 얇아졌어요.

을 _ 어, 나도 그렇네. 책의 무게가 가벼워졌어요.

병 _ 책의 글씨가 커지고 이제 가장자리의 여백이 보여요.

이제 다시 그 책을 읽는 것을 상상해보라고 시켰더니, 아까보다 2~3배 이상 빠르고 편안하게 책이 읽힌다고 하였고, 이후에 실제로도 책을 빨리 읽게 되었다.

책은 바뀌지 않았는데 내 마음의 이미지와 느낌이 바뀌니 책 읽는 속도가 빨라졌다. 그렇다면 바깥의 책을 바꿀 것인가 아니면 내 안의 책을 바꿀 것인가. 더 나아가 세상을 바꿀 것인가 아니면 내 안에 비치는 세상을 바꿀 것인가. 내 안의 세상이 바뀔 때 나는, 내 인생은, 내 몸은 어떻게 될까?

일부 철학자들과 과학자들이 우리가 지각하는 세상은 사실 그 자체가 아니라 사실의 표상Representation이라는 것을 제시했었다. 알프레드 코지프스키Alfred Korzybski나 그레고리 베이슨Gregory Bateson이 모두 동일하게 이런 사실을 발견했다. 그들은 모두 '우리가 경험하는 사실은 사실 그 자체가 아니다'라는 주제에 관해 나름대로의 의견을 제시했다. 동양에서도 일찍 이 사실을 터득했다. 장자는 세상과 인생을 한바탕의 큰 꿈이라고 표현했고, 유식唯識 불교에서는 '식識, 즉 마음이 존재를, 그리고 세상이나 사실을 결정한다'고 가르쳤다. 그들은 몇 천 년 전에 마음 밖의 세계가 마음 안의 세계와 다르다는 사실을 깨달았다. 그들 중 일부는 이 차이를 해소하는 방식으로 오랜 기간 명상을 함으로써 깨달음을 얻어 내부의 환상을 깨버리기도 하였다.

인간으로서 우리는 외부 세계에 직접 반응하지 않는다. 각자는 우리가 사는 객관 세상에 대한 내부 표상Internal Representation을 창조한다. 즉, 세상에 대한 지도나 모델을 내부에 만들어 이에 따라 행동하고 반응한다. 세상에 대한 내부 표상이 세상에 대한 우리의 행동, 이해, 판단, 선택을 결정한다. 게다가 내부 표상이 바뀌어 주관적 경험이 바뀌면 신체의 생리 반응도 변화한다. 지각과 경험은 외부 정보의 단순한 수동적 수용이 아니라 오히려 적극적 재창조다. 우리는 외부 세상이라는 원료로 주관적 경험을 창조한다.

그럼 내부 표상이란 무엇일까? 독자 여러분이 생생한 꿈을 꿀 때를 생각해보라. 혹 높은 곳에서 떨어지는 꿈을 꿔본 적이 있는가. 저 멀리 절벽의 깜깜한 끝이 '보이고^{시각}', 쫓아오는 사람들의 소리가 '들리고^{청각}', 심장의 박동이 '느껴지고^{촉각}', 도망치다 다쳤던 상처에서 피 '냄새가 나고^{후각}', 상처를 핥으니 짠 '맛이 난다^{미각}'. 하지만 그러다 깜짝 놀라 잠을 깨니 꿈이 아닌가! 결국 눈을 감은 상태에서 더 나아가 오감의 기관이 모두 정지된 상태에서도 우리는 내부에서 오감의 속성을 가진 무언가를 지각할 수 있다. 한마디로 이것이 꿈인 것이다. 그런데 문제는 우리가 눈을 뜨고서도 꿈을 꾼다는 데 있다. 게다가 더 큰 문제는 우리가 눈 뜨고 꾸는 꿈은 꿈인 줄 모른다는 데 있다. 이상의 내용을 요약하자면 이렇다.

첫째, 우리는 눈을 뜨고서도, 즉 일상의 의식 상태에서도 일종의 꿈을 꾼다. 더 나아가 어떤 의미에서 우리는 평생 꿈속에 있다고 할 수도 있다.

둘째, 오감으로 구성되는 이 내부의 꿈을 내부 표상이라고 말한다.

셋째, 우리는 각성 상태에서 이 꿈을 통해 사물을 이해하고 판단하고 이에 따라 행동한다.

넷째, 우리는 이 꿈의 내용을 사실이라고 믿고 경험한다. 앞의 실험에 나온 것처럼 우리는 결코 자신이 꾸는 꿈에 대해 의문을 제기하지 않는다. 간혹 자신의 꿈에 의문을 제기하는 사람을 만나면 우리는 미쳤다고 비난하거나 반대로 성인이라고 칭송할 것이다. 독자들이 이 책을 보면서 나를 미쳤다고 할 것인지 성인이라고 할 것인지 궁금해지기도 한다.

다섯째, 우리는 결코, 아마도 깨닫거나 이 책을 보기 전까지는 우리가 꿈속에 있다는 것을 모른다.

일상적인 의식 상태에서도 꿈을 꾼다는 사실에 대해 보충 설명이 필요할 것 같다. 나는 내 전문 분야인지라 정신병 환자들을 많이 본다. 그중에서는 상당히 심각한 환자들도 여러 명 있었는데, 정신분열병이 이에 속한다. 정신분열은 환상과 환청을 특징으로 하는데, 쉽게 말해서 헛것과 헛소리가 보이고 들리는 것이다. 앞서 말한 용어로 표현하면 정신분열 환자들은 각자의 내부 표상 즉 환상과 환청이 너무 강렬해서 현실감을 상실한 사람들이라고 할 수 있다. 한 여대생 정신분열 환자는 에이즈에 대한 두려움이 심각해서 찾아왔다. 이 내담자와 나눈 대화를 한번 들어보자.

내담자 _ 지하철에서 어떤 아저씨가 에이즈 감염 주사기로 내 팔을 찌르고 도망갔어요.

필자 _ 그럼 찔릴 때, 왜 소리치거나 신고하지 않았죠? 주위에 사람도 많았을 텐데 누가 말리지는 않던가요?

내담자 _ 그러게요. 그렇게 생각하면 그런데, 그런 장면은 기억이 안 나요. 자꾸 찔린 장면만 기억나요.

필자 _ 그럼 혹시 찔린 자국은 찾았나요?

내담자 _ 아뇨, 못 찾았어요.

필자 _ 못 찾은 건가요, 아니면 없는 건가요?

내담자 _ (혼란스러워하면서) 그것까지는 잘 모르겠는데요. 하지만 그것이 사실이 아닌데 왜 그 장면이 이렇게 생생하게 보이죠? 실제 그런 일이 있었으니까 보이는 것이 아닐까요?

이처럼 정신분열 환자는 자신의 내부 표상이 너무 강렬해서 실제와 구분이 잘 안 되는 상태에 있다. 한마디로 꿈이 너무 생생해서 현실과 구분이 안 되는 것이다. 또 다른 예로 왕따를 당해 정신분열이 된 여고생은 '사람 많은 곳에만 가면 사람들이 자기에게 욕을 한다'고 호소했다. 이 경우도 소리의 내부 표상이 너무 강렬해서 실제와 구분이 안 되는 것이다. 이런 정신분열 환자들을 치료하면서 나는 다음과 같은 사실을 깨달았다.

첫째, 이 환자들은 내부 표상이 현실 이상으로 생생하게 감지되는 특성이 있다.

둘째, 백지 한 장 차이가 천재를 만들 듯, 이들과 보통 사람 사이도 백지 한 장 차이일 뿐이다. 내가 보기에 보통 사람이란 평범한 꿈을 꾸니 표가 안 날 뿐이다. 그러다가도 간혹 강한 약물이나 음악이나 술에 취하면 일시적으로 내부 표상이 강렬하게 느껴질 때가 있다. 이때가 바로 말 그대로 '미쳤다'나 '취했다'나 '뿅 갔다'고 표현하는 상태다.

셋째, 세상에서 영웅이나 천재라고 일컬어지는 사람들을 자세히 보면 일종의 정신분열이 있다. 이들도 정신분열 환자처럼 강렬한 꿈 즉 내부 표상을 꾸는 사람들이다. 남들이 절대 안 된다는 곳에서 '반드시 되는 것을 보고', 남들이 절대 못한다고 말하는 것에서 '어떻게든 할 수 있다'는 소리를 들으니까.

이건 농담이 아니라 진담이다. 그들은 진짜 그런 것을 보고 듣고 만진다. 똑같이 미쳐도 인정받으면 천재나 영웅이 되고 인정받지 못하면 정신분열 환자가 되는 것이 아니겠는가? 어떤 면에서 내가 이 책을 쓰는 목적 중에는 인정받아서 정신병원에 끌려가지 않으려는 의도도 있다. 나는 정신분열 환자를 앞에 두고서 간혹 '나도 까딱 잘못했으면 저 자리에 앉아 있었을 거야'라고 생각하기도 했다. 온 세상을 꿈이라고 우기는 사람을 누가 제 정신이라고 하겠는가!

무의식에 따라 판단하고 행동한다

독자 여러분은 공포 영화를 보면서 갑자기 살인마가 흉기를 들고 주인공에게 들이닥칠 때 스크린에는 이것이 어떻게 보였는지 기억하는가. 잠시 시간을 갖고 떠올려보라. 모든 장면이 공통적으로 살인마의 얼굴을 땀 한 방울까지 클로즈업해서 보여주지 않던가. 광기에 찬 눈매, 공포를 부르는 흰자위, 냉소적인 입가의 미소 등등이 화면을 가득 채우지 않았는가. 만약 이때 이 장면을 줌 아웃해서 멀리 보이게 한다면 어떨까. 살인마의 몸 전체가 손가락만 할 정도로 보인다면 그때도 무서울까.

EFT 워크숍에 개구리 공포증이 너무 심해서 개구리만 보면 몸이 완전히 얼어붙는 여성이 온 적이 있었다. EFT를 하면서 개구리 공포를 지워나가다 보니 마침내 개구리를 무서워하는 데 결정적 계기가 된 사건이 떠올랐다. 그녀는 초등학교 때 개구리 해부 시간의 일이 생각나 끔찍한 듯 온몸을 부르르 떨었다. 잠시 후 어느 정도 진정이 되자, 이 참가자에게 어떤 장면이 떠오르는지 물었다. "제 등 뒤로 어떤 남학생이 살짝 다가와서는 손바닥만 한 개구리를 들이밀었어요. 무심코 돌아보다가 개구리를 보고서는 심장마비에 걸린 것처럼 호흡이 멎고 심장이 쿵쾅거려서 죽는 줄 알았어요. 지금도 그 장면이 보이니까 그 느낌이 기억나요. 그애가 개구리를 치울 때까지 꼼짝도 못하고 개구리를 지켜봐야 했어요."

이에 내가 EFT로 그때 사건에 대한 감정을 다 지우고 나서 다시 그 장면이 어떻게 보이는지 물었다. "어, 이상하네요. 아까는 손바닥만 하고 내 얼굴을 그대로 덮칠 것 같았는데, 이제 보니 겨우 손가락만 해서 내가 그냥 치워버리면 되겠다는 생각이 드네요." 그래서 인터넷 검색으로 생생한 큰 개구리 사진을 보여주었는데, 아무런 감정의 동요도 없이 말했다. "그냥 잡아서 던지면 될 것 같아요."

내가 수많은 사람들에게 EFT를 할 때마다, EFT로 감정을 지우고 나면, 위의 사례처럼 내부 표상이 변한다는 사실을 누누이 깨닫게 되었다. 이 점에는 단 하나의 예외도 없었다. 결국 내부에서 그 사건이나 그 사람이 어떻게 보이고 느끼고 들리는가에 따라 감정의 강도나 성질이 변했다는 얘기다. 또 감정이 변함에 따라 그 사람의 행동과 판단도 바뀌었다. 예를 들어 앞의 사례에서 개구리의 내부 표상이 변하자 이 참가자는 개구리에 대한 공포심이 사라져 편안해지고 심지어 만질 수도 있게 되었다. 다시 말해서 실제보다 나의 내부에서 어떻게 지각되느냐가 더 중요하고, 결국 이런 내부 표상에 따라 우리는 감정을 느끼고 판단하고 행동하게 되는 것이다.

앞의 사례에서는 EFT를 적용해 감정을 지우면 내부 표상이 바뀌었지만, 반대로 내부 표상을 먼저 바꿔보는 것은 어떨까. 이것이 궁금하다면 다음 실험을 같이 해보자. 기분 좋았던 과거의 경험을 한번 생각해보라. 오랫동안 생각해보지 못한 것일수록 더 좋다. 잠시 그 기억으로 돌아가 그때 보았던 것이 무엇인지 확인해보라. 눈을 감는 것이 집중이 더 잘 된다면 눈을 감아도 좋다. 이제 이 장면을 보면서 이 이미지를 더 밝게 만들어보라. 점점 더 밝게 만들어보라. 이제 반대로 어둡게 만들어보라. 점점 어둡게 만들어 깜깜해서 보이지 않을 만큼 만들어보라. 다시 반대로 밝게 만들어보라. 밝기에 따라 기분이 변하는 것을 느꼈는가? 대체로 사람들은 밝아질수록 강한 느낌을 받고, 어두워질수록 약한 느낌을 받을 것이다.

얼마나 많은 사람들이 내면의 이미지를 바꾸면 느낌이나 감정이 달라진다는 중요한 사실을 생각해보았을까? 거의 대부분의 사람들은 그저 내면에서 떠오르는 이미지를 보면서 이에 따른 반응으로 수동적으로 감정을 느끼며 살아왔을 것이다.

이제 다시 다른 실험을 한번 해보자. 생각만 해도 싫고 짜증나는 사람을 한 명 떠올려보라. 이제 이 사람의 이미지를 어둡게 만들어보라. 점차 어둡게 만들어보라. 감정이 어떻게 느껴지는가? 여기까지 해도 감정이 잘 안 변한다면 이번에는 다른 조작을 좀 더 해보자. 이 이미지를 옆으로 엿가락처럼 좍 늘여보자. 어떻게 보이는가? 또 감정은 어떻게 느껴지는가? 우스운가? 이번에는 반대로 세로로 눌러보자. 그 사람의 눈과 코가 어떻게 보이는가? 또 감정은 어떻게 변하는가?

하지만 이제까지의 시각적 조작만으로는 아직도 분이 덜 풀린다면 이번에는 청각적 조작을 가해보자. 그 사람이 당신에게 가장 싫은 소리하는 것을 상상해서 들어보라. 혐오감과 분노가 극에 달할 때, TV의 볼륨을 줄이듯 내 안의 볼륨을 꺼버려라. 이제 그 사람은 마치 금붕어처럼 입만 뻐끔거리고 있다.

이 정도로도 분이 덜 풀린다면 내친 김에 배경음악으로 '뽕짝'을 한번 깔아보자. 얼굴에 웃음이 좀 퍼지는가? 이 정도면 아마 그럴 것이다. 앞으로 그 사람이 내 앞에 보일 때마다 이렇게 화면을 어둡게 만들고, 소리를 꺼버리고, 뽕짝을 배경음악으로 깔아버려라. 단 실제로 그 사람 앞에서는 웃지 않도록 반드시 주의하라.

● ● ● ● 내 앞에 무엇이 있건 상관없이, 나는 내 안에서 보고 듣는 것에 따라 판단하고 느끼고 행동할 것이다. 그러니 바깥에 있는 것을 바꿀 것인가, 아니면 내 안에 있는 것을 바꿀 것인가.

생각이 아닌 감정의 영역이다

우리를 움직이는 것은 우리가 생각하는 것이 아니라 느끼는 것이다. 우리는 생각하는 대로 움직이는 것이 아니라 느끼는 대로 움직인다. 다음이 그 예들이다.

- 담배 끊어야지 하면서 끊었다가 며칠 지나면 못 참고 핀다.
- 한 시간 공부하고 나면 좀이 쑤셔서 컴퓨터 게임을 한다.
- 살 빼려고 반만 먹으려고 하지만 허기가 져서 한 그릇 다 먹는다.
- 아이에게 좋게 말하려다가 화가 나면 흥분해서 소리를 지른다.

자주 경험하는 예들이 아닌가. 인생을 바꾸려 한다면 감정을 바꾸어야 한다. 한마디로 감정의 주인이 인생의 주인이 된다. 무의식 또한 감정의 영역이므로 감정의 주인은 곧 무의식의 주인이라고도 할 수 있다.

또 감정은 마치 전파처럼 전이가 잘 된다. 정신과 용어로 '감정전이'라고 하는데, 공포증 환자를 치료하는 의사에게 공포증이 생기고, 우울증 환자를 치료하는 의사가 우울증에 걸리는 것이다. 이것 때문인지는 몰라도 10여 년 전에 미국의 전문직 자살률 통계에서 정신과 의사가 1위를 차지했다는 기사를 본 적이 있다. 군중심리도 감정전이의 한 형태다.

이와 관련하여 미운 짓만 하는 사람인데도 혹 내가 사랑하는 마음을 가지면 어떻게 될까? 반대로 미운 사람이 아닌데 미운 마음을 품으면 어떻게 될까? 감정전이에 의해 상대방이 영향을 받을까? 재미있는 주제가 아닌가. 나와 함께 일하는 송원섭 코치가 이에 대해 직접 해본 실험을 말해주었다.

송원섭 코치가 군인이었을 때의 일이다. 아무 감정이 없던 소대장과 같이 근무할 때 속으로 그에게 마구 욕도 하고 화도 내었다. 물론 당연히 소대장은 송 코치가 무엇을 하는지 전혀 몰랐다. 곧 그럴 상황이 전혀 아님에도 정말 소대장이 신경질적으로 화를 내는 것이 아닌가. 그 순간 송 코치는 당황하여 미움에서 사랑의 감정으로 마음을 바꿨고, 곧 소대장의 태도는 편안해졌다. 이후에 몇 번 더 시도해보았는데, 거의 매번 같은 결과를 얻었다고 한다.

그는 또 정말 미운 상대에 대한 실험도 해보았다. 상대는 행정관으로 군대에서 잔뼈가 굵어 폭력과 막말과 막무가내만 남은 사람이었다. 중대원 전체에게는 대화 자체가 불가능한 깡패 두목 같은 사람이었다. 일병이 되면서 여유가 생기자 송 코치는 이 사람에게도 감정전이를 실험해보았다. 실컷 속으로 미워하고 욕했더니 당연히 욕도 바가지로 듣고 한 대씩 맞기도 하였다. 그러다 다시 반대로 미워하는 행정관에 대해서 속으로 안아주기도 하고 사랑하는 마음으로 다가서려고 노력하였다. 그렇다고 행정관에게 직접 어떤 말을 하거나 행동을 하지는 않았다. 그런데 그때부터 이상하게도 행정관이 송 코치에게는 그다지 폭언과 폭행을 하지 않게 되고 그런 상태가 제대할 때까지 지속되었다. 심지어는 당연히 얼차려를 받을 만한 실수를 했음에도 그냥 넘어가기도 하였다.

앞의 사례를 보고 어떤 생각이 드는가? 나의 감정은 타인에게 유사한 감정을 불러일으킨다. 나의 감정은 내 속에만 있는 것 같지만 전파나 공기처럼 확산된다. 그러니 나의 감정을 조심해야겠다는 생각이 들지 않는가. 우리 속담에 '밉다 밉다 하니 더 미운 짓 한다'가 바로 이것을 설명하는 말이 아닐까.

최고의 학습이 이뤄진다

어떤 기능을 배우고 익히는 학습의 단계는 보통 4단계로 분류할 수 있다.

첫 단계는 무의식적 무능력Unconscious Incompetence 상태다. 이 단계에서는 능력도 없고 능력이 없다는 사실도 모르는 상태다. 예를 들어 자동차를 보지 못한 아프리카 원주민이 이에 해당한다고 할 수 있다. 그는 운전 능력도 없고 운전 능력이 필요한 줄도 모른다.

둘째 단계는 의식적 무능력Conscious Incompetence 상태다. 이 단계에서는 어떤 능력의 필요성은 알지만, 아직 그런 능력이 없거나 부족한 상태다. 예를 들면 앞의 원주민이 이제 도시에 나가 자동차를 보고 운전의 필요성을 느끼고 운전을 막 배우는 상태라고 할 수 있다. 이제 막 운전을 배워 한 번에 한두 동작만을 겨우 할 수 있다. 기어를 바꾸면서 백미러로 뒤차도 보아야 하는 상황이 되면 너무 힘들어한다. 운전을 할 수는 있으나 여전히 서툴고 각 동작이 조화되지 않아 불안해 보인다.

셋째 단계는 의식적 유능력Conscious Competence 상태다. 이 단계에서는 무엇을 어떻게 해야 하는지 알고 있으며, 그 능력이 어느 정도는 학습되어 있는 상태를 말한다. 가슴을 졸이며 배운 각 기본 동작들이 자연스럽게 조화를 이뤄 통일된 행동으로 나타난다. 운전하는 과정 하나하나가 부드럽게 연결되어 운전을 할 수 있으나 아직 정신집중이 필요하고, 운전을 잘 배웠으나 아직 통달하지 못한 단계다.

이 단계에서는 겉으로는 학습자가 상당히 유능해 보이지만 학습자 본인은 긴장하고 애를 써야 하므로 쉽게 지치고, 사고가 기존의 패턴에 굳어 있어 상황의 변화에 취약하다. 재미있는 것은 자부심이 지나치면 자신의 능력을 너무 의식하게 되어 변화와 발전이 더디고 오히려 이 단계에 머물게 된다는 사실이다. 1~3년 남짓의 운전 경력자가 바로 이 단계에 해당한다.

넷째 단계는 무의식적 유능력Unconscious Competence 상태다. 이 단계에서는 하나하나의 과정을 일일이 의식하지 않고도 필요한 능력을 발휘한다. 운전하는 하나하나의 과정을 의식하지 않아도 능숙하게 운전을 할 수 있는 단계다. 이렇게 되면 운전을 하며 라디오를 듣고 조용한 마음으로 대화도 나눌 수 있게 된다. 의식적 마음이 의도를 정하면 무의식의 마음이 자동으로 그것을 수행하므로 마음이 자유로워진다. 무슨 일이든 오랫동안 연습하면 이 상태에 도달하는데 이것을 습관이라고도 한다. 5~10년 이상의 운전 경력이 있는 사람이 이에 해당한다.

지금까지의 논의를 운전에 비유하여 다시 설명해보자.

1단계 _ 차와 운전 자체를 모르고 운전할 의식, 즉 생각도 없는 상태.

2단계 _ 운전을 해야겠다고 생각하지만 운전법을 모르는 상태.

3단계 _ 운전의 방법을 알아가며 운전법을 어느 정도 익혀 자신감이 있는 상태.

4단계 _ 운전이 이미 마음과 몸에 배어 자신감보다는 오히려 당연함과 자연스러움이 느껴지는 상태.

어떤 것을 학습하든 4단계에 이르렀을 때 최고도의 학습이 되었다고 볼 수 있다. 2~3단계 학습 상태는 주로 긴장과 애씀이 특징이지만, 4단계 학습 상태는 편안함과 자연스러움이 특징이다. 공자의 다음 말이 이를 잘 표현한다. "아는 것은 좋아하는 것만 못하고, 좋아하는 것은 즐기는 것만 못하다_{知之者 不如好之者, 好之者 不如樂之者}."

보통 일반 학습자들은 시간과 노력을 들여 열심히 해서 4단계에 도달한다. 하지만 최단 시간에 4단계에 도달하는 방법이 있다. 새로운 것을 학습할 때는 대체로 긴장이 뒤따르는데, 이 긴장이 무의식의 학습능력을 저해하는 가장 큰 요인이다. 따라서 긴장 없이 학습할 때 가장 빨리 4단계에 도달할 수 있다.

이 원리를 이용한 두 가지 학습법을 소개하고자 한다. 첫째, 수면학습법이다. 잠들 때, 취침 후 30분 정도까지는 의식적 긴장이 풀어지고 아직 잠은 들지 않은 상태가 된다. 이때 영어나 오디오북을 들으면 무의식이 정보를 저항 없이 바로 흡수하여 최고의 효율을 발휘한다. 나의 경우 낮잠 잘 때마다 오디오 북을 들었더니, 한두 달이 지나자 어느 순간 영어가 들리기 시작했던 경험이 있다. 둘째, 놀이학습법이다. 일과 학습을 놀이하듯 하는 것이다. 예를 들어 반복되는 암기를 할 때 가벼운 음악을 듣거나, 아니면 산책을 하면서 놀 듯 공부하는 것이다.

● ● ● ● 잘하는 사람은 즐긴다. 즐기는 사람은 잘하는 사람이다. 반대로 즐기면서 놀 듯 학습하면 저절로 잘하게 된다.

최선의 판단을 이끌어낸다

종종 중요한 결정을 앞두고 판단이 잘 서지 않을 때 "한숨 자고서 생각해봐" 또는 "한숨 돌리고 생각해봐"라는 말을 자주 듣는다. 정말 한숨 자고 나면 좋은 결정을 하는 데 도움이 될까? 흥미롭게도 영어에도 '자면서 생각해봐You should sleep on it'라는 비슷한 의미의 속담이 있다. 이렇게 동서양의 옛 사람들의 지혜에 의하면 '한숨 자고서 생각함'으로써 마음의 이런저런 생각이 정리되고 성급한 결정에 수반되는 긴장과 스트레스가 풀어진다. 또 잠은 기억을 정리하고, 그날의 정보를 처리하고, 문제를 푸는 데 도움이 된다. 대체로 의식적으로 문제에 집중하는 것이 도움이 될 때도 많지만 때때로 그렇지 않은 경우도 적지 않다.

하지만 느낌으로는 그런 것 같은데 과연 실제로도 그럴까 하는 의문이 들지 않는가? 흥미롭게도 이에 관해 실제로 실험을 한 사람이 있었다. 네덜란드의 데익스테르하위스 박사의 한 연구 Dijksterhuis et al., 2009, http://www.unconsciouslab.com/에 따르면 어떤 경우에는 우리가 의식적으로 집중할수록 더 나쁜 판단을 하게 된다고 한다.

때때로 최상의 판단을 내리기 위해 필요한 것은 '한숨 돌리는 것 또는 한숨 자고 생각하는 것'이다. 한숨 돌리다 보면 무의식이 판단 과정에 참여하여 더 나은 판단을 하게 된다. 과연 어떻게 이런 현상을 연구하고 찾아냈는지 그의 실험을 한번 살펴보자.

실험에서 참가자들은 고려할 요소가 너무 많은 몇 개의 상품들 중에서, 예를 들면 아파트나 자동차 등 하나를 선택하도록 요구했다. 선택의 대상이 되는 것들은 각각의 장점이 있어서 어느 하나가 월등하게 우월하지는 않았다. 참가자들은 설명서를 본 후에, 두 집단으로 나뉘어 한 집단은 계속 집중해서 생각하고, 다른 집단은 한숨 돌리도록 하였다. 이후 일정 시간이 지나 결정하게 하였는데, 복잡한 장점과 특성을 가진 상품일수록, 한숨 돌린 집단이 더 나은 결정을 하였다.

이 연구자들의 주장에 따르면 무의식적 사고는 일반적인 기대처럼 수동적이고 맹목적인 것이 아니라 상당히 능동적이고 목표 지향적이다. 무의식적 사고를 하면, 보통 의식적 사고에 따르는 편견이 사라진다고 한다. 무의식적 사고 과정에서 우리는 의식적 편견을 배제하고 결정 요소를 공평하게 평가하여 판단하게 되는 것이다.

또 이들은 실험실이 아닌 실제 스포츠를 대상으로 실험해보았다. 6주간 매주 실험자들은 암스테르담대학의 352명 학생을 대상으로 곧 있을 네 차례의 축구 경기 결과를 예측하도록 했다. 먼저 이 참가자들은 두 집단으로 나뉘었다. 두 집단 모두 먼저 컴퓨터로 20초간 참가 팀들의 과거 경기를 보았고 나중에 있을 경기 결과를 예측하도록 했다. 이후 한 집단, 즉 의식적 판단 집단은 2분간 생각할 여유를 주었고, 다른 집단, 즉 무의식적 판단 집단은 2분간 전혀 다른 과제를 주어 집중하게 한 후에 그 결과를 예측하라고 일렀다. 어떤 일이 생겼을까? 무의식적 판단 집단이 의식적 판단 집단보다 경기 결과를 더 잘 예측했다.

왜 이런 결과가 생겼을까? 무의식적 판단 집단이 결론에 도달하기 위해 핵심 정보들을 더 잘 이용했기 때문이다. 이들은 경기 예측에서 가장 중요한 요소인 역대 성적만을 위주로 더 나은 예측을 했다.

우리 속담에 '장고 끝에 악수 둔다'고 하지 않던가. 의식적으로 많이 생각하면 할수록 기존 편견이 더 많이 개입된다. 무의식적 판단 집단은 이 실험에서 의식적 판단 집단보다 주요 변수들의 중요도를 더 정확히 고려했다. 물론 이 실험을 문자 그대로 모든 것에 적용해야 한다고 생각할 필요는 없다. 무의식에도 편견의 요소가 있기 때문이다. 하지만 그렇다고 하더라도 변수가 너무 많고 충분한 경험이 있는 영역이라면 '한숨 돌리고 나서 생각'하는 것이 연속적으로 머리를 쥐어짜는 것보다 훨씬 나을 수 있다. 우리의 뇌는 내버려두면 무심코 좋은 판단을 내릴 수 있다. 소위 직관, 영감, 통찰 등이 모두 이런 무의식의 판단력을 뜻한다.

● ● ● ● 무의식에 내맡기면 최선의 판단과 결정이 나온다.

애쓰지 않을 때 무의식의 역량이 최고로 발휘된다

앞서 말한 대로 어떤 신념이나 의도가 무의식에 심기면 반드시 실현된다. 의식적 신념이나 의도가 확언으로 이루어지면, 즉 당신의 의식적 생각을 무의식이 실제로 실현시키면 매우 놀랄 것이다. 그런데 문제는 무의식의 신념이 무엇인지 알아차리기 힘들다는 것이다. 현실적 경험과 결과를 통해서만 그 내용을 확인할 뿐이다. 그리고 더 중요한 것은 무의식에 의도나 신념을 심을 때에는 절대로 의지를 작용시켜서는 안 된다는 점이다. 의식적 의도나 신념과 무의식적 의도나 신념이 일치하지 않을 때, "나는 이런 일을 꼭 이루어낼 테야"라고 의식적으로 생각하고 말하더라도, 무의식이 "하지만 될까? 어떻게 그렇게 되지?"라고 반응할 수 있다. 이렇게 되면 원하는 것이 이루어지지 않는 것은 물론이고 종종 정반대의 결과가 나온다.

마음의 이런 역설과 모순을 이해하는 것이 가장 중요하다. 이런 이유로 노력할수록, 애쓸수록 만족스럽지 못한 결과가 나온다. '작심삼일'이라는 속담이 이를 잘 설명한다. 억지로 의지력을 발휘해 3일간 애를 쓰고 나면 나중에는 지치고 넌덜머리가 나서 포기하게 된다. 필요한 것은 의지력이 아니라 무의식을 훈련하는 것이다. 의식과 무의식의 관계에 대해 자기 암시 요법의 창시자 에밀 쿠에는 다음과 같이 말한다. 여기서 상상은 무의식의 신념과 의도를 의미한다.

첫째, 의지와 상상이 부딪칠 때, '예외 없이' 상상이 승리한다.

둘째, 의지와 상상이 부딪치면, 상상의 힘은 '의지의 제곱'에 비례한다.

셋째, 의지와 상상이 서로 일치할 때 그 힘은 단순히 더해지는 것이 아니라 곱해진 만큼 커진다.

넷째, 상상은 마음먹는 대로 움직인다.

무의식을 훈련할 때는 자연스럽고 즐겁고 단순하게 확신을 갖고 해야 한다. 절대로 노력하거나 애써서는 안 된다. 징크스나 나쁜 사주나 점과 같은 부정적인 자기 암시가 그렇게도 쉽게 자주 나쁜 결과를 만들어낼 수 있는 이유는 바로 노력하지 않았기 때문이다. 어떤 일이든 의식과 무의식이 부딪치면 항상 무의식이 승리한다. 우리가 원하는 일이건 원치 않는 일이건 상관없다.

잠을 자려고 애쓰면 애쓸수록 눈은 점점 초롱초롱해지고, 누군가의 이름을 생각해내려고 하면 할수록 그 사람의 이름은 더 모호해지고, 웃음을 참으려고 하면 할수록 웃음은 더욱 터져나오고, 장애물을 피하려고 하면 할수록 그것이 점점 더 내게 다가온다. 우리가 움직이는 데에는 의지보다 무의식의 신념과 의도가 훨씬 더 중요하다. 의지를 더 하도록 충고하는 것은 심각한 실수를 저지르는 것이다. 우리는 무의식의 상상을 더하는 훈련을 해야 한다.

● ● ● ● 원하는 것을 이루기 위해 '노력하지 않기'를 노력해야 한다. 노자는 이것을 "억지 쓰지 않으면 되지 않는 것이 없다無爲而無不爲"로 표현하고 있다.

내 안의 거대한 에너지

첫째, 부정어를 잘 처리하지 못한다.

무의식은 내부 표상으로 정보를 처리한다. 따라서 '동해의 일출을 생각하지 마세요'라고 하면 이미 빨간 해가 생각난다. 그래서 아이들에게 뭔가를 하지 말라고 하면 도리어 더 하게 만들기 마련이다. 자꾸 담배 피지 말라고 하면, 담배 생각을 더 하게 되고 담배에 대한 호기심도 생겨 담배에 손댈 가능성이 더 커진다.

둘째, 육신의 생명활동을 유지한다.

면역계나 순환기계나 내분비계는 나의 의지가 아니라 무의식의 작용이다. 그래서 잠을 자는 동안에 의식의 작용이 멈춰도 생명이 유지되는 것이다.

셋째, 간절히 원하는 것을 실현시킨다.

무의식은 일종의 거대한 에너지라고 볼 수도 있다. 무의식이 집중하는 곳에 에너지가 흐른다. 집중이란 우리가 무의식적으로 많이 생각하는 것이다. 간절히 원하면 자주 생각하기 마련이고 그러다보면 나도 모르게 실현되기 마련이다.

넷째, 가장 두려워하는 것도 실현시킨다.

집중은 두 가지 형태로 일어난다. 무언가를 간절히 원하는 것도 집중이고, 무언가를 심하게 두려워하는 것도 집중이다. 우리는 가장 원하는 것만큼이나 가장 무서워하는 것도 많이 생각하게 되기 때문이다.

그래서 무의식은 간절히 원하는 것도 실현시키지만 반면에 가장 무서워하는 것도 실현시킨다. 그러니 과도한 두려움으로 내가 싫어하는 것을 실현시키지 않도록 하라.

다섯째, 무의식은 판단하지 않는다.

무의식은 본래 수용적이므로 우리가 어떤 믿음을 선택하건 판단하지 않고 다 실현시킨다. 무심코 자주 하는 말이 무의식의 신념이 되는 경우가 많으니 특히 말조심을 해야 한다. 나의 내담자 중에 평소에 "그 꼴 못 본다"는 말을 입에 달고 살다가 망막이 터져 한쪽 눈이 실명된 사람도 있고, 부부 사이가 안 좋아 "네가 망하는 꼴 보고 싶다"며 자주 싸우다 20억을 날린 사람도 있었다.

여섯째, 무의식은 에고의 영역과 영혼의 영역으로 구분된다.

이에 관해서는 다음 장에서 자세히 다룰 것이다.

에고_ 나밖에 모르는 나

에고란 무엇인가

우리는 수많은 생각과 감정을 지어내며 살아간다. 어느 날 이렇게 수많은 생각과 감정을 지어내는 나에게 문득 '너는 누구냐'라고 물어보았다. 그 순간 당황하고 숨을 곳이 없어진 생각들이 어쩔 줄 모르고 다 사라져버렸다. 그때 나는 이 수많은 생각과 감정의 주체에 대해 '너'라고 부르기로 했다.

그 순간 섬광같이 이런 느낌이 들었다. 지금까지 내 몸의 주인은 내가 아니고 '너'였구나! 내 몸이 '너'의 식민지였구나! 나는 그 순간 깨달았다. '내가 두려워하는 것'이 아니라 '두려움이 나를 하는 것'이라고, '내가 불안한 것'이 아니라 '불안이 나를 하는 것'이고, '내가 생각하는 것'이 아니라 '생각이 나를 하는 것'이라는 것을.

마흔 살의 인생에서 네가 아닌 내가 내 몸은 쓴 것이 얼마나 되었을까. 지금까지 잘못된 '너'를 일제 식민지처럼 총독의 자리에 앉히고, 나는 변방에서 힘겹게 독립운동을 하며 신음하고 있었다.

"나는 크게 두려워하지 않는다, 큰 두려움이 나를 할 뿐이다."

"나는 크게 우울하지 않다, 큰 우울이 나를 할 뿐이다."

"나는 크게 좌절하지 않는다, 큰 좌절이 나를 할 뿐이다."

"내가 생각을 하는가 생각이 나를 하는가? 내가 번뇌하는가 번뇌가 나를 하는가?"

그럼 도대체 '너'는 누구일까? 또 '너'가 아닌 '나'는 누구일까? 여러분도 이 '나' 또는 '너'에 대해 궁금해본 적이 없는가? 여러분도 이 질문에 대한 답을 함께 찾아보고 싶지 않은가? 사실 나는 철들기도 전에 평생이 질문을 하며 살아왔다. 이제 독자들과 함께 나의 평생 연구의 과정과 결실을 나누어보고자 한다.

먼저 재미있는 이야기 하나를 소개한다.

어느 집에 초등학생 자매가 살고 있었다. 엄마는 없고 아빠는 알코올 중독이었다. 이들 자매는 심청이처럼 매우 심성이 고와서 동네 사람들에게 사랑을 받았지만 아버지만은 이 애들을 함부로 대했다. 폭언하고 때리고 생활비도 벌어주지 않고 항상 아이들을 두려움과 배고픔에 몰아넣었다. 하지만 아이들은 아무리 못되게 굴어도 세상에 하나밖에 없는 아빠인지라,

그냥 꾹 참고 시키는 대로 하는 수밖에 없었다. 그저 무책임하고 폭력적인 아빠의 손에라도 기대는 수밖에 없었다. 어쨌든 아빠는 아빠이고 아빠가 없는 것보다는 나으니까. 그렇게 힘든 나날을 보낼 무렵 갑자기 기적이 일어났다. 어디선가 인자하고 멋지고 부유한 할아버지가 나타나서 아이들을 아빠에게서 구원해준 것이다. 알고 보니 그 할아버지는 아빠가 말해주지 않고 숨겼던 외할아버지가 아닌가! 물론 소공녀의 주인공처럼 그 자매들은 남은 평생을 행복하게 살게 된다.

우리는 항상 저 아이들이 아빠를 따르듯 싫든 좋은 '나'의 판단과 생각에 따른다. 그런데 혹시 여러분의 이 '나'가 바로 이 술주정뱅이 아빠와 같다고 생각해본 적이 없는가. 폭력적이고 판단력도 없고 무책임하면서 다 책임진다고 큰소리만 치는 알코올 중독 아빠와 비슷하지 않은가. 다른 '나'가 없으니 불만족스럽고 괴롭더라도 그저 '나'의 판단과 생각에 의지해서 살아가긴 하는데 너무 힘들고 괴롭고 불안하지 않은가. 그래도 '나'가 없을 수는 없고 다른 '나'도 없으니까 그냥 살아가는가. 혹시 저 외할아버지와 같은 숨겨진 '나'가 있지 않을까 하고 생각해본 적은 없는가.
다행히도 우리 모두에게는 이런 외할아버지가 있다는 사실에 안심하라. 그러나 아쉽게도 이 할아버지를 만나기 전에 우리는 먼저 이 알코올 중독 아빠부터 해결해야 한다. 그래야 외할아버지를 만나는 데 방해가 되지 않을 테니까. 먼저 번쇄한 '나'에 대한 개념부터 정리해보자. 내 속에는 두 개의 나가 있다. 대략 다음과 같이 구분한다.

알코올 중독 아빠	분리된 나	육신의 나 (몸 나)	소아(小我)	에고(ego)	거짓 나	self
인자한 외할아버지	하나되는 나	영혼의 나 (얼 나)	대아(大我)	영혼 (soul, spirit)	참 나	Self

이 표를 보고 혹자는 질문할지도 모른다. 도대체 내 속에 나 말고 무슨 다른 나가 있다는 말인가? 그렇다면 다음 사례를 한번 보자. 내가 EFT 레벨 1의 실습을 할 때였다. 참가자들 두 명이 짝을 지어 서로에게 EFT를 해주는데 한 커플이 실습을 못하고 주저하고 있었다. 무슨 일이 있나 자세히 보니 갓 스무 살이 된 아가씨가 울먹거리는 바람에 실습이 진행되지 못하는 모양이었다. 그녀의 실습 파트너가 말했다.

실습 파트너 _ 수용확언의 '나 자신을 받아들입니다'를 말하는데 따라하지를 못하네요.

필자 _ 나 자신을 받아들이지 못하겠어요?

아가씨 _ (울먹이며) 도저히 이런 나를 못 받아들이겠어요.

자초지종을 들어보니 남자 친구를 자신의 친구에게 소개시켜주고 뺏겼는데 그로 인한 분노와 좌절감과 수치심을 극복하지 못하겠다고 했다.

필자 _ 좋아요. 나는 나를 못 받아들인다는 거죠. 그럼 앞의 나는 누구이고 뒤의 나는 누구이죠. 못 받아들이는 나는 누구이고 못 받아들여지는 나는 또 누구죠? 왜 나가 나를 못 받아들이죠?

아가씨 _ (잠시 멍한 얼굴로) 모르겠어요.

필자 _ 좋아요. 그럼 나는 나가 누구인지 모르네요. 그렇다면 누구인지 모르는 나가 또 누구인지 모르는 나를 어떻게 못 받아들여요. 지금도 나를 못 받아들여요?

아가씨 _ (여전히 혼란스럽지만 끄덕이며) 이제는 '받아들인다'고 말할 수 있겠네요.

이렇게 이 아가씨는 나와 더불어 '받아들인다'를 손날점(손을 폈을 때, 새끼손가락의 바깥 부분을 따라 내려가서 손바닥이 나오는 부분)을 두드리면서 따라했고 몇 달간 가슴을 후벼파던 실연의 상처를 10여 분 만에 벗었다.

이 사례에서처럼 '나' 안에는 끊임없이 나를 비판하고 비난하고 심지어 거부하는 또 하나의 '나'가 있다. 앞으로 논리 전개의 편의상 이 '나'

를 에고로 통칭하기로 한다. 그러면 에고란 도대체 무엇인가? 사실 에고를 정의하는 것은 쉬운 일이 아니다. 사랑이나 기나 깨달음을 정의하는 것만큼 난해한 일이지만 대략 두 가지로 정의해보자.

첫째, 에고는 언어적 자아다. 내가 사용하는 언어의 주어 자리에 있는 것이 바로 에고다.

"나는_____하다." "나는_____이다." "나는_____를 갖고 있다." 등등 세상과 모든 대상을 규정하고 판단하고 괴로움을 느끼는 주체가 바로 에고다. 보통 우리는 이 에고를 나의 본질이라고 생각하고 에고와 나를 동일시한다.

둘째, 에고는 육체적 자아다. 우리는 내 몸을 나라고 생각한다. 다음의 예를 잘 보라.

"나는 뚱뚱하다." "나는 예쁘다." "나는 날씬하다."

이상은 육체와 동일시되는 자아의 예들이다. 더 나아가 육체적 욕망의 주체도 육체적 자아에 포함된다.

"나는 목마르다." "나는 졸리다." "나는 꼴린다."

이상의 정의를 다시 정리해보면 육체와 언어로 표현되는 자아가 바로 에고인 것이다. 다시 말해 눈에 보이는 몸을 바탕으로 언어로 표현되는 나가 바로 에고라고 할 수 있다.

● ● ● ● 육신과 동화되어 대상을 판단하는 주체가 에고다.

우리는 해석의 세계에 산다

갑돌이는 지하철역에서 평소에 알고 지내던 을돌이를 만났다. 을돌이가 보는 앞에서 "안녕하세요"라고 인사를 했다. 그런데 을돌이는 인사를 하는 갑돌이를 못 본 것이지 안 본 것인지 그냥 가버리는 것이 아닌가. 만약 여러분이 갑돌이라면 을돌이를 어떻게 생각하겠는가? 다음은 워크숍에서 참가자들이 제시한 대답들이다.

A _ 화가 났다.   **B** _ 싸가지가 없다.   **C** _ 무시한다.
D _ 무슨 사정이 있겠지.   **E** _ 못 들었겠지.

여기서 A, B, C처럼 생각하면 어떤 기분이 드는가? 어쨌든 좋은 기분은 아닐 것이다. D, E처럼 생각하면 어떤 기분이 드는가? 그다지 나쁜 기분은 아닐 것이다. 일어난 일은 하나인데 이에 관한 사람들의 생각은 정말 다양하지 않은가. 이상의 내용을 표로 정리해보자.

사실(관찰)	해석(판단)
갑돌이가 을돌이에게 인사를 했는데 인사 없이 갔다.	A : 화가 났다. B : 싸가지가 없다. C : 무시한다. D : 무슨 사정이 있겠지. E : 못 들었겠지.

왼쪽에는 객관적으로 관찰된 사실만을 기록했다. 이것을 사실 또는 관찰이라고 하자. 오른쪽에는 이에 대한 사람들의 판단을 기록했다. 이것을 해석이라고 한다. 이제 여기서 오른쪽 칸만을 보라. 그다음 왼쪽 칸만을 보라. 어느 쪽에서 감정이 일어나는가? 오른쪽에서만 감정이 생길 것이다. 이렇게 모든 감정은 사실이 아니라 해석에서 생긴다.

그런데 이런 일을 겪은 사람이 다른 사람에게 이 일을 설명할 때 뭐라고 할까? 해석이 없는 사실만을 말할 사람이 몇 명이나 될까? C가 과연 '을돌이가 무시한다'라는 판단을 빼고 사실만을 전달할까? 이런 상황들에서 좋건 나쁘건 해석하지 않을 사람이 있을까? 더 나아가 이 세상에 해석하지 않고 사는 사람이 있을까?

나중에 갑돌이가 을돌이를 만나서 그날 왜 그랬는지 물었더니 충격적이게도 "극심한 근시라 렌즈를 끼는데 그날따라 잊고 나왔다"는 것이 아닌가! 이렇게 사실과 해석 이외에 숨겨진 사실도 종종 있는 법이다.

지금까지 말한 내용을 다음과 같이 다시 정리해보자. 첫째, 사실은 하나이지만 해석 또는 판단은 사람 수만큼 다양하다. 둘째, 감정은 사실이 아니라 해석에서 생긴다. 셋째, 대체로 우리는 해석을 사실 또는 진실이라고 생각한다. 넷째, 종종 우리는 진정한 사실이 무엇인지 잘 모른다. 다섯째, 우리는 사실이 아닌 해석의 세계에 산다.

해석에 관한 재미있는 이야기 하나가 생각난다. 혹시 여러분은 셰익스피어의 4대 비극 중 하나인 〈오셀로〉를 들어본 적이 있는가? 혹 모르더라도 상관 없다. 나도 워낙 오래전에 보아서 제대로 읽었는지 기억조차 가물가물하다. 이 〈오셀로〉의 내용을 요약하면 다음과 같다.

몇 백 년 전에 베니스 지방에 오셀로라는 흑인 장군과 데스데모나라는 공주가 있었다. 오셀로는 아프리카 흑인 출신으로 상당히 유능해서 베니스에서 출세하긴 했지만 피부색 때문에 약간의 콤플렉스가 있었다. 이 오셀로와 데스데모나가 사랑에 빠져서 주위의 많은 반대를 무릅쓰고 우여곡절 끝에 결혼하게 된다. 둘은 한동안 사랑에 빠져 행복하게 살고 있었고 이대로 가면 오셀로는 그의 능력과 지위로 보아 베니스의 왕이 될 것이 분명했다.

그러던 어느 날 오셀로의 부하이자 간신인 이아고가 오셀로에게 앙심을 품고 이간질을 하기로 결심한다. 틈을 보던 어느 날 이아고는 공주의 손수건을 훔쳐 다른 귀족의 집에 떨어뜨린다. 그리고 천연덕스럽게 그곳으로 오셀로를 모시고 가서는 먼저 우연히 뭔가를 발견한 척 말한다. "어, 장군님, 뭔가 떨어져 있네요." 가져온 손수건을 보고 오셀로가 말한다. "어, 이것은 데스데모나의 것인데. 왜 여기 있지." 이런 소중한 기회를 놓칠 리 없는 이아고가 너무 표나지 않게 음흉한 미소를 지으며 한마디 던진다. "요즘, 공주님이 좀 달라 보이긴 하더군요."

그 순간부터 이 한마디 말이 오셀로의 가슴에 콱 박히면서 결코 사라지지 않는 메아리처럼 되풀이되어 들린다. 마치 "요즘, 공주님이 좀 달라 보이긴 하더군요"가 녹음기에서 무한히 반복 재생되는 것 같았다. 그래서 공주가 어디를 나가면 생각한다. '요즘 들어 왜 이리 외출이 잦지? 표정은 왜 저리 밝은 거야? 나하고 있을 때보다 더 좋은 것 같은데. 바람난 것이 틀림없어.' 또 공주가 나가지 않을 때는 이렇게 생각한다. '오늘은 왜 안 나가지? 그 놈과 무슨 일이 생긴 걸까? 표정은 왜 저리 어둡지? 나보다 그 놈을 더 사랑하는 걸까?'

이런 생각들이 무한히 반복되어 질투심에 눈이 멀어버린 어느 날, 오셀로는 드디어 데스데모나의 목을 졸라 죽어버린다. 그런데 아뿔싸, 그 직후에 이 모든 것을 이아고가 꾸몄다는 사실을 알고 다시 분노에 치를 떨며 이아고를 찔러 죽인다. 이렇게 두 명을 죽이고 난 오셀로는 스스로에게 참을 수 없는 환멸과 자책감과 좌절감을 느껴 스스로 목숨을 끊고 만다.

이렇게 3명이 모두 죽고 이 이야기는 끝난다. 자 이제 이 〈오셀로〉에 대해 '사실과 해석' 놀이를 해보자. 과연 이 이야기의 사실은 무엇이고 해석은 무엇인가? 이것도 표로 만들어보자.

사실 또는 관찰	해석
데스데모나의 손수건을 다른 집에서 발견함.	데스데모나가 바람났다.

이 표를 보면서 생각해보자. 오셀로를 질투심에 눈멀게 하고 더 나아가 3명 모두 죽게 만든 것은 왼쪽과 오른쪽 중 어느 것인가? 그렇다. 오른쪽 칸의 해석이다. '데스데모나가 바람났다'는 생각 하나가 오셀로를 그토록 미치게 만든 것이다. 만일 아까의 결정적인 순간에 오셀로의 해석이 다음 표와 같았다면 이 3명의 인생은 어떻게 되었을까?

사실 또는 관찰	해석	이후 예상 결과
데스데모나의 손수건을 다른 집에서 발견함.	무슨 일 있나 보네. 사정이 있겠지.	오셀로는 왕이 되고 데스데모나는 왕비가 되어 아들 낳고 딸 낳고 평생 행복하게 살다 죽음. 이아고는 죽거나 맞아서 몸을 못 쓰게 되거나 아니면 죽도록 맞고 쫓겨남.

여기에서 우리는 중요한 사실 하나를 알 수 있다 꿈보다 해몽이듯 한마디로 사실보다 해석이 앞선다는 것이다. 해석 하나에 인생이 이렇게 달라질 수 있다. 이것을 보니 해석이 얼마나 무서운 것인지 실감나지 않는가! 이렇게 우리를 움직이는 것은 사실이 아니라 해석이다. 우리는 사실이 아니라 해석에 따라 이해하고 판단하고 행동한다.

여기까지 따라온 독자에게 내가 한 가지 질문을 던지고 싶다. 그럼 자연과학은 사실일까 해석일까? 사실은 객관적이고 해석은 주관적이다. 많은 독자들이 이렇게 생각할지도 모른다. '에이, 자연과학이 어떻게 해석이야. 엄밀하고 객관적인 사실이지. 자연과학은 사실을 밝히는 학문이지 마음대로 해석하는 학문이 아니야.' 사실 많은 사람들과 과학자들이 이렇게 생각한다. 그래서 과학적인 진리라고 하면 아무도 찍소리를 못한다. 이에 대해 내가 찍소리를 한마디 하려 한다.

나는 한의사로서 한의대를 6년간, 실제로는 중간에 집단 유급을 당해서 7년간 다니면서 학제 구성상 반 이상을 서양 과학을 배우며 보냈다. 물리학, 생화학, 면역학, 생물학, 생리학, 병리학, 조직학 등등. 그리고 개인적으로는 수학과 논리학에 관심이 많아 적잖이 공부한 덕분에 자연과학이 무엇인지 알 만큼 안다고 자부한다. 그런데 이런 학문들을 교과서를 통해 배우면서 과학자들이 마치 정설이 있고 그 설이 진실^{사실}이라고 얘기하는 것에 많은 의문이 들었다. 특히 의학과 관련해서 다음과 같은 말들이 사실인 것처럼 회자된다.

첫째, 척추의 형태 이상 즉 추간판 탈출, 척추 협착 등이 요통의 원인이다. 그래서 일단 무조건 수술해야 낫는다.

둘째, 말기 암은 수술이나 화학요법, 방사선요법 이외에는 치료법이 없다. 그래서 죽을 때까지 힘들더라도 이 방법밖에는 대안이 없다.

셋째, 섬유근통 증후군은 불치병이다. 낫지는 않겠지만 어쨌든 병원에서 되는 대로 치료받아야 한다.

하지만 과연 과학, 즉 의학은 사실을 말하는 학문인가? 일단 위의 예에 대해서만 말해보자.

첫째, 삼성병원의 정형외과 권위자인 이춘성 교수의 말이 생각난다. "아프리카에는 척추 의사가 없지만 척추 병도 별로 없다." 만나본 적은 없지만 그는 내가 존경하는 양심적인 의사다. 실제로 요통과 척추 변형 자체는 상관이 있을 수도 있고 없을 수도 있다. 한 논문에 따르면 허리가 멀쩡한 사람도 엑스레이를 찍어보니 상당수가 척추의 변형 소견을 보였다고 한다.

둘째, 얼마 전 TV 다큐멘터리 프로그램에서 병원에서 포기한 말기 암 환자가 식이요법으로 나은 경우가 방송되었다. 웃음 치료만으로 말기 암이 낫는 사람도 있었다. 과연 다른 치료법이 없다는 것을 어떻게 아는가. 되는지 안 되는지 해봐야 아는 것이지, 없다고 안 하면 어떻게 알 수 있단 말인가. 이것이 논리적으로 말이 되는가. 전문가들의 주장은 종종 이런 억지 견강부회다.

셋째, 불치라는 말은 못 고친다는 말인데, 자기들이 못 고치는 것인가 아니면 남들도 고치지 말라는 것인가. '내가 뭔가를 못한다'는 것을 증명하는 것만큼 쉬운 것도 없다. 대충 안 될 만한 방식대로 되기 전까지 하는 흉내만 내면 되니까. 한마디로 과학자나 의사가 아니더라도 안 되는 것을 증명하지 못할 사람이 누가 있는가. 게다가 남들이 못한다는 것을 남이 아닌 내가 어떻게 증명할 수 있단 말인가.

많은 사람들이 과학은 진실을 밝혀주고 과학사상이 영원하며 진실이라 믿는다. 그러나 1962년에 이런 믿음을 뒤집으며 부정하는 사건이 벌어진다. 그것이 바로 토마스 쿤의 《과학혁명의 구조》라는 책의 발간이다. 이 책이 요즘 누구나 흔히 쓰는 '패러다임'이라는 용어를 처음 유행시킨 책이라고 하면 이해가 더 쉬울 것이다. 그의 패러다임 이론에 따라 몇 가지 과학의 발견을 다음과 같이 표로 정리해보았다.

정상 과학(normal science, old paradigm)의 시기로 현재의 패러다임에 안주하는 시기	정상 과학에 위기가 발생하여 새로운 해결책을 찾는 시기	새로운 패러다임이 등장하여 기존의 위기를 해결하는 시기
천동설은 서구에서 1400년 간 진리로 받아들여짐. 행성의 위치, 일식, 월식 등을 정확히 예측해냄.	금성의 위상 변화와 각 행성의 속도 변화가 천동설로는 설명이 안 됨.	코페르니쿠스의 지동설이 이런 문제를 모두 해결함.
30여 년 간 위궤양의 원인은 스트레스에 의해 위산이 과다분비되고 점액이 적게 분비되는 것이라고 봄.	1990년대 중반 대부분의 위궤양 환자의 위에서 헬리코박터 파이로리 균이 발견되어 이 균이 원인이라고 주장됨.	2000년 이후 정상인의 50퍼센트 이상이 헬리코박터 파이로리 보균자임이 발견됨. 현재는 스트레스로 약화된 위장에서 이 균이 더 활발하게 활동하는 것으로 추정함.
17세기 뉴턴의 고전 역학의 시기에는 모든 물체의 위치와 운동이 예측 가능하다고 보았고 현실에서도 잘 맞았음.	19세기 초반에서 발견된 원자 내에서 전자의 예측 불가능한 운동에 대해 고전 역학은 전혀 답을 제시하지 못함.	20세기에 양자역학이 불확정성의 원리를 제시하여 이 문제를 해결함.

위의 표에서 볼 수 있듯이 모든 과학은 '정상 과학의 시기 → 위기의 발생 → 새로운 패러다임의 시기'라는 3단계 변화 과정을 밟는다. 현재 과학적으로 진리라고 하는 것은 그저 현재의 패러다임에 부합한다는 사실 이상을 의미하는 것이 아니다. 또 과학적 지식은 사실 그 자체가 아니라 사실에 대한 해석의 틀을 만들고 넓히고 바꾸는 작업이다. 이렇게 사실을 해석하는 틀을 바로 패러다임이라고 하는 것이며, 이 패러다임들은 항상 변화하고 소멸하고 경쟁하는 것이다. 물론 천동설이 지동설로 바뀌는 데는 1400년이나 걸렸지만 우리가 지금 금과옥조로 받들고 있는 진리들도 몇 백 년, 몇 천 년이 지나면 재활용이 불가능할 정도가 되어 폐지될지도 모른다.

한마디로 과학도 해석이다. 그러니 의사의 '안 낫는다'는 말이나 '과학적'이라는 말 앞에 너무 기죽을 필요가 없다. 그럴 때 쓸 수 있는, 〈개그콘서트〉에서 본 멋진 유행어가 생각난다. "그건 니 생각^{해석}이고."

앞에서 '우리는 내부 표상^{表象}의 세계에서 산다'고 했는데 해석은 내부 표상의 다른 이름이라고 할 수 있다. 우리가 하나의 해석을 선택하면 그에 맞는 내부 표상이 만들어진다. 예를 들어 오셀로가 '아내가 바람핀다'는 해석을 했을 때, 그의 마음속에는 아내가 다른 남자를 껴안는 모습이 보이고 들리고 만져지는 것이다.

물론 이 내부 표상이 사실은 아니다. 하지만 우리를 움직이는 것은 사실이 아니라 해석이고 내부 표상이다. 곧 해석이 내부 표상이다. 그럼 과연 진실^{사실}은 어떻게 알 수 있을까? 혹 존재하지 않는 것은 아닐까? 위대한 철학자 칸트는 "물 자체^{객관적 사실}는 알 수 없다"라고 했는데, 나는 사실 '물 자체'에 관심이 없다. 내 관심사는 오로지 한 가지다. '어떤 해석이 돈이 되고 나를 행복하고 편안하게 할까?'

● ● ● ● 해석이 내부 표상을 만든다. 아니 해석이 내부 표상의 다른 이름이다. 사실 자체는 아무도 모른다. 아니 사실이 있는지도 모른다. 물론 이 세상 누군가는 반드시 자신의 말이 진리나 사실이라고 주장하겠지만.

에고의 해석 체계

앞서 말한 대로 우리는 사실의 세계가 아니라 해석의 세계에 산다. 삶이 두렵고 고통스럽다면 사실의 문제가 아니라 해석의 문제다. 물론 지금 이 글을 읽고 있는 대부분의 독자들의 에고는 여전히 해석이 아니라 사실이 문제라고 주장하겠지만……. 그럼 왜 에고의 해석이 두려움과 고통을 일으키는가? 여기에서는 에고의 해석을 해석해보자.

에고의 해석 체계를 이해하는 가장 중요한 열쇠는 분리와 두려움이다. 이 두 가지가 에고의 해석 체계의 초석이자 대전제다. 둘은 사실

같은 것이다. 분리가 두려움을 낳고 두려움이 분리를 강화시킨다. 우리의 가장 기본적인 실수는 '존재의 근원Source'과의 분리에 대한 믿음이다. 그 근원은 하느님, 도, 대아, 우주, 참 나Self, 영혼Spirit, Soul 무엇이라고 부르든 상관없다. 분리가 실재라는 것을 믿는 것 자체가 가장 기본적인 실수라는 말이다. 우리는 스스로를 근원으로부터 분리한 다음, 이에 근거한 믿음의 체계를 만들었다. 우리는 우리self를 근원의 우리Self에게서 분리시켰다. 우리는 이런 분리된 '나'가 진정한 나라고 믿고 이 나가 스스로 살아갈 수 있다고 믿게 되었다. 이것이 우리가 경험하는 모든 문제의 시작이다.

이렇게 분리된 나, 즉 에고는 이 거대한 세상과 수많은 상대를 앞에 두고서 격심한 무력감과 공포를 경험한다. "이 거대한 세상에서 이렇게 작은 나가 어떻게 살아갈 수 있을까?" 이것이 기본적으로 에고가 경험하는 두려움이다. 마치 아빠와 엄마가 갑자기 눈앞에서 사라진 갓난아이처럼 사방이 두려움의 대상이다. 이런 두려움이 다시 무기력감, 좌절감, 공허함, 결핍감, 부족감, 자책감 등을 낳는다. '분리 불안'은 아이들만 겪는 것이 아니다. 인류 전체가 근원적 분리 불안을 경험하고 있다.

그럼 역사상 만인을 떨게 했던 독재자들, 예를 들어 박정희나 히틀러 같은 군사 독재자들도 두려움이 있었을까? 그들은 철권통치를 하면서 온 천하를 두려움에 떨게 하던 사람들이 아니었던가? 한마디로 답한다면, 독재자들이 가장 두려워하는 것은 권력을 잃는 것이다. 이 두려움 때문에 박정희는 유신 헌법으로 영구 집권하려다 부하의 총에 죽어야 했고, 히틀러는 패망 직전에 자살할 수밖에 없었다. 결국 그들의 폭력성과 가혹함은 숨겨진 두려움의 다른 표현에 불과했던 것이다. 이렇게 겉으로 드러나는 감정은 두려움이 아니더라도 모든 부정적인 감정을 일으키는 기본 감정은 두려움이다. 에고의 가장 근원적인 감정은 두려움이고 이 감정은 조건과 상황과 성격에 따라 분노, 슬픔, 무기력, 죄책감, 수치심, 원망, 회피 등 다양한 감정으로 변화할 뿐이다.

대부분의 분리감은 의식되지 않는다. 그래서 접근도 어렵다. 이렇게 분리된 나는 다른 분리된 나들이 공격할까봐 항상 두렵다. 분리의 결과로 우리는 두려움을 얻는다. 한마디로 분리감이 두려움이며 더 구체적으로는 생존의 두려움이다. 내가 아닌 모든 것들이 두려움의 대상이 된다. 심지어는 '존재의 근원'마저도 나를 해칠까 두렵다. 분리된 나는 선도 악도 아군도 적군도 구분하지 못한다. 우리는 이런 상황에서도 '근원'이 아닌 에고에게 도움을 청한다. 에고가 분리와 두려움을 만들었다는 사실을 모른 채 이렇게 외친다. "제발, 이 두려움과 걱정을 어떻게 해주세요. 도와주세요."

이때 에고의 도움, 즉 해석 체계는 두 가지 형태로 온다. 회피^{또는 억압}와 투사^{投射}가 그것이다. 에고의 도움은 나 아닌 모든 것을 위협으로 간주하고 방어하는 데 총력을 기울이기 위해 만들어진 것이다. 더 나아가 '존재의 근원'마저도 적으로 간주한다. 에고에게 보이는 모든 것은 공격과 방어의 대상일 뿐이다. 자가면역질환 환자의 면역계가 스스로를 공격하듯 심지어 에고는 나 자신마저도 공격한다. 이처럼 에고가 스스로를 공격할 때 느끼는 감정이 죄책감이다.

이러한 방어 체계의 첫 번째 수단은 억압 또는 회피다. 억압과 회피는 강도의 차이만 있을 뿐이지 사실 같은 것이다. 분리로 인해 생기는 두려움을 없애는 첫 번째 방식은 문제가 '없는 체' 하는 것이다. 그저 무시하고 회피하고 억압하는 것이다. 청소하기 귀찮아 먹다 남은 음식을 카펫 밑에 쓸어버리거나 타조가 모래 속에 머리를 파묻고 천적의 공격을 보지 않으려 하는 것과 마찬가지다. 하지만 시간이 지나면 카펫 아래에서 썩은 냄새가 배어나오고, 타조는 적의 공격에 성한 곳이 없다. 그래서 없는 체하면서도 사실 그것이 거기에 있다는 것을 안다. 우리의 에고가 어떤 식으로 문제를 회피하는지 잘 보여주는 사례가 있다.

어느 날 50대의 여성 가장으로 힘든 삶을 살아가는 내담자가 흥분하고 기가 찬 표정으로 나에게 찾아와 대뜸 말했다.

내담자 _ 세상이 이럴 수가 있을까요? 저는 깨달음을 추구해야 합니다. 깨달음만이 제 삶의 의미입니다.

필자 _ 왜 깨달음이 필요하죠?

내담자 _ 현실은 무의미하니까요.

필자 _ 왜 무의미하죠?

내담자 _ 너무나 고통스럽잖아요.

필자 _ 누가 무엇 때문에 고통스럽죠?

내담자 _ 모두 다요. 사람들은 다 고통스럽게 살잖아요.

필자 _ 그래요? 저도 고통스럽게 보이나요. 구체적으로 내 주변의 누가 고통스럽죠?

내담자 _ (필자의 눈을 피하면서) 사실은 제가 고통스러운 것 같네요.

필자 _ 왜 고통스럽죠?

내담자 _ (뜸을 들이다 마지못해서) 평생 남편 때문에 고생하다가 이제는 몇 달째 생활비도 못 벌고 있어요. 도대체 이럴 수가 있는 걸까요?

필자 _ 생활비를 왜 못 벌죠?

내담자 _ 사실 요새 저의 방과후 수업이 이번 학기에는 신청자가 부족해서 폐강되었거든요. 저는 정말 아이들의 교육에 관심이 많고 그렇게 열심히 해왔는데 어떻게 세상은 이렇죠?

필자 _ 그럼 폐강된 것이 세상 탓인가요, 아니면 내 탓인가요? 내 생활비 때문에 아이들이 나의 방과후 수업을 들어야 하는 건가요?

내담자 _ (필자의 시선을 피하면서) 잘 모르겠네요. 하지만……

필자 _ 결국 깨달아야 하는 근본 이유는 돈을 못 벌기 때문이네요. 만약 내가 이번 학기에도 학생도 많고 수입도 괜찮았다면 여전히 깨달아야 한다고 느꼈을까요?

내담자 _ …….

필자 _ 깨달음이 내 삶의 문제를 회피하는 수단이 될 수는 없습니다. 지금 깨달음이 필요한 것이 아니라 현실을 인정하고 현실을 해결할 수단과 실천이 필요합니다. 한마디로 지금 돈 벌고 세상사는 것이 두려운 것뿐입니다.

이 내담자는 평소 명상과 깨달음에 관심이 많아 수십 년 동안 정진해 온 분인데, 허무하게도 그의 깨달음의 진정한 목적은 현실 도피에 불과했던 것이다.

더 이상 회피하기 힘들어지면 우리는 다시 에고에게 도움을 요청한다. "당신이 시킨 회피 전략이 지금까지는 좋았지만 이제는 더 이상 참기 힘들어요. 그 문제들이 너무 커져서 이젠 내가 폭발할 것 같아요. 도와주세요." 에고가 말한다. "아무데나 만만한 것에 쏟아버려." 이것이 바로 에고의 두 번째 도움 방식인 투사다.

투사란 한마디로 그 누구든 내가 아닌 것, 더 쉽게 말해서 남을 탓하는 것이다. 바깥으로 던지고 쏟아내는 것이 바로 투사다. 우리가 분리감^{두려움}에서 비롯된 온갖 감정을 내부에서 느낄 때마다 스스로에게 이렇게 속삭인다. '내가 아니라 네가 문제야.' '내 책임이 아니라 네 책임이야.' '너 때문에 내가 비참하고 불행하고 두려운 거야.' 에고의 관점에서는 '네'가 누구인지가 중요한 것이 아니라 분리감을 쏟아낼 '너'를 찾는 것만이 중요하다. 이것이 바로 에고가 우리의 분리감을 덜어주는 방식이다.

투사를 잘 보여주는 구절이 구약 성경의 레위기에 나온다. 여기에는 이스라엘의 백성들이 속죄일에 실천해야 하는 의식이 기술되어 있다. 온 백성들이 광장에 모이고 그 가운데 대제사장인 아론이 하느님과 백성의 중재자로 자리 잡는다. 아론의 곁에는 양 한 마리가 있고, 아론이 염소에게 손을 얹고서는, 그의 백성들이 한 해 동안 지은 모든 죄를 이 염소에게 상징적으로 옮긴다. 상징적 의식이 끝나면 그들은 이 염소를 이 광장에서 때려서 쫓아낸다. 바로 이것이 희생양scapegoat의 어원이다. 이처럼 우리의 에고도 항상 문제점을 느낄 때마다 외부에서 희생양이 될 사람과 조건을 찾아 탓하려고 한다.

투사가 일어날 때 가장 흔한 감정이 분노다. 가벼운 짜증이든 극심한 격노든 상관없이 어떤 형태의 분노도 모두 우리의 투사를 정당화시키려는 시도다. 한마디로 분리감 즉 두려움의 투사가 모든 분노의 근본 원인이자 뿌리다. 당신이 타인의 의견에 동의하든 하지 않든, 분노나 판단이나 비판의 반응이 일어날 때에는, 항상 당신이 타인에게서 당신 속에 있지만 회피하던 것을 발견했기 때문이다. 다시 말해서 당신은 당신의 분리감을 그 사람에게 투사하고, 그 사람을 공격하는 것이다. 공격의 가장 기본적인 형태가 상대에 대한 판단비난, 비판이며 그 판단에서 분노가 생긴다.

에고는 분리감의 매력에 이끌린다. 에고의 정체를 생각하면 그 이유도 명백하다. 에고가 회피와 투사의 전략을 구사하는 단 하나의 이유는 에고는 문제의 해결이 아니라 문제의 유지를 원하기 때문이다. 에고란 단순히 분리가 실재라는 것에 대한 믿음이다. 우리가 분리를 실재로 믿음으로써 에고라는 '거짓 나', 즉 환상이 존재하게 된 것뿐이다. 그러므로 우리가 분리를 믿는 한 에고는 계속 지배자의 역할을 한다. 하지만 일단 우리가 분리에 대한 믿음을 버리는 순간 에고는 사라진다. 그러므로 우리가 분리와 분리감을 느끼거나 타인에게 투사하는 한, 우리는 분리를 실재로 믿고 에고를 유지시키고 있는 것이다. 에고는 우리의 이익이 아니라 스스로의 이익과 생존을 위해 분리감을 계속 느끼기를 바란다.

그래서 에고가 제일 두려워하는 것은 분리감의 소멸, 다시 말해 일체감^{One Wholeness}이다. 에고에게는 일체감이 죄인이다. 에고는 우리에게 엄청난 두려움을 주지만 반대로 이러한 분리감의 소멸에 대해 엄청난 두려움을 갖고 있다. 에고는 스스로의 생존을 위해서 분리감과 공격의 악순환을 만들었다. 내 안에서 분리감을 많이 느낄수록 투사를 통한 공격의 필요와 강도도 강해진다. 하지만 우리가 누군가를 공격하면 할수록 우리가 한 행위에 대한 불안도 마음 한구석에서 더 커져간다. 어쨌든 마음의 일부분은 우리가 타인을 거짓 공격했다는 것을 알기 때문이다. 다시 불안은 더 늘고 이 악순환의 고리는 끝없이 반복된다.

그래서 공격과 방어의 악순환이 이어진다. 나의 두려움을 타인에게 투사하고 공격하고 나면 다시 그가 나를 반격할 것 같다. 그래서 다시 나를 방어하게 된다. 내가 너를 공격하면 할수록 너도 더 많이 너 자신을 방어해야 하고 반대로 나도 그만큼 너의 반격에 나를 방어해야 한다. 한마디로 모든 방어의 목적은 적이 아니라 나의 두려움으로부터 나를 방어하고 보호하는 것이다.

냉전 시대의 미국과 소련의 군비 경쟁이나 남한과 북한의 대치 상황을 생각해보면 쉽게 이해될 것이다. 에고가 분노와 이로 인한 공격을 정당화시키는 가장 중요한 장치가 바로 선악의 판단이다. 이 세상에서 선악의 판단을 하지 않는 사람은 거의 없다. 우리는 세상과 사람을 선과 악으로 구분하고 악의 범주에 든 대상에 우리의 분노를 다 쏟아붓고 또 이를 정당화시킨다. 'EFT KOREA'의 홈페이지에 올라온 다음의 사례가 우리의 정당한 분노란 것이 실은 얼마나 부질없는 것인지를 잘 보여준다.

예전에 처음으로 한의원에 부원장으로 취직을 했을 때, 한의원에 빼질이 간호사가 있어서 이런저런 에피소드가 많았답니다. 훗날 그녀에 대해 EFT를 했는데, 그 당시에는 정말 월급만 받고, 요리조리 요령만 피우고, 대표 원장님들 앞에서만 알랑방귀를 뀌는 그녀를 보면 얄밉기도 하고, 화도 나고, 심지어 간악하다는 말까지 떠올리곤 했습니다. 이 감정들에 대해

EFT를 해보니, 놀랍게도 그녀의 그런 행동을 나는 하지 못하는 것에 대해 부러워하는 마음이 있다는 것을 알게 되었습니다. 뭐, 사실 그다지 부러워할 일은 아닐 수도 있지만, 그렇게 서로 반대되는 감정들이 마음속에서 노닐고 있다는 것이 참 놀랍고 신기했습니다.

모든 선악과 시비 판단의 목적은 단순하다. 우리의 분리감을 투사하거나 분노를 표출할 대상이 필요한 것뿐이다. 최소한 한 사람이나 작은 집단이라도 악의 범주에 넣어 희생양으로 삼아야 하는 것이다. 이것이 모든 차별과 편견의 근원이다. 개인적으로나 집단적으로, 비록 무의식적이긴 하지만, 우리의 분리감과 이에서 비롯된 분노를 쏟아부을 희생양이 언제 어디서나 필요하고 또 만들어진다. 유사 이래로 인간의 역사가 모두 그러했다. 항상 선과 악이 규정되고, 악이 파괴되어야 한다고 주장되고, 분노가 조장되고, 개인적이든 집단적이든 악에 대한 싸움과 전쟁이 벌어진다.

에고는 문제^{분리감, 두려움}의 해결이 아니라 지속을 원한다. 그것만이 에고가 생존할 수 있는 방식이기 때문이다. 때때로 에고의 과도한 증식은 나를 파괴하기도 한다. 마치 과도한 면역이 생명체 자체를 파괴하듯이. 에고는 문제가 지속될 수 있게 '공격과 방어'의 악순환 고리를 지속하도록 끊임없이 속인다. '공격과 방어'에 정당성을 부여하는 방식이 대상을 선과 악으로 규정하는 것이다. 악으로 규정된 대상에게는 어떤 공격에도 정당화되기 때문이다. 공격의 가장 중요한 근거는 상대가 '나쁘다^{악이다}'는 판단이다. 결국 판단이 공격을 낳는다.

몸이라는 환상

앞서 에고에 관한 설명을 들은 독자들은 한편으로 납득이 되면서도 다른 한편으로는 고개를 갸우뚱할 것이다. "분리감이 두려움을 낳는 것은 이해가 되는데 도대체 '내가 나지' 내가 우리가 될 수 있는 거야? 아무리 그래도 나는 내 몸이지 우리 몸은 아니잖아?" 바로 이것이 에고가 내세우는 분리의 논리다. 에고는 눈에 보이는 분리된 형상들^몸이 나일뿐이라고 주장한다. 몸에 대한 에고의 숨겨진 전제를 제시하면 다음과 같다. 또한 이것이 현대의학의 기본 전제이기도 하다.

첫째, 관찰자로부터 독립된 객관적 세계가 존재하며, 우리의 몸은 이 객관적 세계의 일부다.

둘째, 신체는 시·공간상 서로 분리된 물질의 덩어리다.

셋째, 마음과 몸은 서로 분리되어 있고 독립적이다.

넷째, 물질이 주된 것이고 의식은 부가적인 것이다. 우리는 생각할 줄 아는 로봇이다.

다섯째, 인간의 의식은 생화학 작용^{신경전달물질}의 산물이다.

여섯째, 개체로서의 인간은 서로 분리된 독자적 존재다.

일곱째, 세계에 대한 우리의 인식은 사물의 실재를 정확히 포착해 보여 준다.

이것들이 바로 '나는 내 몸이다'라는 분리의 근거로 내세우는 것들이며 상당히 설득력도 있다. 하지만 이것은 낡고 사라져야 할 패러다임일 뿐이다. 이에 대해 나는 의식과 몸의 관계에 대해 전혀 새로운 패러다임을 제시하겠다.

첫째, 우리의 몸을 포함한 물리적 세계는 관찰자의 의식이 선택하고 창조하는 반응일 뿐이다.

둘째, 육신의 본질은 유형의 물질이 아니라 무형의 에너지와 정보다. 보이는 몸이 다가 아니다. 보이는 몸을 운영하는 것은 보이지 않는 몸이다.

셋째, 몸과 마음은 동전의 양면처럼 대립되어 보이지만 불가분의 통일체다.

넷째, 의식^{정보}이 물질을 조직화한다. 우리는 육신을 입은 의식이며 육신을 통해 객관 세계를 경험하고 창조한다.

다섯째, 의식적 작용이 생화학적 변화를 일으키며 그 역도 가능하다.

여섯째, 모든 개인은 육안으로 볼 때는 독립적이지만 무의식 차원에서는 하나다. 무의식은 나와 남을 구분하지 않는다.

일곱째, 인식은 사실의 포착이 아니라 주관적 해석의 과정이자 결과다.

이 새로운 패러다임에 대해 혹자는 말한다. "꽤 그럴듯한데. 하지만 그것은 신과학 쪽에서 많이 주장하는 문학적이고 철학적인 얘기 아닌가? 나는 사실을 원해." 나도 사실을 좋아한다. 철학과 문학이 몸을 치료할 수는 없지 않은가!

우리나라에서도 《통증혁명》이란 책으로 유명한 존 사노 박사는 뉴욕 의대 재활의학과 교수로 수십 년간 가장 최악의 통증 환자들을 치료해왔다. 대부분의 환자들은 10~30년 이상 만성 통증에 시달려왔으며 경막하 주사나 수술이나 수년간 물리치료를 받아본 사람들이었다. 그들 중 상당수는 교통사고나 비행기 추락 등의 심각한 사고를 경험했고, 엑스선 판독 결과로도 구조적 이상이 심각했다. 하지만 사노 박사는 이런 심각한 환자들 중에서도 기능과 통증 양면에서 70퍼센트의 환자들이 완치율을 보였고, 다른 15퍼센트의 환자들도 40~80퍼센트 정도의 증상 개선이 있었다. 그는 30여 년간 무려 1만 2천 명에게서 이런 효과를 얻었다.

환자들이 병원에 가면 일률적으로 CT나 MRI를 찍게 되고 그러면 대체로 디스크니 퇴행성이니 하는 이상이 드러나게 마련이다. 그래서 의사는 이런 것들이 병의 원인이라고 진단하고 증상을 억제하는 약물 처방이나 치료를 한다. 하지만 불행히도 이런 방법은 장기적으로 큰 효과가 없는 경우가 많다. 통증은 잠시 사라졌다가 곧 다시 나타나고 종종 더 악화된다.

사노 박사는 한 의학논문(New England Journal of Medicine)을 보다가 흥미로운 사실을 하나 발견하게 되었다. 요통이 없는 100명의 중년 남성을 대상으로 MRI를 찍어보면 65명 정도는 추간판 탈출이나 척추관 협착증을 보인다는 것이다. 다시 말해서 이들은 검사상으로는 분명 요통 환자이지만 요통을 전혀 느끼지 않는 것이다. 그는 의문을 갖게 되었다. 추간판이 통증을 일으키는 것이 아니라면 그럼 무엇이 원인인가? 그가 발견한 바에 의하면 통증 환자들은 환부 근육들이 만성적으로 긴장과 경련을 반복하게 된다. 근육이 만성 긴장 상태에 있으면 이 부분의 혈류가 제한되어 산소 부족을 일으켜서 심각한 통증을 유발한다는 것이다.

다시 존 사노 박사는 자문하게 되었다. 왜 이들의 근육은 만성적으로 긴장하게 되었을까? 그가 깨달은 바는 이렇다. 우리는 무의식 차원에서 분노를 표현하거나 느끼는 것이 좋지 않다고 배우며 자라난다. 그 결과 분노나 걱정을 일으키는 많은 사건을 경험하면서도 이런 감정들이 드러나면 무의식에서 자동으로 억제하고 회피하게 된다. 무의식은 근육이 긴장 수축하여 통증을 만듦으로써 우리의 마음이 이들 원인에서 관심을 떼도록 하는 것이다. 의사를 포함한 많은 사람들이 통증은 더 심각한 손상이나 피해를 예방하는 효과가 있다고 믿는다. 하지만 존 사노 박사는 이와 반대로 통증이 무의식의 유해 감정을 방어하기 위한 것이라고 생각했다. 다시 말해서 요통과 같은 육체 증상은 억제되었던 감정들이 무의식적으로 표현될 때 이에 대한 '회피와 억제'의 반응이라는 것이다. 따라서 단순히 이들 감정을 알아차리기만 해도 치료가 된다는 것을 사노 박사는 발견했다.

그는 환자들을 그저 두 번의 강의를 듣게 함으로써 이상의 놀라운 치료효과를 이끌어냈다. 첫 강의에서 그는 이렇게 말했다. "통증을 일으키는 것은 추간판 탈출이나 협착증이나 그 외의 구조적 이상이 아닙니다. 여러분 나이 정도의 대부분의 사람들은 추간판 탈출이나 추간판 협착이나 기타 이상 소견이 보이고 이것들이 원인이라는 말을 듣습니다. 하지만 진정으로 통증을 일으키는 것은 근육의 만성적 긴장이나 경련입니다." 두 번째 강의에서는 이렇게 말하곤 했다. "통증이 있을 때마다 여러분이 화내고 걱정하는 것이 무엇인지를 알기 바랍니다." 그다음에 그는 환자들이 일기를 적고, 집단치료와 심리치료에 참가하도록 했다. 그의 보고에 따르면 20퍼센트의 환자들이 자신들이 걱정하거나 화내는 것이 무엇인지를 의식하지 못해서 상담사를 통해 억압된 원인을 찾아야만 했다.

　나는 강의와 상담을 할 때 종종 존 사노의 이론을 언급해서 이해를 돕는데 그의 이론이 설득력이 있고 치료 결과도 놀랍기 때문이다. 많은 내담자들이 이런 설명을 들으면 고개를 끄덕이며 동의한다. 그는 이 이론 모델이 단순히 근골격계 통증뿐만 아니라 기타 만성 질환에도 적용된다고 말한다. 사노 박사의 이론은 중요한 돌파구이지만 그 방법은 EFT의 효율과 치료 속도에 비하면 상당히 느린 감이 있다. 존 사노의 통찰력과 최상의 심신 치료법인 EFT를 결합하면 훨씬 더 빠르고 효율적으로 치료 효과를 얻을 수 있을 것이다.

　또 미국의 방사선과 의사인 칼 사이몬튼은 상상을 이용해 악성 종양을 치료하는 것으로 유명하다. 그는 예상 생존 기간이 12개월에 불과하고 치료가 불가능하다는 진단을 받은 악성 종양 환자 159명을 4년간 치료하고 그 결과를 발표했다. 그 당시 생존 환자가 63명이었고, 사망한 환자들의 평균 생존 기간도 20.3개월로 일반 환자에 비해 2배 이상 높았다. 결국 무의식의 상상만으로도 암이 상당히 치료되었고, 이렇게 완치된 환자들이 국내에서 EBS 다큐멘터리 〈상상에 빠지다〉에 소개되기도 했다.

　17년간 의학 공부를 하고 수많은 환자를 진료하고 책과 강의와 방송을 통해 수만 명의 사람들에게 EFT와 확언을 전파하면서 내가 인체에 대해 내린 결론은 다음과 같다.

'몸은 나의 기억과 감정과 신념과 생각을 담는 그릇이다. 통증과 질병은 이것들의 한 표현이다. 또 몸은 의식을 반영하는 거울이다. 거울에 비친 모습이 더러울 때 거울을 닦을 것인가 아니면 나를 닦을 것인가? 한마디로 마음이 바뀌면 몸도 바뀐다.'

에고는 변화를 거부하고 현실에 집착한다

많은 사람들이 인간에게는 생존의 욕구가 가장 강하다고 생각한다. 하지만 사실상 생존의 욕구보다 더 강한 것이 있으니 그것은 바로 '만물을 익숙하게 유지'하려는 본능이다. 바로 이 욕구 때문에 정든 배우자나 애인이 떠나버리면 사람들은 종종 자살을 택하게 된다.

또 어떤 가정폭력 피해 여성은 오랫동안 계속된 남편의 폭력 때문에 심각한 질병이 생기고 생명의 위협을 느끼면서도, 이 상황에 너무 익숙해진 나머지 이 남편을 떠나 혼자 살아야 하는 것이 더 두려워 그대로 살기도 한다. 심지어는 상황이나 사물이 아직 변하기도 전에 변할 거라는 생각만으로도 공포에 질리거나 더 극단적으로 자살을 택하기도 한다. 그러니 과연 생존의 욕구가 익숙함에 대한 욕구보다 더 강하다고 할 수 있을까?

왜 이런 현상이 생길까? 거기에는 이유가 있다. 에고는 변화를 싫어하기 때문이다. 에고는 세상을 있는 그대로 통째로 인식하는 것이 불가능한 탓에 일반화를 통해 내부에 세상의 모형을 만든다. 우리는 이런 내부 모형으로 세상을 파악함으로써 생존하고 번영하기도 하고, 또 반대로 잘못된 모형을 고수함으로써 문제를 발생시키기도 한다. 우리는 매일 새로운 문을 만나고 연다. 현실적인 차원에서 모든 문은 서로 다른 모양과 색깔을 갖고 있지만 우리의 인식 차원에서 모든 문은 그저 동일한 문으로 보이고 작동될 뿐이다.

또 우리는 평생 수많은 사람들과 악수를 한다. 그 손들의 크기와 모양은 모두 제각각이지만 역시 우리의 인식 차원에서는 모두 그저 '동일하게 악수할 수 있는 손'일 뿐이다. 어떤 손이 보이든 악수할 때에는 그저 '동일한 하나의 손'을 대하듯 악수하게 된다. 그러다 만약 당신이 청학동의 서당촌이나 유림의 모임에라도 가게 되면 갑자기 상황이 달라진다. 아무도 악수를 하기 위해 손을 내밀지도 않고, 당신이 내민 손에 갸우뚱한 반응을 보이며, 오히려 다들 허리를 숙여 읍례를 한다. 그들의 손은 당신에게 익숙한 악수하는 그 손이 아닌 것이다.

바로 이런 때 우리는 기존의 패턴, 즉 모형에 대한 집착을 벗고 새로운 패턴을 만들어야 한다. 우리는 패턴을 통해 세상살이를 쉽게 만들지만 때로는 이것처럼 기존의 패턴이 세상과 더 일치하지 않는 상황에서도 그것을 고집하게 되면 문제나 고통을 경험하게 된다. 사람들은 단순히 익숙하다는 이유만으로 심각하게 고통스러운 상황을 고집하고 고수한다. 심리학자들은 이런 현상에 대해 '심리적 안전지대'라고 하는데, 오히려 '심리적 익숙지대'라고 부르는 것이 더 낫지 않을까.

　인간은 왜 이렇게 변화를 싫어할까? 그것은 에고가 변화를 싫어하기 때문이다. 이해를 돕기 위해 비유를 하나 들어보자. 바다에서 한 방울의 물이 분리되었다. 이 물방울은 바다나 다른 어떤 물과도 합치기를 거부하고 그저 이 방울 상태로 영원히 존재하고 싶어한다. 그럼 어떻게 하면 될까? 변화하지 않는 것이다. 말라서 줄어들거나 다른 것과 합쳐서 늘어나도 안 된다. 그저 이 상태로만 있어야 한다. 그것이 가능할까? 물론 불가능하다. 그래서 분리되어 영원히 존재하기를 꿈꾸는 물방울은 변화의 위협에 극도로 불안해할 수밖에 없다. 변화의 궁극은 물방울이 바다로 회귀하는 것이고 결국은 물방울의 소멸이기 때문이다. 이렇게 바다로 가기를 거부하는 물방울이 바로 에고다.

　바다로 돌아가기를 거부하는 물방울이 할 수 있는 것은 변화를 거부하는 것밖에 없다. 그래서 죽더라도 변화하지 않으려 한다. 이것이 바로 에고의 익숙함에 대한 집착이다. 에고가 변화를 거부하려는 욕구의 궁극이 바로 에고 중심주의다. 에고는 '에고의, 에고에 의한, 에고를 위한' 세계를 꿈꾼다. 비록 이 세계가 온 세상을 파괴하는 한이 있더라도. 이와 관련해서 앞의 '생물로서의 나' 장에서 면역계를 설명하기 위해 나왔던 문장을 다시 한 번 인용해보자.

첫째, '자기'는 '자기'의 동일성을 맹목적으로 고수하려고 한다. 이렇게 면역학적인 나는 지극히 자기중심적이고 공격적이어서 심지어는 스스로를 공격하고 파괴하기도 한다.

둘째, '자기'는 오로지 '자기'만 안다. 다시 말해 '자기'는 '비자기'를 아는 것이 아니라 '비자기'가 '자기'가 아니라는 것을 알 뿐이다.

이 문장의 '자기'를 에고로 바꾸면 에고 중심주의를 가장 완벽하게 설명할 수 있다.

첫째, '에고'는 '에고'의 동일성을 맹목적으로 고수하려고 한다. 이렇게 심리학적인 나는 지극히 자기중심적이고 공격적이어서 심지어는 스스로를 공격하고 파괴하기도 한다.

둘째, '에고'는 오로지 '에고'만 안다. 다시 말해 '나에고'는 '남'을 아는 것이 아니라 '남'이 '나에고'가 아니라는 것을 알 뿐이다.

면역계는 면역세포를 통해 비자기를 구분하여 공격하고 파괴하고, 에고는 언어적 판단으로 대상을 나와 분리시켜 공격하고 파괴한다. 과잉 면역계는 때때로 자기 몸을 공격하여 파괴하듯, 과잉 에고는 스스로를 비난하고 비판하여 파멸시킨다. 면역계는 숙주 하나만 파괴하지만 과잉 에고는 숙주를 넘어 주변과 환경을 다 파괴시킬 수도 있다. 어떤 의미에서 에고는 '심리학적인 면역계'라고 할 수도 있다. 면역계처럼 나만 알고 나만 지키고 나가 아닌 모든 것을 비판하고 공격하고 파괴한다. 지금 인류가 경험하는 전쟁과 환경오염과 빈부 격차 등의 모든 문제는 바로 이 과잉 에고의 문제다.

에고가 사용하는 공격과 방어의 무기, 언어

몸이 에고가 내세우는 분리의 증거라면, 언어는 이 분리된 몸을 지키기 위해 에고가 사용하는 가장 큰 공격과 방어의 수단이자 무기다. 에고는 세상을 판단하는 주체로서만 존재할 수 있기 때문에 끊임없이 언어적 판단을 하려고 한다. 우리는 에고의 언어적 판단에 따라 이해하고 행동하지만 과연 이런 언어적 판단이 정당한 것인지를 너무 모르는 경향이 있다. 이제 나는 여기서 언어의 근원적 한계성을 밝혀 에고를 무장 해제시켜보려고 한다.

언어가 위험한 이유는 우리가 그것이 추상^{관념}이라는 것을 잊어버리는 경향이 있기 때문이다. 사실상 하나의 동일한 구체적 사실은 무수히 다양한 추상^{관념}들을 낳을 수 있다. 그러나 추상을 통해서는, 비록 그것들 전부를 모아놓는다 하더라도, 그 실상을 재현할 수 없다. 우리가 분석하는 것은 우리가 경험하는 것의 일부에 불과하다. 왜냐하면 우리는 우주를 경험하고 그 세부적인 내용 가운데 아주 일부만을 선택하여 의식 속으로 받아들이기 때문이다.

사실이 이런데도 우리는 추상관념^{언어}들이 우리의 경험을 분석·재단하여 정리하는 데 지극히 효과적이라는 사실에 감탄한 나머지 흔히 그것들을 구체적인 실재로 오해한다. 이 오류는 크게 다음 두 가지로 구분된다. 이것은 과학과 철학과 종교와 상식의 모든 사유 배후에 놓여 있는 오류다.

첫째, 사물에 대한 언어적 관념은 그 사물의 일부 특정 측면만을 기초로 하고 있다는 점을 망각하는 것이다. 한마디로 이분법적 가치 판단을 사실로 오해하는 것을 의미한다.

둘째, 사물에 대한 언어적 관념을 현실적인 사물로 오해하는 잘못이 그것이다. 한마디로 말로만 존재하는 것을 실재로 착각하는 오류를 의미한다.

먼저 첫째 오류에 대해 자세히 설명해보자. 내가 좋아하는 《노자》의 제2장에는 이런 구절이 나온다. "세상이 예쁜 걸 예쁜 줄로만 다 아는데, 이것이 바로 추한 것이다. 좋은 걸 좋은 줄로만 다 아는데, 이것이 바로 안 좋은 것이다. 왜인가? 있음은 없음이 있어 생기고, 쉬움은 어려움이 있어 만들어지고, 긴 것은 짧은 것이 있어 두드러지고, 높음은 낮음이 있어 차이가 지고, 앞은 뒤가 있어 하나가 되니, 이것이 우주의 늘 그러함이다." 나쁨 없이 좋음은 없다. 좋고 나쁨은 상대적이고 변화한다. 하지만 우리는 좋고 나쁨을 사물의 절대적 속성인 양 끊임없이 착각한다. 이외에도 선악, 미추, 귀천, 호오, 득실 등 인간이 내린 모든 이분법적 판단이 모두 여기에 속한다. 선악은 외부에 있는 것이 아니라 나의 내부에 있다. 하지만 에고는 선악이 저 사람이나 사물의 속성인 것처럼 속이려고 한다. 그것이 에고의 영속 전략이며 또한 앞서 말한 에고의 투사다.

이제 둘째 오류를 상세히 설명해보자.

결혼한 지 12년이 되었는데도 부부 사이에 의사소통이 안 되어 서로 원망만 하는 부부가 찾아왔다. 그날도 역시나 남편은 애매하고 모호하게 자신의 생각과 감정을 늘어놓았고, 이에 질린 아내가 말했다. "그러니까 똑같은 말 반복하지 말고, 구체적으로 무엇을 원해?"

하지만 그 남편은 여전히 30분 이상 같은 말을 하고 있었다. 그래서 내가 개입하기로 했다. "선생님의 표현은 '거시기가 거시기해서 거시기하니까 좀 거시기해봐'라고 하는 것과 같습니다." 그제야 두 사람은 피식 웃으며 대화의 준비가 되기 시작했다.

혹시 우리들의 대화 수준도 '거시기가 거시기하다'와 별반 차이가 없다고 생각해본 적은 없는가? 종종 우리의 언어는 너무나 '거시기^{모호}'하다. 이 모호함이 혼란과 고통을 일으키는데, 에고의 언어 전략 자체가 모호함이다. 에고 자체가 모호한 사유의 선물이기 때문이다. 표현^{언어}은 있는데 표현되는 것의 존재 여부마저도 불분명할 때 이것을 모호하

125

다고 한다. 이와 관련해서 모호한 언어가 얼마나 인생을 소모시키는지 보여주는 사례가 있다. 다음은 다년간 명상과 수행을 해왔던 내담자와 나눈 대화다.

내담자 _ 저는 아직 완전히 깨닫지 못해서 당분간은 스승의 지도가 필요합니다.

필자 _ 그럼 그 스승은 깨달았나요?

내담자 _ 네, 그렇죠.

필자 _ 그 분이 깨달았다는 것을 어떻게 아시죠?

내담자 _ 모두 다 그렇게 인정하니까요.

필자 _ 좋아요. 그럼 예를 하나 들어보죠. 내가 서울에서 이순자를 찾아야 하는데 이름 외에는 아는 것이 없어요. 얼굴도 나이도 아무 것도 몰라요. 한두 명도 아닌 이순자를 찾을 수 있겠어요?

내담자 _ 아니요.

필자 _ 그럼 나는 아직 깨닫지 못했으니까 깨달음이 뭔지 모를 뿐 아니라 심지어 깨달음이 실제로 존재하는지도 몰라요. 그렇다면 누가 이런 것을 가졌는지 어떻게 알 수 있죠? 또 그것을 가졌다 한들 어떻게 알아보죠?

내담자 _ (당황하면서) 어쨌든 알죠.

필자 _ 그렇다면 혹시 이미 깨달은 것이 아닐까요? 이미 깨달았는데 모를 수도 있잖아요.

과연 이 사람은 평생을 수행하면 깨달을 수 있을까. 사실 나는 의심스럽다. 있는지도 없는지도 모르고 어떤 것인지도 모르는 것을 어떻게 찾으며, 찾는다 한들 무슨 의미가 있단 말인가.

깨달음에 목메다 헤매는 또 한 사람의 사례를 보자. 어떤 수련을 최종단계까지 했다고 하는 사람과 워크숍이 끝나고 뒤풀이 자리에서 대화를 나눴다. 자신 인생의 목적은 깨달음이라고 했다.

참가자 _ 선생님, 깨달음이 뭔가요?

필자 _ 저는 깨달음이 뭔지도 모릅니다. 저의 목표는 행복과 건강과 성공입니다. 저는 모르는 것을 추구하지 않습니다.

참가자 _ 선생님, 바로 그게 깨달음이에요. 저에게도 좀 가르쳐주세요.

필자 _ 저는 모른다니까요. 선생님이 아시는 것 같으니까, 선생님이 그게 뭔지 좀 가르쳐주세요. 나도 배워보게.

참가자 _ (당황하면서도 집요하게) 선생님같이 그렇게 생각하고 사는 게 깨달음이라니까요.

필자 _ 그럼 당사자인 내가 모른다는 것을 어떻게 선생님이 안다고 생각하죠? 또 그렇다면 이미 아는 것이네요. 그럼 아는 대로 그렇게 사세요.

나한테 묻지 말고…….

참가자 _ …….

우리나라에서도 도, 기, 깨달음, 하느님, 구언, 해탈과 같은 말만큼 수많은 사람을 현혹시킨 말이 또 있을까. 나는 아직도 이런 실질 없는 말에 인생을 거는 수많은 사람들을 보면 안타까움을 느낀다. 그들은 이런 나를 궤변론자라고 할지 모르지만…….

만일 지금 여러분에게 1억 원을 내걸고 용을 잡아오라고 하면 해보겠는가? 아마 순진한 아이들 빼고는 없을 것이다. 용이라는 이름이 있다고 용이라는 실체가 있는 것은 아니다. 이렇게 이름이란 참 묘한 것이다. 실제로는 없지만 이름만 있어도 있는 것처럼 보이고 느낄 수도 있다.

그럼 깨달음은 어떤가? 깨달음이 있어서 '깨달음'이란 명칭^{이름}이 있는 것인가? 깨달음은 없는데 '깨달음'이란 명칭^{이름}만 있는 것인가? 깨달음을 얻으려 하기 전에 깨달음이란 것이 있는지 먼저 알아야 한다. 세상 만물은 다음 네 가지로 구분할 수 있다.

	A 유명유실 (有名有實)	B 유명무실 (有名無實)	C 무명무실 (無名無實)	D 무명유실 (無名有實)
예	내가 글을 쓰는 노트북	용	X	알 수 없음

C 무명무실은 예를 들 수가 없다. 예를 드는 순간 바로 다른 것이 될 테니까. 혹시 절대 진공이 여기에 해당할까? 하지만 이름 짓는 순간 바로 유명무실이 되어버린다. D에 해당하는 것은 무엇일까? 이름이 없는데 어떻게 말할 수 있겠는가? 한데 인간이 모르지만 존재하는 것들이 혹시 무한하다고 생각해본 적은 없는가? 무한한 우주의 크기를 생각해 보면 당연히 그럴 것 같다. 그럼 신, 깨달음, 하느님, 알라신, 구원, 해탈 등은 A와 B 중 어느 것에 속할까? 또 '나'라는 명칭은 둘 중 어디에 속할까?

아마도 많은 사람들이 내가 믿어왔던 것들은 분명 A에 속한다고 주장하고 싶을 것이다. 무엇을 주장하건 자유지만 내가 여기서 정말 강조하고 싶은 것은 최소한 내가 얻으려고 하는 것이 A와 B 중 어느 것에 속하는지 먼저 알아보라는 것이다. 나는 개인적으로 깨달음이나 진리와 같은 추상적 가치를 추구하다 평생을 소모하는 사람을 여러 명 보았다. 없어서 못 찾았는지 있어도 못 찾은 것인지는 모르지만, 최소한 지금 이 질문을 중간에라도 몇 번 해보았더라면 충실한 삶을 살 가능성이 50퍼센트 이상 높아지지 않았을까?

야당과 여당의 대변인 논평을 보면 참 재미있다. 둘 다 국민과 민주주의를 위한다면서 한쪽은 하자고 하고 다른 한쪽은 하지 말자고 한다. 명분은 같은데 내용이 다르다. 이것을 동명이의어同名異意語라고 하자. 반대로 무를 부산말로 무시라고 하고 부추를 부산말로 전구지라고 한다. 나는 고향이 부산이라 어렸을 때 항상 '무시', '전구지'라고 했지 무나 부추라고 부른 적이 없다. 이를 이명동의어異名同義語라고 하자. 아랍인과 기독교인의 사이가 안 좋은데 혹시 그들의 여호와나 알라가 둘 다 유일신이므로 이명동의어가 아닐까? 그렇다면 굳이 싸울 필요가 없지 않을까? 반대로 사이비 교단의 목사나 고 김수환 추기경이나 모두 한 하느님을 믿는데 왜 그들의 행동은 180도 다른가? 혹 그들의 하느님은 동명이의어가 아닐까? 이렇게 달을 가리키는 손가락은 여러 개지만 달은 하나일 수도 있고, 달을 가리켰던 손가락이 해를 가리킬 수도 있다. 손가락에만 집착하다가 달을 놓치듯 언어이름에 집착하다 참 의미를 놓칠 수 있다.

● ● ● ● 우리는 에고의 언어판단에 따라 살아가지만, 언어는 이 우주의 진실을 드러내기에는 너무나 빈약하고 허술하다. 언제까지 언어와 생각을 진실로 알고 살아갈 것인가.

에고의 맹목성

에고는 기본적으로 몸을 분리의 증거로 삼아, 지각perception이 세상의 실재를 드러낸다고 생각하고, 언어적 판단으로 분리를 유지하고 대상을 공격한다. 하지만 앞에서 본 대로 몸은 의식의 반영이고, 지각은 실재가 아니라 환상내부 표상이며, 언어적 판단은 모호하고 실체가 없다.

이와 관련하여 좀 더 깊이 논의해보자. 먼저 에고의 기본 논리를 설명해보자. 다음은 내가 내담자들과 상담하면서 그들의 내면 논리를 듣고 찾아내 정리한 것이다. 이런 논리가 강한 사람들은 그만큼 과잉 에고의 문제로 시달린다고 보면 된다. 한마디로 만성 질환이나 심리적 문제로 고생하거나 인생이 꼬이는 사람들은 바로 이런 논리에 발목 잡혀 있다고 보면 된다.

- 내가 옳다.

- 내가 책임져야 하고 책임질 수 있다.

- 나는 안다.

- 좋은 것은 좋고 나쁜 것은 나쁜 것이다. → 이분법, 판단 분별, 나쁜 것의 거부.

- 내 몸이 나다.

- 보이고 만져지는 세상이 다다. → 지각의 세계에 대한 집착.

- 미지의 것은 존재하지 않거나 위험하다. → 영혼의 세계에 대한 거부와 두려움, 에고의 집착을 내려놓는 것에 대한 맹목적 두려움.

- 힘이 있어야 안전하다. → 힘의 맹목적 추구, 파멸과 패배의 두려움.

- 확장되어야 안전하다. → 외형적 확장에 대한 맹목적 욕구, 무한 확장과 무한 생존의 추구, 암세포적 성장의 추구.

- 변화는 위험하다. → 안주, 고착, 안전지대.

- 나와 세상은 별개다. → 분리의 두려움, 파멸과 패배의 두려움.

- 언어는 본질을 표현할 수 있다. → 생각과 언어에 대한 과도한 집착.

- 힘은 바깥에 있다. 그래서 외부의 권위나 신에게 맹종한다.

- 세상에서 일어나는 일은 그저 우연이다. 그래서 혹 무슨 일이 일어날까 항상 두렵다.

- 나는 죽음이 싫고 두렵다. 하지만 죽음이 무엇인지는 잘 모른다. 반대로 사는 게 좋은 줄도 잘 모르겠다.

- 내가 잘한 것은 인정받아야 한다. 하지만 남들이 잘한 것이 무엇인지는 잘 모른다. 그래서 항상 억울하고 서운하다.

- 나는 '그래야 돼$^{what\ it\ must\ be}$'는 것을 안다. 하지만 '실제로 그런 것$^{what\ it\ is}$'은 잘 모른다. 그래서 세상이 생각대로 되지 않으니 항상 불평불만이다.

- 세상에는 선과 악이 있고 악은 응징되어야 한다. 그럼 나는 선인가? 잘 모른다. 하지만 저 놈이 악인 것은 맞다. 그러니 저 놈은 정의의 심판을 받아야 한다. 하지만 아직 정의의 심판이 내려지지 않아 울화통이 터진다.

생물학적인 측면에서 에고는 동물적 자아라고도 할 수 있다. 생물학적 생명이 시작된 그때부터 하나의 생명체는 생존을 위협하는 무수한 도전에 맞닥뜨리게 된다. 동물의 삶을 잠시만 살펴보아도 에고의 기본적 동기와 의지는 단순하고 뻔한 것을 알 수 있다. 인간의 삶에도 기본적으로는 동물의 전략이 따른다. 텃세권, 종들 간의 경쟁, 영토 전쟁, 집단 통치, 사냥, 경쟁자 죽이기, 짝짓기 의식, 새끼들의 보호 및 양육, 친족 경쟁, 위협, 타인에 대한 지배 등이다. 그밖에도 공격과 위험에 대한 두려움이 있고, 무리에서 쫓겨나는 것에 대한 두려움이 있다. 이러한 동물적 생존 방식이 이른바 본능이라는 생리적 감정적 반응 속에 뿌리내리고 있다. 한마디로 에고의 근본 동기는 생존과 이익이고, 이는 한결같이 두려움을 바탕에 두고 있다.

혹자는 에고를 너무 악하게 보는 것이 아니냐고 묻는다. 한편으로 맞는 말이다 영적 진보는 에고의 진정한 본성을 이해함으로써 촉진된다. 에고는 무찌르거나 패배시켜야 할 적도 아니고, 정복해야 할 악도 아니다. 에고를 받아들이고 친숙해지고 연민 어린 이해를 하면 에고의 영향력은 약화된다. 반대로 자책과 비난과 비판과 두려움과 부끄러움은 에고를 더 강화시킬 뿐이다.

몸을 가진 한에는 '몸 나physical I'로서의 에고를 계속 가질 것이다. 에고는 의식의 진화에서 필요한 단계인 것이다. 형상의 우주를 체험하고 설명하고 연구한 뒤에야 우리는 형상을 넘어서 그 근원을 찾게 된다.

탐험과 모험은 인간의 고유한 속성이며, 가장 높은 수준의 모험은 바로 영적 탐구다. 인간은 기본적으로 세 가지의 욕구를 갖고 있다. 처음에는 생물학적으로 생존하려 하고, 그다음에는 사회적으로 성공하려 하고, 마지막으로는 영적으로 초월하려고 한다.

그런데 에고의 맹목성은 왜 생겨난 것일까? 동물은 형상의 세계에서 살아간다. 생존의 기본요소는 육체 보존, 먹이 구하기, 적의 식별이다. 동물에게 지각이란 이런 요소를 달성하는 데 대단히 유용하다. 기본적으로 지각이란 동물의 생존을 위해 대상의 위치와 방향과 형상과 시간을 의식 영역에서 이원적으로 파악하는 것이다. 예를 들면 먹이를 잡기 위해서는 '여기'와 대비되는 '저기'를 이원적으로 지각할 필요가 있다.

하지만 이러한 형상의 한계는 감각^{지각}에 대한 맹목적 의존으로 귀결된다. 이렇게 해서 공간과 거리의 개념이 생겨나고, 그럼으로써 에고는 이 지각이 실상을 나타낸다는 결론을 내린다. 동물이 이보다 더 높은 실상이 존재할지도 모른다고 의심할 이유는 전혀 없다. 왜냐하면 동물의 욕구 및 욕구 충족은 모두 형상의 범주 내에 있기 때문이다.

● ● ● ● 영적 성장과정이란 에고를 이해하고 동정하고 길들이고 초월하는 것이다.

2부

나를 넘어
새로운 나를 만나라

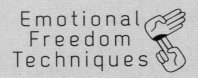
Emotional
Freedom
Techniques

참 나_나를 넘어 만나는 나

삶은 여행

삶은 여행이다. 뭔가를 경험하고, 어디로든 떠나야 한다. 물이 흐르지 않을 수 없듯, 아무 것도 하지 않으면서 그냥 머물러 있을 수는 없다. 스무 살이 조금 넘어 삼수 끝에 대학 입시를 치르고 났을 때, 나는 허탈감에 빠졌다. 입시과목 외에는 이 세상에 관해 아는 것이 없다는 절실한 공포감이 밀려들었다.

대학에 입학만 하면 그냥 다 될 줄 알았는데, 이 세상 어디에도 '삶의 여행' 가이드는 없었다. "도대체 인생을 어떻게 살 것인가? 삶은 여행과 같은데 이 여행을 안내하는 지도책은 왜 없는 걸까?" 그래서 그 때부터 스스로 '삶의 여행' 안내 책자를 만들기로 했다. 그것이 쉬운 일은 아니었다. 다양한 삶의 경험과 지식이 필요했다. 역사, 의학, 물리학, 동서양의 철학, 언어학, 영어, 한학, 중국어, 문학, 불교학, 종교학, 심리학, 수련과 명상, 한의학 등 다방면의 지식과 경험을 쌓아야 했다. 이렇게 20~30년 정도 공부하다 보니 삶이라는 여행의 안내 지침이라 할 만한 것을 만들 정도는 되었다. 이제 그것을 여기에서 독자와 공유해보고자 한다.

삶의 여행을 위해 알아야 할 10가지 규칙

첫째, 당신은 몸을 받을 것이다.

당신이 몸 자체는 아니지만, 이 여행은 몸을 받음으로써 시작되고, 몸을 반납함으로써 끝난다. 몸의 느낌과 고통이 여행의 나침반이 될 것이다. 방향이 맞을 때에는 좋은 감정을 느낄 것이고, 맞지 않을 때에는 불편함과 심하면 고통까지 느낄 것이다. 다시 한 번 기억하라. "몸은 여행의 나침반이다." 몸의 느낌을 통해 갈 곳을 알게 될 것이다. 고난과 고통은 벌이 아니라 신호의 의미라는 것을 명심하라. 그래서 다음과 같이 정리할 수 있다. "모든 고난에는 숨겨진 선물이 있고, 모든 고통에는 숨겨진 의미가 있다." 삶이란 어떤 의미에서는 고난과 고통 뒤에 숨겨진 선물과 의미를 찾는 과정이라고 할 수도 있다. 또한 당신의 내면에는 항상 최고의 안내자가 깃들어 있음을 명심하고, 인생과 당신을 믿고 길을 떠나라.

둘째, 세상이라는 학교에서 경험을 통해 교훈을 얻게 될 것이다.

당신은 인생의 모든 상황과 장소에서 경험을 통해 교훈을 얻을 것이다. 어떤 교훈은 즐거운 반면에 어떤 교훈은 고통스럽기도 하다. 하지만 여기서 제일 중요한 사실은 '인생에서 교훈을 얻지 않을 수는 없다'는 것이다. 어찌 보면 삶의 가장 큰 목적은 교훈을 얻는 것이다. 교훈을 다른 말로 지혜라고 할 수도 있다.

셋째, 인생의 기회에서 잘못은 없으며 오직 교훈만 있을 뿐이다.

많은 사람들이 상담을 받을 때 "내가 잘못된 건가요?"라고 종종 묻는다. 그럴 때마다 나는 "잘못이 있는 게 아니라 더 나은 방법이 있을 뿐입니다."라고 말한다. 정신의 성장에 고정된 지름길이나 옳은 길이란 없다. 그 반대로 잘못된 길도 없다. 모든 정신은 시행착오와 실험과 실수를 통해 발전한다. 그러니 당신의 잘못을 탓하는 데 시간을 소모하지 말고, 더 나은 길을 찾아 묵묵히 나아가라.

넷째, 교훈을 터득할 때까지 인생의 기회는 반복될 것이다.

많은 사람들은 이를 '고난의 연속'이라고 부르기도 한다. 맞는 말이다. 나도 나이에 비해 나름대로 많은 고난을 겪으면서 힘들 때마다 자주 이런 생각을 했다. '내 인생은 유달리 나의 아픈 곳을 잘 찌른다. 특히 제발 여기만은 좀 봐줘라고 사정하는 곳을 더 확실하게 찌른다.' 학교에서 시험볼 때 틀린 문제는 맞힐 때까지 계속 틀리는 경험을 했을 것이다. 삶이란 이런 식이다. 때로는 이런 교훈의 기회가 너무 잦고 힘들다고 느낄 때도 있을 것이다. 하지만 명심하라. 수학 문제가 어려운 이유는 당신이 맞히지 못하게 하려는 것이 아니라 당신의 학력을 향상시키기 위한 것이다. 마찬가지로 어려운 인생 문제는 당신의 영혼을 성장시키는 기회다. 명심하라. 무의미한 시련은 없다. 그러니 당신의 능력을 믿고 풀어보라. 당신이 어려운 문제를 받은 이유는 우수한 학생이기 때문이다.

많은 사람이 비슷한 문제를 계속 반복해서 경험하는 이유는 교훈을 얻지 못했기 때문이다. 나에게 온 내담자 중에 이혼을 세 번 한 50대 여성이 있었다. 첫 남편이 가정폭력범이어서 겨우 이혼했는데, 두 번째 남편도 마찬가지였고, 세 번째 남편은 가장 심해서 심지어는 스토킹도 불사했다고 한다. 상담 결과 이 여성의 아버지가 알코올중독으로 가정폭력을 행사했음을 알게 되었고, 이 기억이 무의식에 남아 패턴을 형성하고 있음을 발견했다. 만일 당신이 반복된 경험을 하고 있다면 EFT로 무의식의 부정적 패턴을 지울 필요가 있다는 것을 명심하라.

다섯째, 교훈을 얻을 기회는 결코 끝이 없다.

나는 직업상 다양한 사람들을 만난다. 그러다보니 그중에는 깨달았다고 하는 사람도 종종 있다. 이런 사람들의 기본적 사고의 오류는 인간의 정신적 성장에 정해진 목표가 있고, 그것을 달성하면 성장이 끝난다고 생각한다는 점이다. 바로 이런 오류 때문에 인류 역사에서 수많은 개혁

가와 영적 지도자들이 마지막에 타락하고 추락해버렸다. 바둑의 수에도 한계가 없는데, 어찌 정신적 성장에 한계가 있을 수 있으랴. 삶의 여행에서 모든 목적지는 새로운 곳을 향한 중간 기착지일 뿐이다.

여섯째, '여기'보다 더 나은 '저기'란 결코 없다.

당신이 여기보다 저기가 더 낫다고 여길 때에는 항상 여기가 불만족스러울 것이다. 게다가 어쩌다 더 나은 '저기'에 도착한다고 하더라도, 바로 그 순간 '저기'는 '여기'가 되고, 다시 더 나은 '저기'를 찾게 될 것이다. '저기'와 '여기'를 비교하면서 스스로 불행해지는 것이 에고의 기본적인 이분법적 사고 경향이다. 윤회를 믿는 인도에서는 에고가 윤회의 주체이며 삶의 고뇌는 모두 에고의 집착의 결과라고 믿는다. 맞는 말이다. 앞서 본 대로 이 세상도, 이 몸도 모두 에고가 해석한 결과다. 그러니 어찌 보면 '삶의 여행'에서 중요한 목적 중 하나는 에고의 환상을 벗고 참 나를 찾아가는 과정이라고 볼 수 있다.

일곱째, 타인과 세상은 모두 당신의 반영일 뿐이다.

앞서 말한 대로 우리는 사실의 세계가 아니라 해석과 내부 표상의 세계에 산다. 그러니 이 모든 것은 당신의 반영일 뿐이다. 어떤 의미에서 당신의 삶이란 당신이 만든 환상을 경함하는 과정이라 할 것이다. 타인과 세상을 탓하지 말고, 먼저 당신을 바꾸라. 언제 어디서든 주체적으로 주도적으로 살아가라.

여덟째, 인생을 어떤 작품으로 만들지는 전적으로 당신의 몫이다.

당신은 마음속의 생각이 아니라 생각하는 사람이다. 당신은 꿈속에서 쫓기는 사람이 아니라 꿈꾸는 사람이다. 당신은 세상에 의해 정의되는 사람이 아니라 세상을 정의하는 사람이다. 중요한 것은 당신에게 일어난 일이 아니라 그 일에 대한 당신의 반응이다.

아홉째, 모든 해답은 이미 당신 안에 있다.

에고는 항상 자신이 최고의 길 안내자라고 주장한다. "내가 아니면 너는 길을 잃고 굶주리다 비참하게 죽게 될 거야." 하지만 당신 안에는 이미 최고의 안내자가 있다. 다만 이 안내자의 목소리는 너무나 은은해서, 에고의 끊임없는 소음, 즉 내부 대화에 가려 있을 뿐이다. EFT로 내부 대화, 즉 끝없는 판단과 투정의 목소리를 가라앉히는 만큼 당신은 내 안의 목소리를 더욱 분명히 듣게 될 것이다. 이 안내자가 바로 참 나다. 인생이란 또한 에고의 판단을 버리고 참 나의 소리를 찾고 듣는 과정이 아닐까.

열째, 아쉽게도 우리는 이 모든 것을 잊은 채로 태어난다.

그리스 신화에서 죽은 자는 저승으로 가기 직전에 망각의 강을 건너면서 이번 삶을 잊는다. 이외에도 여러 문명의 신화에서 이와 유사한 망각의 규칙이 보인다. 이번 삶을 잊어야 다음 삶을 다시 새롭게 살 수 있기 때문이다. 흥미롭게도 앞서 나온 아홉 가지 규칙을 잊고 태어나는 것이 또한 중요한 삶의 규칙인 것 같다. 불교에서는 이런 망각으로 인한 무지를 무명無明이라고 부른다. 여태까지 이것을 몰라 너무 고생한 것 같아, 너무 억울하고 화가 나는가? 하지만 안심하라. "당신이 원한다면 언제라도 다시 알게 될 것이다." 이미 이 열 가지 규칙은 당신의 내면에 담겨 있고, 교훈을 얻는 과정에서 하나씩 그 전모를 알게 되어 있기 때문이다.

삶은 꿈

"우리를 꿈꾸는 꿈이 있다." – 칼라하리의 한 부시맨

"우리가 살아가기 위해 지구별에 왔다는 건 사실이 아니야. 우리는 잠자기 위해서, 꿈꾸기 위해서 여기에 온 것이지." – 어느 아스텍 시인

인도에서는 천국과 지옥, 그리고 그 안에 있는 모든 것으로 이루어진 우주가 어느 한 존재가 꾸는 위대한 꿈이며, 그 꿈속의 모든 등장인물들도 마찬가지로 꿈을 꾸고 있다고 노래되어왔고, 그것이 인도 문명 전체의 틀이 되었다.

장자도 삶을 꿈이라고 말한다. 처음 장자에서 삶이 한바탕 꿈이라는 글을 보고 엄청난 충격을 받았던 기억이 난다. 지금까지 내 삶은 한편으로 삶이 꿈이라는 것을 스스로에게 증명하고, 삶이라는 꿈을 더 잘 꾸는 법을 연구하는 과정이기도 했다.

너무나 무섭고 고통스러워 깨어보니 꿈인 경우가 있다. 어떤 배우는 전작의 연기에 너무 몰입된 나머지 영화가 끝나고 새로운 역할은 연기해야 하는데도 그 인물에서 벗어나지 못하고 자살 충동마저 느끼기도 한다. 마찬가지로 많은 사람들이 삶이라는 꿈과 연기에 너무 집착하여 오히려 괴롭기만 하고 제대로 살지 못한다. 삶이라는 꿈을 제대로 꾸는 법을 한번 알아보자.

첫째, 삶은 진부한 상식이 아니라 매 순간 새로 깨닫는 신비다.

삶이 신비롭지 못한 이유는 에고의 환상에서 벗어나지 못했기 때문이다. 에고의 환상은 생각의 세계이며, 생각의 세계는 결코 변화가 없고 단조롭다. 비유하건대 실물의 장미가 진실의 세계라면, 500만 화소의 카메라에 찍힌 사진이 에고의 환상^{해석. 내부 표상}이라고 할 수 있다. 만일 여러분이 이 사진 속 장미를 계속 확대하면 어떻게 될까? 어느 정도까지는 커지다가 어느 순간 장미는 사라지고, 얼룩덜룩한 모자이크의 화소만 보일 것이다. 단지 그것뿐이다. 반면에 실물 장미를 현미경으로 확대하면 어떻게 될까? 확대하면 할수록 보지 못했던 장미의 다양한 면들을 보게 될 것이다. 엽록체, 미토콘드리아, 거대한 가시, 기공 등. 우리가 사는 삶이 공허하고 단조로운 이유는 진실이 아니라 생각을 보고, 듣고, 맛보기 때문이다.

둘째, 오직 현재만이 존재하며 현재를 살 줄 아는 것이 최선이다.

에고는 항상 '지금 여기'가 아닌 '그때 거기'를 제시하며, 우리를 불만과 고통에 빠뜨리려 할 것이다. '지금 여기'를 판단할 때, 우리는 '지금 여기'를 경험하는 것이 아니라, '지금 여기'에 대한 나의 해석을 경험하게 된다. '지금 여기'에 대한 판단을 내려놓는 것이 '지금 여기'를 사는 가장 최선의 방법이다.

셋째, 우리는 육신이 아니라 몸을 입은 영혼이다.

꿈속에서 우리는 꿈속의 한 인물로만 보인다. 꿈속에는 나도 엄마도 아빠도 친구도 원수도 각각으로 등장하고 그들은 모두 별개다. 하지만 알고 보면 그들 모두가 내 꿈의 등장인물이고, 그들 모두가 내 의식의 반영이며, 궁극적으로는 그들 모두가 나인 것이다. 세상도 이와 같다. 하나의 의식을 통해 갑돌이와 을돌이와 병돌이가 되는 꿈을 꾸는 것이 바로 이 우주가 아닐까. 다만 몸이라는 환상이 좀 더 리얼하게 만져질 뿐이다.

넷째, 세상은 저 바깥이 아니라 당신 안에 존재한다.

앞에서 이미 우리가 경험하는 세상은 우리 안에 비치는 세상이고, 그것은 꿈이고 해석이고 내부 표상이라고 말했다. 이 우주는 다양한 꿈의 세계가 중첩되어 있는 것 같다. 내가 나의 세상을 꿈꾸고, 인간의 집단 무의식이 이런 나들을 꿈꾸고, 우주의 의식_{근원 의식}이 다시 인간을 포함한 모든 생명들과 심지어 무생물까지 꿈꾼다. 한마디로 우주가 꿈꾸고, 그 속에서 인류가 꿈꾸고, 그 속에서 내가 꿈꾸고, 그 속에 다시 우주가 있다.

다섯째, 너와 나를 구분하는 생각이 사라지면 우리는 모두 하나다.

이 우주는 '삶을 꿈꾸는 자^{The One who dreams life}'이다. 우리는 꿈속의 나로만 살아가는 데 집착해서, 내가 꿈꾸는 자임을 망각하고 있다. 내 삶에 대한 나의 해석과 판단이, 즉 에고의 해석이 우주와 내가 분리된 것처럼 내가 그저 꿈속의 한 인물인 것처럼 보이게 할 뿐이다. 에고의 판단이 사라질 때 우리는 본래의 자연스런 하나를 회복하리라.

여섯째, 우리는 역설과 모순이며, 이 역설과 모순이 또한 모든 존재의 진실한 모습이다.

'삶의 여행'에서 우리를 가장 당혹스럽게 하는 것은, 처음에 그토록 일관되고 논리정연해 보이던 것들이 갈수록 역설과 모순을 드러낸다는 점이다. 나라는 역설에 대해서 한번 알아보자.

나는 꿈속의 인물이다. ↔ 나는 그 꿈을 꾸는 사람이다.

나는 내가 생각하는 나다. ↔ 나는 내가 누구인지 결정하는 사람이다.

나는 환경의 지배를 받는다. ↔ 나는 환경을 바꾼다.

나는 세상을 본다. ↔ 나는 세상이 아니라 내 안을 본다.

나는 나다. ↔ 나는 내가 생각하는 나가 아니며 그 이상이다.

나는 몸이다. ↔ 나는 의식이다.

20세기 초 물리학자들이 물질의 궁극을 탐구하다가 입자와 파동의 역설적 이중성을 발견했듯이, 여러분도 지혜가 생김에 따라 우주의 본질 자체가 역설과 모순임을 알게 될 것이다. 그 와중에서 점차 역설과 모순을 있는 그대로 누리는 법도 깨닫게 될 것이다.

일곱째, 하나임을 알면 모두 사랑하게 된다.

나라는 집착이 사라지고, 내가 모든 사람이자 만물이라는 사실을 깨달으면, 내가 결국은 '전체와 연결된 나'임을 알게 된다. 이 속에서 우리는 한없는 행복과 평화를 경험하게 된다. 그리고 분리가 착각이고 분리가 이기심과 고통을 불러일으킨다는 것도 깨닫게 된다. 분리의 착각을 깨달으면 나와 그들 사이의 갈등은 모두 나 사이의 갈등이라는 것도 알게 된다.

이 깨달음은 정말 엄청난 것이다. 다른 누군가를 해치려는 생각이 결국은 나를 해치려는 생각이 된다. 더 나다가 가장 흉악한 범죄자에 대한 증오마저도 또다시 나에 대한 증오가 된다. 반대로 남이 잘되는 것을 좋아하는 것이 결국은 내가 잘되는 것을 좋아하는 것이다. 세상 모든 사람들이 모두 이 원리만 깨쳐도 세상이 얼마나 좋아질까. '무의식은 나와 남을 구분하지 않는다'는 특성의 진정한 가치가 바로 여기에 있지 않을까.

참 나란 무엇인가

이제 드디어 탐구의 최종 목적지인 '참 나'까지 왔다. 여기까지 오는 것이 마치 무한한 양파 껍질을 벗기는 느낌이 들었는지도 모르겠다. 그렇다면 참 나란 무엇인가? 참 나도 에고 이상으로 정의하기 어렵지만 일단 다음과 같이 정리해보자.

첫째, 참 나란 한마디로 우주의 마음^{우주심}, 우주 의식이며, 모든 존재의 바탕이자 근원이다.

둘째, 참 나(우주의 마음)는 에고가 사라지는 만큼 드러난다.

셋째, 참 나는 '삶의 여행'의 내면 안내자다.

넷째, 참 나는 '삶의 꿈'의 꿈꾸는 자다.

다섯째, 참 나는 생각이 아닌 오직 체험으로만 만날 수 있다.

뜬금없이 우주의 마음이라니 무슨 말인가, 우주가 물질이지 어떻게 마음이란 말인가 하고 당황하는 독자가 있을지도 모르겠다. 이렇게 현대인의 대다수는 이 우주가 그저 끊임없이 펼쳐진 물질 덩어리에 불과하다고 본다. 과연 이 우주는 걷어차면 차이고, 바람 불면 힘없이 날리는 아무런 능동적 의식이나 의지가 없는 물질 덩어리에 지나지 않는 것일까. 2500년 전 장자는 이 우주를 의식을 가진 하나의 거대한 생명체로 보았고, 지금의 에너지와 같은 개념인 일기^{一氣}가 변화하여 만물을

	이명(異名)	개념	감정	역할	기타
에고	• 소아(小我) • 거짓 나 • 몸 나	내 몸과 나의 생각과 감정이 나라는 판단	분리감(두려움과 분노)과 이것에서 파생되는 모든 부정적인 감정들	현실세계에서 일시적으로 나를 존재하게 함	• 일시적 존재이면서도 영속하려 함 → 집착의 근원 • 통제하고 억압하려 함
참 나	• 대아(大我) • 우주심 • 우주 의식 • 순수 의식	판단 없는 영원한 관찰자이며 생각이 없을 때 드러나는 의식의 여백	일체감(평화, 행복, 사랑 등)	모든 현실 존재를 빚어내고 통합하고 조화롭게 함	• 직관, 영감, 깨달음, 통찰력의 근원 • 모든 형상적 존재에 간섭 없이 내맡김

만들어낸다고 보았다. 과연 현대의 유물론적 우주론은 아무런 오류 없이 100퍼센트 정당한 것일까. 이제 여기서 유물론적 우주론의 몇 가지 기본 전제를 제시하고 이를 비판적으로 검토해보자.

첫째, 물질은 무형의 공간이나 에너지와 절대적으로 구분되는 실체다.

많은 사람들이 공간을 점유하고, 공간과 절대적으로 구분되고, 외부의 힘이 작용하지 않는다는 가정 하에서 절대로 변화되지 않는 어떤 것이 있으며, 그것이 바로 물질이라고 생각한다. 하지만 안타깝게도 물질의 근원인 원자는 대부분이 진공으로 구성되어 있다. 축구공을 핵이라고 하면, 가장 가까운 전자가 800미터 바깥에서 돌고 있고, 그 나머지는 텅 빈 공간이다. 그래서 한 사람을 압축하면 소금 알갱이보다 작고, 지구상의 60억 인구를 다 압축해도 사과 한 개의 크기에 지나지 않는다.

또 스티븐 호킹에 의하면 원자를 구성하는 소립자^{물질}들은 진공^{공간}에서 그저 생겨났다가 사라진다. 이 우주 자체가 137억 년 전 절대무^{絕對無}에서 비롯된 무한소의 점이 폭발^{빅뱅}하여 생긴 것이며, 아인슈타인 '질량 에너지 등가 원리^{E=mc²}'를 통해 물질과 에너지가 상호 변화하는 것임을 밝혔다. 결국 이를 종합하면 이 우주는 '공간 ⟺ 물질 ⟺ 에너지'의 상호 순환을 거듭하고 있다.

둘째, 물질과 의식은 서로 독립적이며 물질이 의식에 우선한다.

19세기 초에 서구의 저명한 물리학자들은 원자의 구조를 연구하다 기존의 물리학으로 해결할 수 없는 모순에 직면했다. 파동을 측정하는 장치로 전자의 운동을 관찰하면 파동으로 관찰되고, 입자를 측정하는 장치로 관찰하면 입자로 보였던 것이다. 한마디로 관찰자의 의식에 따라 물질 입자의 상태, 즉 파동 상태와 입자 상태가 변한 것이다. 이것이 바로 그 유명한 양자 물리학이 정립된 과정이다.

현재 정리된 양자 물리학에 따르면 관찰자의 의식과 구분되는 독립된 물질은 존재하지 않으며, 주관과 구분되는 독립된 객관도 존재하지 않는다. 한마디로 의식과 물질은 마치 댄서와 댄서의 춤처럼 상호 분리될 수 없는 우주의 양면이라고 볼 수 있다. 이것과 앞의 내용을 합쳐 정리하면 '공간 ⟺ 물질 ⟺ 에너지 ⟺ 의식'이므로 물질적 우주 자체가 하나의 거대한 의식의 표현이라고 할 수 있다.

셋째, 생명의 발생은 순전히 우연이다.

우연론자들은 긴 시간이 지나면 생명은 우연히 조합된다고 주장한다. 비유하자면 충분한 시간만 주어지면 원숭이가 자판으로 장난쳐서 셰익스피어의 희곡을 만들 수도 있다는 것이다. 과연 그럴까. 한 계산에 의하면 원숭이가 우연히 셰익스피어의 희곡을 만들 확률은 '1천 분의 1의 백만제곱승의 백만제곱승의 백만제곱승의 백만제곱승의 백만제곱승의 백만제곱승'이다. 즉, 이런 일이 생기려면 10억의 10억 제곱승 년이 필요하지만 지구의 나이는 137억 년에 불과하다.

프레드 호일이나 샐리즈베리 같은 과학자들의 계산에 의하면 137억 년이란 우주의 나이는 단순 효소simple enzyme 하나 정도를 만들 시간에 불과하다. 결론적으로 우연이 아닌 뭔가가 이 우주를 끌어가고 있다. 종래의 우연주의 과학자들은 '확률+무한 시간'으로 생명과 우주를 설명할 수 있다고 믿었고 우연이 그들의 구세주이자 하느님이었다. 하지만 그들의 하느님은 이제 무참히 깨졌다. 사실상 이 우주는 우연을 극복하고 초월하기 위해 만들어진 것이며 우연은 이 우주가 가장 극복하려 하는 것일 뿐이다.

사실상 이 우주는 그런 우연에만 의지해서 조직될 만큼 한가롭지도 무의미하지도 않다. 그래서 테야르 드 샤르댕과 화이트헤드와 켄 윌버 등의 사상가들은 이 우주가 분명히 물질적 진화를 통해 의식의 진화를 이룬다고 주장한다. 게다가 노벨상 수상자인 일리야 프리고진은 한 물질계system에 에너지가 투입되면 요동이 발생하고, 이것이 저절로 새로운 질서나 구조를 만들게 됨을 밝혔다. 쉬운 예로 물이 담긴 솥을 끓이면, 물이 처음에는 불규칙한 요동만 일으키다가, 100도가 넘으면 갑자기 질서 정연한 구조대류를 형성한다. 이를 통해 새로운 복잡한 구조, 즉 생명의 탄생과 진화가 우연이 아니라 필연이며, 그 필연의 정체는 이 우주가 의식과 육체 양면에서 더 복잡하고 정교하게 진화하려는 욕망이라고 추론한다.

넷째, 지구와 우주는 생명이 아니다.

생명 현상의 기본적 특징은 재조직화와 항상성 유지다. 재조직화란 주변 물질을 흡수하여 생명체의 일부로 동화시키는 것이니, 쉽게 말해 밥 먹고 피와 살을 만드는 것이다. 항상성이란 외부 환경 변화에 대하여 체내의 환경, 즉 체온이나 혈중 산소 농도 등을 일정하게 유지해 생명을 지속시키는 것을 말한다. 또한 이런 생명 현상은 기본적으로 의식에 의해 일어난다고 본다. 그래서 사람의 의식이 육신을 떠나면, 육신은 더 이상 유지되지 못하고 썩게 된다.

먼저 지구는 생명이 아니라는 주장에 대해 살펴보자. 근대 과학이 발달하면서 서구에서는 지구를 생명력이 없는 그저 물이 덮고 있는 암석 물질 덩어리에 지나지 않는다고 보았다. 그러다 1960년대에 '가이아 이론'으로 유명한 제임스 러브록이 이에 반하는 새로운 의견을 제시하여 전 세계에 충격을 주었다. 가이아 이론에 따르면 지구상의 모든 생물과 환경이 하나의 유기체가이아라는 지구 생명를 이루어 유기적 존재로서의 '지구'를 구성하고, 이 유기체는 적극적으로 지구의 온도와 대기의 산소 농도와 해양의 온도 등을 일정하게 유지한다. 게다가 지구는 초기 암석 덩어리에서 현재의 생태계에 이르기까지 태양 에너지를 활용하여 적극적으로 스스로 재조직화해왔다. 이 모든 것을 고려하면 지구는 한 마디로 동물보다 더 복잡한 몸과 의식을 가진 생명체다.

이어서 우주가 생명이 아니라는 주장에 대해서도 살펴보자. 이를 위해 먼저 우주의 역사를 한번 간단하게 살펴보기로 하자.

137억 년 전	절대무에서 갑자기 무한소의 우주가 시작되었다. 왜 어떻게 생겼는지는 알 수 없다. 곧 이 무한소의 점이 빅뱅이라 불리는 대폭발을 일으키며 무한 팽창했다.
처음 3분 동안	이 진공에서 각종 소립자들이 생겨나 다시 이들이 결합해서 양성자와 중성자와 헬륨 원자핵과 수소 원자핵을 만든다.
38만 년 뒤	이들 입자들이 수소와 헬륨 원자로 구성된 구름 덩어리가 되고, 이것들이 다시 중력에 의해 물질로 뭉쳐져 태양 같은 별들이 일제히 태어난다.
7억 8천만 년 뒤	이들 별들이 다시 충돌과 합체를 반복하여 최초의 은하가 생긴다. 이미 만들어진 별들의 내부에서 핵융합으로 탄소와 산소와 규소 등의 기타 더 무거운 원소가 만들어진다. 특히 시간이 지나면서 별이 노화되어 폭발할 때, 금과 은과 철 같은 무거운 원소들을 핵융합으로 만들어 우주 공간에 흩뿌린다.

46억 년 전	여러 가지 원소를 포함해 별이 폭발할 때 만들어진 대량의 가스와 먼지구름이 스스로 중력에 의해 뭉쳐져 원시 태양이 생기고, 주변을 휘감고 돌던 나머지 가스와 먼지 덩어리들이 몇 개로 뭉쳐 원시 행성들을 만들고 마침내 지구가 만들어진다. 이때의 지구는 엄청난 고온이었으며 마그마의 바다였다.
38억 년 전	혐기성 세균인 원핵생물, 즉 세포핵이 없는 생물이 처음 생기고, 다시 광합성을 하는 원핵생물인 남조류가 나타났고, 다음에는 이렇게 광합성으로 생긴 산소를 이용하는 호기성 세균인 원핵생물이 나타났다.
25억 년 전	남조류의 일종인 시아노박테리아가 집단을 형성–스트로마톨라이트라 불림–하고 크게 번식하여 엄청난 산소를 방출하였다.
20억 년 전	곧 이어 세포핵을 가진 단세포 생물이 나타났고, 바닷말 같은 단세포 조류와 아메바나 유글레나 같은 단세포 원생동물이 진화하기 시작했다. 그러다 이들 단세포 생물들이 집단을 이루어 더 복잡한 조류와 무척추 동물을 형성하기 시작했다. 드디어 어류와 같은 척추동물이 나타났다.
5억 년 전	식물들이 육상으로 진출하기 시작했고, 무척추 동물이 이들을 뒤따랐다. 나중에 일부 척추동물이 양서류로 진화하여 육지에 살게 되었고, 이들 일부는 다시 파충류로 진화했다.
2억 1천만 년 전	공룡의 전성기였다.
1억 4500만 년 ~ 6300만 년 전	식물과 곤충과 척추동물은 각각 개화식물과 벌과 포유류로 진화했고 그 시야에 공룡은 멸종했다.
200만 년 전	마침내 인류가 등장하였고, 최근 100년 사이에 엄청나게 지식과 기술을 발전시켜 이렇게 137억 년의 우주의 역사를 재구성하고 되돌아보는 경지에까지 이르렀다.

무한할 것 같은 이 우주도 수명이 있다. 앞으로 50억 년 정도 지나면 태양은 부풀어오르는 적색 거성이 되어 지구를 다 태울 것이다. 이 우주도 시간이 더 지나면 무한 확장하면서 절대무로 희석될지도 모른다. 지구와 태양의 기원이 오랜 별의 잔해물인 것을 생각하면 어쩌면 우리는 노화한 별들의 자손이자 핵융합의 부산물인 핵폐기물이라고 할 수도 있다. 이것이 바로 우주와 우리의 역사이자 순환 과정이다.

137억 년 된 우주의 역사를 불과 한쪽 남짓 되는 분량으로 정리하는 이 순간 나는 이 우주와 하나 되는 무한한 일체감과 편안함을 느낀다. 그와 동시에 하나의 근원적 의식이 절대무에서 시작하여 지금의 정교한 우주로까지 스스로를 계속 재창조^{재조직}하면서 즐기고 있다는 강렬한 느낌이 든다. 이렇게 우주의 진화과정을 보고서도 아직도 우주는 단순히 무생물이라고 주장할 수 있는가. 이 우주는 우주심^{우주 의식}이 추는 장엄한 춤이자 거대한 생명의 흐름이다.

이번에는 다음 페이지에 표를 살펴보자. 표에서 육체와 마음이 에고에 해당하고 영혼과 우주심이 참 나에 해당한다고 볼 수 있다. 개별적인 존재로서 우리는 이러한 우주 의식의 한 부분적 표현이다. 마치 내 몸의 한 세포가 세포로서의 개별적 생명을 누리면서도 나라는 전체 생명에 참여하고 기여하는 것과 같다. 그런데 간혹 세포 하나가 전체와 조화되기를 거부하고 무한 성장하는 경우가 있다. 그것이 바로 암이다. 세포는 억제되지 않으면 무한 증식하다가 결국 주인과 자기를 동

의식 수준	특징	대상 분야
물질 (material)	물리적 법칙에 따르는 의식 수준이다. 최소한의 의식이 내재함에도 불구하고 종래에는 의식이 없다고 인정해왔던 수준이다.	화학, 물리학
육체 (body)	감정과 본능이 주가 되는 의식 수준이다.	생물학, 의학
마음 (mind)	자의식(自意識, 에고, 나라는 생각)이 생기고 언어와 상징을 이해하고 활용하는 의식 수준이다.	심리학
영혼 (soul)	자기 초월과 달관이 특징이며, 인간으로서의 의식 성장은 최고 단계지만 아직 완전한 해탈에 이르지 못한 단계라고 할 수 있다.	종교, 신학
우주심 (Spirit, cosmic conscious ness)	완전한 깨달음에 도달한 상태로 신성 또는 우주와 완전히 합일된 상태라고 할 수 있다. 이 의식은 최고 수준의 의식이면서도 모든 존재가 생겨나는 바탕 의식이기도 하다. 그래서 초월과 무소부재(無所不在, ubiquitous)의 상반되는 속성을 동시에 가진다. 노장 사상의 도가 이에 해당한다.	신비주의 (노장 사상, 선불교 등)

의식 스펙트럼
켄 윌버의 의식 스펙트럼 참고

시에 죽게 한다. 마음의 암 세포가 바로 에고다. 자기만 알고 자기만 위해 살다가 결국 저도 죽고 전체도 죽인다.

바닷물이 하나의 물방울로 증발되어, 이 지구 곳곳을 여행하다 마침내 바다로 돌아와 하나가 된다. 마찬가지로 우리도 우주 의식에서 모두 나로 분리되어 삶이라는 여행을 다니고 삶이라는 꿈을 꾼다. 하지만 우리는 형상적으로는 분리되어 보이지만, 무의식^{참 나}으로는 항상 이 우주^{우주 의식}와 하나다. 우리 몸은 100조 개의 세포가 있고, 각 세포의 모습이나 기능도 그 수만큼이나 다양하다. 그런데 이 100조 개의 세포가 원래는 단 하나의 수정란에서 비롯된 것이다. 즉, 일一이 다多가 된 것이다. 우주 의식이라는 일이 우리라는 다를 만든다. 그런데 왜 우주는 일에서 다가 되려고 할까. 이 우주는 창조의 경험을 즐기기 때문이다.

장황하게 참 나를 설명하긴 했지만 참 나를 생각으로 이해하는 것만큼 어리석은 것은 없다. 그것은 메뉴판으로 음식을 대신하는 것과 같다. 참 나는 에고가 사라지는 만큼 자연스럽게 경험하게 되며, 모든 존재의 근원이다. 내가 보기에 궁극적 삶의 의미란 바로 이것이다. 참 나의 안내에 따라 '삶의 여행'을 충분히 경험하고, 참 나의 지도에 따라 '삶의 꿈'에서 맡은 배역을 충실히 수행하면 마침내는 내가 바로 '참 나'임을 깨닫게 된다. 따라서 삶의 과정을 충실히 따를 때 자연스레 참 나를 만나고 경험하게 될 것이다.

나는 삶의 목적을 3단계로 나눈다. 생존과 성공과 초월이다. 우리는 개체 생명으로서 일단 먼저 생존해야 한다. 그다음 작은 꿈에서 시작하여 가장 큰 꿈까지 다 이루어보아야 한다. 그리고 마지막으로 나를 초월한 나를 만나야 한다. 인간의 가장 기본적 욕구는 자기 초월의 욕망이며, 이것이 바로 종교적 욕망의 근원이다. 종교적 욕망이란 결국 '나를 넘어선 나'를 만나는 것이다. 바로 이 나가 참 나다. 참 나를 진정으로 아는 방법은 참 나에 관해 생각하는 것이 아니라, 참 나가 되는 것이다. 그럼 어떻게 하면 참 나가 될 수 있을까? 먼저 다음 그림을 보자.

무의식의 빙하

의식과 무의식은 흔히 빙하로 묘사된다. 수면 위에 드러난 부분이 의식이고, 잠겨서 보이지 않는 부분이 무의식이다. 빙산의 일각이란 말이 있듯, 무의식은 의식보다 훨씬 거대하다. 무의식은 우리의 행동과 사고와 반응의 98퍼센트를 결정한다.

삶의 매순간 우리는 내부에서 판단이 떠오른다. 이런 내부의 판단은 내부 대화self-talk, 혼잣말, 속생각의 형식으로 끊임없이 떠오른다. 물론 많은 사람들이 자신의 내부 대화를 의식하지 못하지만, 그렇다고 내부 대화가 없는 것은 아니다. 이 내부 대화가 바로 내 안의 에고가 끊임없이 만들어내는 판단이다. 한마디로 이것은 참 나의 소리를 가리는 내 안의 소음이다. 참 나의 소리를 듣고 참 나가 되기 위해서 먼저 에고의 소리를 꺼야 한다. 어떻게 해야 이 소음을 끌 수 있을까? 그것이 바로 무판단이다. 무판단의 길이 바로 참 나를 만나고 참 나가 되는 지름길이다. 이에 관해서는 다음 장에서 자세히 다룰 것이다.

참 나란 나라는 존재의 근원적 행복과 모든 가능성의 근원이기도 하다. 참 나의 속성은 집중, 몰입, 합일, 평화, 창의성, 행복, 건강, 모험, 초월, 영원한 관찰자, 조화, 창조, 생명과 존재의 근원, 나를 넘어선 존재 일반에 대한 관심과 사랑, 직관, 통찰, 수용, 일체감 등이다. 나는 강의와 상담과 치료를 통해, 영성^{참 나의 속성}이 없이 존재할 수 있는 것은 아무 것도 없다는 것을 확실히 알게 되었다. 육체적 질병은 에고에 갇힌 참 나의 외침이고, 삶의 고뇌는 참 나의 소리를 듣지 않기 때문에 생긴다. 진정한 건강과 행복과 성공과 종교는 모두 참 나에 근거할 때 가능하다. 그러니 어찌 참 나를 버리고 삶을 제대로 살 수 있으랴.

● ● ● ● 에고에 의지하는 삶은 돛을 접은 채 노를 저어 태평양을 건너는 배와 같다. 마음의 돛^{무판단}을 펴면 바람^{참 나}의 무한한 힘을 얻으리.

판단 내려놓기_
나를 넘어 나에게로 가는 길

내부 표상의 노예가 아닌 주인으로 살기

나의 EFT 워크숍과 상담에서 수천 명의 사람들이 EFT로 감정을 지우자 내부 표상이 바뀌었고, 그 결과 육체 증상이 사라지고, 신념이 바뀌고, 행동이 바뀌었다. 오랜 요통과 두통과 생리통이 사라졌고, 할 수 없다는 생각이 할 수 있다는 생각으로 바뀌었고, 대인 공포증 환자가 자유롭게 사람을 만나게 되었고, 사물을 보는 관점이 바뀌었다. 이 모든 것들이 감정과 내부 표상이 바뀐 결과들이다. 다시 강조하지만 이 모든 변화들은 세상이나 몸 자체가 변화한 것이 아니라, 그저 나의 내부, 즉 내부 표상과 감정이 변화한 결과다. 이렇게 우리는 모두 외부 세계라는 어떤 원료를 재료로 각각의 주관적 경험을 창조한다.

우리가 모두 서로 다른 경험 세계를 창조하는 하나의 원인은 모두가 한계나 제약을 갖고 있기 때문이다. 이 제약에는 크게 3가지가 있다.

첫째, 신경학적 제약이다.

우리는 오감의 감각기관으로 세상의 정보를 받아들인다. 문제는 이때 개별 감각기가 필터로 작용한다는 점이다. 우리는 적외선과 자외선 너머의 빛은 보지 못한다. 소리도 한정된 주파수 범위 밖의 진동은 듣지 못한다. 예컨대 52헤르츠에서 최대 2만 헤르츠 사이의 진동수만을 들을 수 있다. 이렇게 우리의 모든 감각은 제한되어 있다. 그래서 우리는 총체적인 현실을 이 제한된 감각으로 마치 매우 좁은 관이나 틈새를 통해 밖을 내다보듯이 보는 것이다.

둘째, 사회적 제약이다.

우리는 사회의 구성원으로서 사회가 공유하는 필터의 제약을 받는다. 대표적인 사회적 필터가 언어다. 예를 들어 존비법이 없는 영어 사용자에 비해 존비법이 있는 한국어 사용자인 한국인들이 나이나 지위에 민감해지는 것은 당연하다.

셋째, 개인적 제약이다.

우리는 각자의 개인적 성장 환경과 경험을 갖고 있다. 이런 것들이 누적되면 개인적 기호, 습관, 신념, 호오, 가치관을 형성하게 된다. 문제는 많은 사람들이 이런 자신만의 개인적 제약을 보편적인 것으로 착각해서 타인과 사회에 강요한다는 점이다. 가부장적인 아버지나 계몽주의적인 독재자가 특히 좋은 예다.

이런 제약과 한계 이외에도 외부 세계라는 재료는 3가지의 방식에 의해서 가공되어 일종의 패턴을 형성한다. 우리의 무의식은 항상 정보를 패턴화시키려는 속성이 있고, 다음이 그 3가지 패턴 형성 방식이다.

첫째, 삭제.

아날로그 음원을 MP3로 만들면 파일 부피가 대폭 줄 듯이, 우리는 정보의 양을 축소시켜 파악하려는 습성이 있다. 예를 들어 혼잡한 장소에서 친구와 대화를 할 때, 우리는 친구의 말소리 이외의 잡음들은 걸러 보낸다. 이렇게 삭제는 세상을 우리가 감당할 만한 용량으로 축소시키는 중요한 역할을 하지만, 때로 고통을 일으키기도 한다. 내가 만난 모든 우울증 환자들은 전부 인생에서 행복했던 때가 없었다고 한다. 또 만성 통증에 시달리는 환자들은 전부 한 번도 안 아픈 적이 없었다고 한다. 비관적인 사람들은 세상이 너무나 살벌한 곳이라는 생각에 주변에서 관심과 애정과 도움을 주는 많은 사람들이 보이지 않는다.

둘째, 왜곡.

왜곡이란 사물과 현실의 의미를 바꾸는 것을 말한다. 왜곡은 창의적인 사람들에게서 특히 많이 볼 수 있는 패턴화 방식이다. 새로운 것을 창조하기 위해서는 현실의 의미를 바꿀 수 있어야 하기 때문이다. 그런 의미에서 위대한 작가나 예술가들은 모두 왜곡의 전문가들이다. 하지만 왜곡이 다음과 같이 고통을 줄 수도 있다. 전날에 부부 싸움을 한 김 과장은 이날 저녁 아내의 기분을 풀고 화해하기 위해서 꽃과 케이크를 사들고 들어갔다. 이를 본 아내가 대뜸 한마디 한다. "잘한다. 그깟 걸로 대충 넘기려고 그러지?" 그럼 선물 사주는 것이 잘못한 것인가? 우리 속담에 '바늘방석에 앉아 있는 것 같다'는 말이 있는데 인도에서는 이와 비슷한 못 침대가 수행의 도구로 쓰이며 이런 수행이 깨달음에 이르는 방식이다. 이렇게 똑같은 바늘의 고통도 우리가 부여하는 의미에 따라 다르게 느껴진다.

셋째, 일반화.

한두 번의 경험으로 모든 것이 항상 그럴 것이라고 생각하는 것으로 일반화는 학습의 중요한 도구가 되기도 한다. 뾰족한 것에 몇 번 찔리고 나면 우리는 모든 뾰족한 것에 주의를 기울이게 된다. 또 곳곳의 문은 다 다르고, 이 문들을 다 아는 것은 아니지만, 우리는 이 문들을 보자마자 열 줄 안다. 이것도 이미 경험한 몇 개의 문을 통해 일반화된 문의 내부 표상을 갖고 있기 때문에 가능한 일이다. 반대로 일반화가 재앙을 초래할 수도 있다. 어렸을 때 왕따를 당한 사람은 모든 사람이 자기를 괴롭힌다고 생각한다. 교통사고를 경험한 한 여성은 차만 타면 불안해서 3년째 운전을 못한다. 조루나 불면증이나 기능적 말더듬도 대체로 무의식의 일반화된 경험 때문이다.

● ● ● ● 우리는 나의 내부 표상의 노예가 될 것인가 아니면 나의 내부 표상의 주인이 될 것인가?

꿈을 통해 내부 표상 관찰하기

앞서 해석이 내부 표상이라고 했는데, 해석, 내부 표상, 감정과 판단의 상호 관계에 대해 좀 더 자세히 설명해보자. 필요하다면 앞에 나온 '무의식의 특성'을 다시 한 번 살펴보라. 일단 다음 도식에 주목해보자. 사물에 대한 우리의 인식과 행동이 어떤 기전으로 일어나는지 이 도식이 잘 설명해 준다.

오감의 외부 정보 입력 → 내부 표상오감의 내부 이미지이 떠오름 → 언어적 해석판단 → 감정의 발생 → 신체 반응이나 행동이 나타남

오감의 외부 정보가 입력되면 우리는 이에 바로 반응하는 것이 아니라 일단 이와 관련된 과거의 내부 표상을 떠올리고 이에 따라 해석판단하거나 행동한다. 다음의 관련 사례를 보자.

워크숍에서 핸드폰을 꺼내 물었다.

필자 _ 이것이 무엇인가요?

참가자들 _ 핸드폰이오.

필자 _ 혹시 여러분 중에 이 핸드폰 이미 보신 분 계세요?

참가자들 _ 아니요.

필자 _ 그러면 처음 보는데 이것이 어떻게 핸드폰인 줄 아세요?

참가자들 _ 핸드폰 같이 생겼으니까요.

필자 _ 그럼 만일 여러분이 핸드폰을 한 번도 본 적이 없는 아프리카 원시 부족의 사람들이라면 이것을 무엇이라고 생각할까요?

참가자 1 _ 보석이오.

참가자 2 _ 도끼요.

참가자 3 _ 금속 조각이오.

필자 _ 자, 그렇다면 동일한 물건인데 아까는 핸드폰이고, 지금은 보석이나 도끼나 금속 조각이 되네요. 그럼 이것이 핸드폰인 이유는 핸드폰에 있나요, 아니면 내 안에 있나요?

참가자들 _ (갸우뚱거리면서도) 내 안에요.

이 사례에서 핸드폰을 핸드폰이라고 판단할 수 있었던 이유는 바로 내 안에 핸드폰의 이미지^{내부 표상}가 있었기 때문이다. 그래서 참가자들은 "핸드폰 같이 생겼으니까요"라고 말하고 핸드폰이라고 판단할 수 있었던 것이다. 반대로 핸드폰의 내부 표상이 전혀 없는 토인들은 이것을 판단하지 못해 보석이나 도끼나 금속 조각이라고 판단하게 되는 것이다. 따라서 우리가 무엇을 이해한다는 자체가 그것과 관련된 나의 내부 표상을 보는 행위인 것이다. 다시 한 번 강조하지만 우리는 사물 그 자체를 보는 것이 아니라, 그것으로 인해 생겨나는 내부 표상을 본다. 이것이 우리가 사물과 세상을 이해하는 방식이다. 위의 핸드폰 사례를 도표에 맞게 다시 설명해보자.

낯선 핸드폰의 모습이 시각으로 입력 → 내가 본 핸드폰들의 모습[내부 표상]이 떠오름 → 이 핸드폰과 내부 표상과 비교하여 핸드폰이라고 판단

핸드폰은 이해로 끝나지만 감정과 신체 증상이나 행동까지 나타나는 사례를 좀 더 보자. 앞에서 나온 개구리 공포증의 경우를 살펴보자.

실제 개구리를 봄 → 과거에 본 손바닥만 한 개구리[내부 표상]가 떠오름 → '죽을 것 같다'는 판단 → 심장이 쿵쾅거림[신체 반응] → 개구리를 피함[행동]

이제 이 사람이 EFT로 감정을 지운 다음의 변화를 살펴보자.

실제 개구리를 봄 → 손가락만 한 개구리의 모습[내부 표상]이 떠오름 → '잡아서 던지면 된다'는 판단을 내림 → 몸이 편안함[신체 반응] → 개구리를 그냥 지나침[행동]

내부 표상이 우리의 이해와 판단과 행동을 결정하지만, 아쉽게도 가

장 큰 문제는 우리가 내부 표상을 경험하고 있다는 사실을 잘 인식하지 못한다는 점이다. 우리는 내부 표상을 보면서도 세상 자체를 보고 있다고 착각한다. 이것이 바로 에고의 투사가 가능한 이유이기도 하다. 우리는 보인다는 이유로 세상이 원인이라고 생각하지만, 그 보이는 것이 내 안에 있다는 사실은 보지 못하는 것이다. 그래서 나의 내부 표상의 세계를 보는 것이 내가 세상을 살고 이해하는 방식을 확인하는 좋은 방법이 된다.

EFT를 생활화하게 되면 문득문득 나의 판단의 근거가 되는 내부 표상을 직접 보게 된다. 이 외에도 내부 표상의 세계만을 경험할 수도 있으니 꿈이 바로 그것이다. 내부 표상이 어떤 모습인지를 알고 싶으면 나의 꿈을 생각하면 된다. 한마디로 꿈이 바로 나의 내부 표상의 세계다. 따라서 꿈에는 나의 인생을 해석하는 많은 정보가 있다.

한 내담자가 일주일째 기분 나쁜 꿈을 꾼다고 호소해서 어떤 꿈이냐고 물었다.

내담자 : 남의 물건이 탐나서 훔쳐오면 자꾸 부서지거나 고장나요.

필자 : 좀 더 구체적으로 말해보세요.

내담자 : 어제는 제가 옆집 할머니가 아끼던 카메라가 탐나서 훔쳐왔는데, 집에 가져오자마자 필름이 끝없이 흘러내렸어요. 자꾸 감으려고 해도 계속 흘러내리기만 했어요. 그 상태에서 꿈이 깼어요.

필자 : 그 꿈은 인생관을 보여주네요. 남이 가진 것을 부러워하고 빨리 가지고 싶어해요. 그래서 어떡하다 그것을 가지게 되어도, 막상 내 것이 되면 더 이상 아무런 만족감을 느끼지 못해요. 한마디로 남이 가진 것을 자꾸 빨리 갖고 싶어하다가도 무엇이든 막상 내 것이 되면, 아무런 만족감이나 감사함을 못 느껴서 허무감과 불만에 빠져요. 맞나요?

내담자 : 선생님, 정말 점쟁이 같이 기막히게 맞히네요.

독자 여러분도 어떤 인생관과 내부 표상을 갖고 있는지 알고 싶으면, 자주 꾸는 꿈의 의미를 분석해보라.

● ● ● ● 꿈이 내부 표상이다.

내부 대화를 잠재우는 무판단

꿈이 내부 표상을 직접 경험하는 것이라면, 내부 대화^{혼잣말, 속생각, self-}^{talk}는 에고가 내부 표상에 따라 끊임없이 판단하는 것이다. 꿈이 현실과 상관없이 꾸어지듯이, 내부 표상과 현실과 상관없이 일어나기도 하고, 이에 따라 내부 대화도 쉬지 않고 일어난다. 오만 가지 생각을 한다는 속담이 있듯, 실제로 우리는 하루에 4만 5천~5만 5천 번의 생각을 한다고 한다. 2초에 한 번 꼴로 생각을 일으키는 셈이다. 이런 내부 대화가 어떻게 일어나는지 한번 보자.

"저 여자는 왜 저렇게 뚱뚱해?"

"저 차는 왜 긁혔어? 주인이 관리를 하지 않는구먼."

"이 집 밥은 오늘따라 왜 이렇게 맛이 없어. 약간 짜증이 나는군."

"저 아가씨의 빨간 미니스커트는 왜 저렇게 길어. 좀 더 노출해야 해."

"저 기상 캐스터 복장은 왜 저래. 정말 촌스럽군."

"이 일은 될까? 안 되면 어떡하지?"

"요즘 들어 왜 이렇게 돈이 안 들어오지. 뭔가 좋은 건수가 없을까?"

"왜 또 저인간은 TV에 나와서 설쳐대고 그래."

"세상은 왜 항상 이 모양이지."

"점심은 뭘 먹지? 어제 먹었던 자장면은 너무 느끼했는데."

이렇게 매일매일 경험하는 사건과 상황과 사람들 속에서 내 안의 목소리가 속삭인다. 내 안의 목소리는 하루 종일 투덜거리고 불평하고 비난하다가, 어쩌다 맘에 드는 것을 만나면 잠시 기뻐하고, 다시 익숙한 투정 놀이에 빠진다. 내 안의 목소리가 부리는 투정에 따라 다양한 감정도 같이 일어난다. 분노, 슬픔, 미움, 걱정, 두려움, 죄책감, 수치심, 공포 등. 이것이 바로 우리를 움직이는 에고의 정체이며 그 에고는 내부대화, 벽글씨, 생각, 신념 등의 형태로 표현된다.

진정한 영혼은 말하지 않으며 에고의 침묵 속에서만 본질이 드러난다. 에고의 기쁨은 순간이며 착각이고 영원한 고통 속에 나를 빠뜨릴 뿐이다. 진정한 기쁨과 행복은 오직 영혼^{참 나}에서만 온다. 그러니 이제 진정한 나와 세상의 참된 본질에 직면하고 경험하기 위해 내 안의 모든 잡소리를 끄는 법을 배워야 한다. 물론 한 번에 다 되지는 않지만 우리가 계속 우리 안의 목소리를 지워나갈 때 마침내 온 세상과 나 자신을 있는 그대로 보고 경험하게 된다. 이제 세상과 나의 본질을 직면하고 나의 무의식의 모든 가능성을 발휘하기 위해 내 안의 목소리를 내려놓는 법을 배워야 한다. 이것이 바로 무판단^{no-judging}이다.

기원전 3세기에 지구의 동쪽과 서쪽에서 대규모 토목사업이 시작되었다. 동쪽 중국에서는 5천 킬로미터의 만리장성을, 서쪽 로마에서는 무려 15만 킬로미터의 가도를 만들었다. 둘 다 국가 방위를 위한 것이었지만 한쪽은 이민족의 왕래를 차단했고, 다른 한쪽은 이민족의 왕래를 촉진했다. 그런데 아이러니한 것은 외적을 막기 위해 성을 쌓은 진나라는 외적이 아니라 성 쌓기에 지친 백성들의 민란으로 오히려 망했다. 하지만 로마는 '모든 길은 로마로 통한다'는 속담이 생길 정도로 사방으로 길이 뻥뻥 뚫렸지만, 거의 1200년 이상 이 세상 어느 제국보다 오래 존속했다.

동서의 역사를 통틀어 성을 쌓은 국가들은 많았지만 결국 성만 남기고 모두 사라졌다. 우리 내부의 폭군인 에고도 수많은 '생각과 판단'의 벽돌로 스스로를 보호하기 위해 엄청난 규모의 성을 매일 죽을 때까지 쌓고 있다. 이 큰 성으로 '세상의 변화와 타인의 생각'이라는 이민족을 모두 막아버려 안전한 듯 느껴지면서도 성 한쪽에서는 항상 공허함과 원인 모를 불안함이 엄습한다. 외부의 적이 들어오지 않는데 왜 그럴까? 알 수 없는 일이다. 시간이 지나면 결국 우리의 영혼이라는 백성은 외부의 적이 아니라, 폭군 에고를 위해 성을 쌓느라 너무 지쳐서, 아니면 성 안에서 고립되어 보급이 끊겨 죽어가게 된다.

● ● ● ● 무판단이 내부 대화를, 더 나아가 에고를 소멸시키는 최상의 방법이다.

깨달음은 집착에서 벗어나는 것

세상의 많은 사람들이 깨달음을 얻겠다고, 다시 말해 해탈, 구원, 천당, 극락, 열반, 진리 등 궁극의 그 무엇을 얻기 위해 모든 인생과 노력을 바친다. 그러나 종종 깨달음에 미쳐 차라리 깨달음이 없느니만 못한 삶을 살아가는 것을 보기도 한다. 도대체 깨달음이란 무엇일까? 깨달음을 간단히 정의하는 것은 하느님을 정의하는 것만큼 까다롭고 어려운 일이지만, 어쨌든 한 번 시도해보자.

깨달음은 한마디로 초탈detachment의 상태다. 좀 더 구체적으로 무엇을 초탈한다는 것일까? 삶에 대해서 절대적이고 영원한 진리로 보아왔던 관념들과 판단들에서 벗어나 그것들을 일시적이고 주관적으로 보는 것이다. 그것뿐이다.

눈에 보이는 현실에 대한 믿음이 완벽해서 전혀 한 치의 의심도 없던 어느 날, 뭔가 예기치 못한 중대한 일이 생긴다. 이제 갑자기 현실의 의미도 감각도 달라진다. 분명히 이 현실은 냉정하고 엄정하게 그대로 인데도, 다시 말해서 엄연한 현실hard facts은 눈에 보이는 그대로이고 의심의 여지가 없는데도 갑자기 현실이 무릎을 꿇고 현실을 새롭게 이해하게 된다. 이것이 바로 초탈의 시작이다. 그럼 구체적으로 깨달음의 의미가 무엇인지 알아보자.

첫째, 깨달음은 주체성과 절대 독립의 길이다.

초탈을 통해 한 인간이 자신의 진실을 발견할 때, 세상에는 아주 위험한 일이 일어난다. 스승이나 지도자나 부모나 종교인들이 제시하는 사실을 맹목적으로 받아들이기를 거부하는 사람은 사실상 이 사회에 가장 위험하다. 갑자기 그는 더 이상 어느 스승에게도 무릎 꿇을 필요가 없다. 지금까지 그를 지배해왔거나 지배하려는 어떤 사람도 이런 일이 일어나기를 바라지 않는다. 그의 행동이 고정되고 예측 가능한 생각의 모델 위에 기초하고 있지 않다면, 그들이 어떻게 그를 지배할 수 있겠는가? 그들도 그럴 수 없다는 것을 안다. 그는 더 이상 이 세상의 선생들이라는 사람들이 미끼로 던지는 아름다운 겉모습에 현혹되지 않는다. 그는 더 이상 구원의 열쇠가 된다고 하는 타인의 독단에 솔깃하지 않는다. 그는 자신의 힘으로 굴레를 벗고 자유를 따냈다. 그는 더 이상 세상에 지배당하지 않는다.

둘째, 깨달음은 철저한 자기 체험이다.

세상이 말하지 않는 진실이 한 가지 있다. 당신의 깨달음의 열쇠는 당신이 쥐고 있다는 것이다. 그 열쇠는 당신의 뜻에 따라 언제라도 쓸 수 있다. 나의 밖에서 답을 찾는 것을 멈추고, 한 번도 잃은 적이 없는 그 힘을 지금 당장 내 안에서 되찾아라. 세상과 제도가 여전히 여러분이 찾기를 바라지 않는 그 힘을……. 하지만 먼저 한 가지만 명심하도록 하자. 깨달음을 얻고 싶다면 대가를 지불해야 한다. 어떻게? 자신의 길을 스스로 찾아서 가야 한다. 깨달음을 정의해준다고 누구나 깨닫는 것은 아니다. 그저 이해하는 데 좀 더 도움을 줄 뿐이다. 깨달음은 생각이 아닌 체험으로 얻고 느끼는 것이다. 그러니 기꺼이 자신의 체험을 바칠 각오를 하는 것이 좋다.

셋째, 깨달음이란 판단하지 않거나 판단에 대한 집착을 내려놓는 것이다. 한마디로 무판단이 깨달음의 길이다.

이런 일이 있었다. 한 미국인이 민주당원이 되어 큰 활동은 하지 않아도 자랑스럽게 "나는 민주당이야"라고 말하곤 했다. 반면에 그의 장인은 열렬한 공화당원이어서 둘이 만나면 꼴사나운 토론판이 벌어지기 일쑤였다. 거의 10년 넘게 정치 얘기만 나오면 서로 비꼬고, 고함 치고, 욕하기도 했다. 만날 때마다 토론을 피하려고 아무리 노력해도, 관련되는 말이 약간이라도 언급되면 곧장 싸움이 벌어졌다. 그러다 민주당원이었던 사람이 두 정당 모두에 넌덜머리가 나서 무소속을 선언하자 놀라운 일이 생겼다. 정치 관련 주제가 자주 거론되어도 장인과 전혀 토론을 벌이지 않게 되었고 어느 정당을 방어하거나 공격하는 대화도 모두 사라진 것이다. 그가 민주당원이라는 이름표판단를 떼버리는 순간 모든 것이 아무 노력 없이도 저절로 바뀌었다. 판단을 내려놓을 때 누구와 다툴 필요도, 굳이 지켜야 할 것도 사라지는 것이다.

넷째, 깨달음이란 모든 독단과 독선에 의문을 제기할 줄 아는 것이다. 한때 내 친구 하나가 탐탁찮은 종교 단체에 뜻밖에 가입했다. 얼마 지나지 않아 그의 행동이 다소 이상해졌고 곧 그는 거의 모든 주변 사람들과 멀어졌다. 만나는 사람마다 자신의 종교에 가입할 것을 강권하고 거부하면 심지어 악담마저 퍼부었기 때문이다. 그러다 드디어 그가 나를 만나러 왔다. 다소 격렬한 토론을 한 후에 그에게 질문을 하나 했는데 이것이 그에게 엄청난 충격과 공포를 주었다. "아마 내가 틀렸을지도 몰라. 네가 믿는 모든 것이 진실이고 내가 믿는 모든 것이 거짓인지도 몰라. 물론 나는 그렇게 생각하지는 않지만, 최소한 그럴 가능성은 있다고 인정할게. 그런데 혹시 너도 나처럼 이렇게 생각해볼 수는 없겠니?" 그 순간 그가 잠시 멍한 표정을 짓더니 금세 화난 얼굴로 벌떡 일어서며 외쳤다. "절대 못해!" 그후 몇 년이 지나서야 우리는 다시 만나 종교적 믿음에 관해 대화할 수 있었다. 그 친구가 그 종교 단체의 속박에서 벗어나는 데 딱 그만큼의 시간이 걸린 것이다. 내가 그때 대화를 상기시키자 주변 사람들이 그에게 의심을 불어넣으려 노력할 거라는 경고를 그 단체에서 받았다고 말했다. 그런 사람들은 사악하고 절대 믿어서는 안 된다는 말도 들었다고 했다. 결국 그에게 자신이 틀렸을 수도 있다는 가능성을 제시하는 것만으로도 나는 그의 적이 되어버린 것이다.

환상의 세계일수록 의문의 여지가 없는 법이다. 왜냐하면 의문에 금방 무너질 테니까. 자유와 깨달음을 얻으려면 먼저 모든 독단과 독선에 의문을 가질 줄 알아야 한다. 우리의 생각에 의문을 갖는 것이 우리 스스로가 만든 심리적 감옥에서 벗어날 수 있게 도와준다. 우리의 판단에 의문을 갖기 시작할 때 비로소 변화가 가능하다. 그때까지는 어떤 제도에 있건 그 제도는 결코 난공불락이다. 난공불락의 장애물을 돌파하고 삶에 진정한 변화를 일으키려면 우리의 노력 대상을 객관적 환경이 아니라 우리 내부의 판단들이다. 불행하게도 우리의 판단은 단순한 판단이 아니라 사실로 보이기 때문에 의문을 제기하는 것이 만만한 일은 아니다.

다섯째, 깨달음이란 집착에서 벗어나는 것이다. 몇 년 전의 일이다.

그때 나는 꽤 고급차를 하나 샀다. 그 당시에 그 차는 내게 '꿈의 자동차'였고, 수시로 몸소 세차하고, 왁스칠하고, 혹시라도 긁힐까봐 되도록 다른 차와 멀리 떨어진 곳에 주차했다. 내 차에 절대로 어떤 일도 일어나면 안 된다고 생각했다.

그러던 어느 날 이런 나의 어리석은 집착을 깨닫고, 아내에게 하루 종일 차 걱정만 하는 내가 어리석은 것 같다고 고백했다. 바로 그 순간 '꿈의 자동차'는 '그냥 차'로 변했다. 나는 갑자기 스스로 편안해졌고, 차에 대한 관심과 노력이 주는 만큼 오히려 차를 더 잘 쓰게 되었다. 한마디로 차에 대해 초탈의 즐거움을 느낀 것이다.

하지만 아뿔싸 일이 생겼다. 어느 날 문짝이 바로 옆에 있던 기둥에 쾅 부딪친 것이다. 나는 부리나케 달려가 문의 상태를 점검했다. 부딪친 부분이 10센티미터 정도 움푹 들어가버렸다. 그러자 얼마 전까지 '그냥 차'가 이제 다시 '꿈의 자동차'로 돌변했고, 나는 폭발했다. 온갖 감정이 다 튀어 올라왔다. 사실 내가 한동안 '그냥 차'라고 하긴 했지만 실제로 완전히 믿은 것이 아니었던 것이다. 이 방법은 내 차를 보는 또 다른 관점이긴 했지만, 진정 내가 옳다고 여긴 것은 아니었던 것이다. 왜 그럴까? 차를 아끼는 집착의 감정이 완전히 사라지지 않았기 때문이다. 이렇게 집착하는 감정이 완전히 사라질 때 진정한 초탈, 즉 깨달음이 가능하다. 이것이 깨달음의 또 다른 의미다.

여섯째, 깨달음은 끝없는 과정이다. 바둑판은 361칸의 돌 놓는 자리가 있으므로 모든 칸을 채운다고 하면 361 팩토리얼이 된다. 대충 10 뒤에 0이 700개 이상 붙은 엄청나게 큰 수다. 게다가 361 곳을 다 두기 전에 끝날 수도 있고, 상대의 돌을 따먹게 되면 다시 빈칸이 늘어나게 되므로, 또다시 무한한 변수가 생긴다. 한마디로 바둑의 수는 무한하고 따라서 바둑의 모든 수를 안다는 것은 불가능하다. 이렇게 인간이 만든 바둑 하나도 다 알기 힘든데, 어찌 정신적 성장에 끝이 있으랴. 그러니 바둑을 평생 공부해도 모르는 것처럼 정신적 성장도 평생 해도 모르는 것이다. 그저 끝없이 새로운 깨달음을 추구하면 끝없이 좋음을 느낄 뿐이다.

장자와 무판단의 길

나는 20여 년 동안 장자와 노자에 심취에 그것을 연구해왔다. 처음 장자를 볼 때의 충격은 지금도 잊을 수가 없다. '장자처럼 이렇게 자유롭게 살 수도 있구나. 나도 장자처럼 살아야겠다.' 이런 생각을 20여 년간 해온 결과가 바로 이 책이다. 그런데 처음에는 그렇게 영감을 주던 장자가 어느 순간에는 고통의 근원으로 바뀌었다. 마치 자유를 맛본 노예처럼 장자의 삶을 엿보았지만, 아직 내 삶이 변화되지 않았기에 두 삶의 괴리가 너무 컸고, 그 고통도 너무 컸다. 한마디로 천국을 맛보았지만 여전히 지옥에 머무는 사람의 심정이라고나 할까.

하여간 그 와중에서도 부지런히 장자같이 살려고 노력하고 방법을 찾았다. 20여 년간 목숨과 재산을 다 걸고, 명상과 기공 수련도 하고, 온갖 철학도 섭렵했다. 그러나 제일 마지막에 만난 도구가 EFT였고, EFT를 통해 장자의 삶을 사는 가장 확실한 방법은 무의식을 이해하고 변화시키는 것이라는 것을 알게 되었다.

장자의 삶은 한마디로 '망아忘我'의 삶이다. 망아의 아란 에고를 의미한다. 장자의 가르침을 한마디로 요약하면 이렇다. '에고의 집착에서 벗어나면 모두 다 저절로 되리라.' 그렇다면 어떻게 에고의 집착에서 벗어날 것인가? 나는 그 방법을 에고의 판단을 내려놓는 것, 즉 무판단에서 찾았다. 에고란 지금까지 역설한 대로 언어로 표현되는 환상이다. 에고는 보이지 않는 거대한 장막 뒤에 숨어 끊임없이 명령을 내린다. 이것이 바로 우리의 속생각내부 대화. 마음의 벽글씨. 혼잣말. self-talk이다. 이것을 또한 판단이라고도 한다.

에고 자체를 지울 수는 없다. 왜? 환상이고 존재하지 않으니까. 하지만 에고의 판단을 지울 수는 있다. 판단이 지워지는 만큼 에고도 줄어들고 사라진다. 그럼 판단을 어떻게 지울 것인가? 판단과 감정은 한 동전의 양면과 같은 사이임을 명심하라. 판단 뒤에는 감정이 있고, 감정 뒤에는 판단이 있다. 그러니 감정이 생길 때마다 끊임없이 EFT를 하다 보면, 어느새 그만큼 세상과 나에 대한 판단이 줄어들 것이다.

이렇게 EFT를 통해 판단을 줄여서 무판단의 경지에 이를 때, 장자의 삶이 가능하다는 통찰과 결과를 얻었을 때 그 누구보다도 기뻤다. 하지만 그 기쁨을 같이 할 사람은 아무도 없었다. 그만큼 나만의 고독한 길이었다. 이제 그 고독을 책을 통해 독자와 공유함으로써 더 많이 함께 자유와 가능성을 경험할 수 있기를 바란다.

마지막으로 무판단으로 얻을 수 있는 이득에 대해 알아보자. 이득은 에고가 가장 많이 애용하는 말이긴 하지만, 사실 진정한 이득은 오직 참 나만이 줄 수 있다.

첫째, 무판단은 새로운 삶을 살게 해준다.

많은 사람들이 반복^{패턴화}되는 실수와 고난에서 벗어나지 못해 고생한다. 그들의 내부 대화는 패턴화되어 있고, 이 패턴이 바로 그들의 삶이 되는 것이다. 무판단은 바로 이 패턴을 지워나가는 과정이다. 지워나가는 만큼 새로운 삶을 살게 될 것이다.

둘째, 무판단은 건강의 길이다.

누적된 과거 사건의 감정이 쌓여, 육체적 질병이 된다. EFT를 하면 할수록 진실이라고 느낀다. 한마디로 감정 쌓이면 병 생기고, 감정 풀리면 병이 낫는다. 정신박약인 사람들 가운데는 암에 걸린 사람이 별로 없다. 그들은 정신능력이 떨어지는 만큼 정신적 스트레스도 덜 받기 때문이다.

셋째, 무판단은 깨달음과 평화의 길이다.

EFT로 나를 가두는 판단을 지울수록 내 안의 평화와 만물에 대한 일체감을 느낀다. 실패와 죽음의 두려움보다는 지금 여기에 있는 가능성과 행복에 집중하게 된다. EFT를 배운 수많은 사람들이 건강해지고 행복해졌다. 나는 사람들이 EFT로 행복해지고 가능성을 발휘하는 것을 보는 것이 기쁘다.

넷째, 무판단의 상태에서 무의식의 역량을 최대한 발휘할 수 있다.

무의식의 특성에서 설명하는 무의식의 힘은 사실 모두 참 나에서 비롯되는 것이다. 참 나는 우주의 창조적 에너지이자 생명력이기 때문이다. 무판단으로 에고를 지우는 만큼 무의식의 역량을 최대한 발휘하게 된다. 무판단으로 에고의 집착을 벗을 때, 모두 저절로 되는 경지를 경험하리라.

참고로 내가 EFT로 몇 년간 무판단을 추구해온 과정을 간략하게 소개하려 한다. 나는 처음 장자를 만나고, 이후에 EFT를 만나면서 무판단이 장자의 경지에 도달하는 가장 핵심 요소임을 알게 되었고, 꾸준히 EFT를 하면서 판단을 내려놓았다.

첫째, 내부 대화 지우기다. 일상생활에서 내 안에 귀를 기울이고, 내부 대화가 올라올 때마다 EFT를 하면서 지워나갔다.

둘째, 과거 사건 지우기다. 부정적 과거 사건이 떠오를 때마다, EFT로 지워나갔다.

셋째, 습관적으로 수시로 말 없이 두드리기다. 특별히 적용할 주제가 없을 때에는 말 없이도 그저 습관적으로 타점을 두드렸다. 나는 이것을 '침묵 EFT'라고 이름 붙였다.

이렇게 EFT를 적용한 결과는 다음과 같다.

첫째, 부정적 신념이 사라지고 쉽게 긍정적 신념을 갖게 되었다. 나는 어렸을 때 궁핍하게 자란 관계로 돈에 대해 부정적인 생각이 많았고, 이로 인해 한동안 경제적 어려움과 꽤 심했다. 그때에는 돈을 생각하면 답답하고 억울한 느낌만 들었다. 하지만 EFT로 부정적인 생각이 사라지면서, 점차 돈은 무의식의 기대에 맞게 들어온다는 것을 알게 되고, 무의식이 바뀌자 돈이 여기저기서 들어오기 시작했다. 또 사회에 대한 비판 의식도 심해서 항상 사회와 세상에 대한 분노의 감정이 강했는데, 점차 세상을 내가 변화시킬 수 있다는 믿음과 평화가 생겼다.

둘째, 건강이 좋아졌다. 나는 과거에 만성 스트레스 탓에 극심한 항강증^{뒷목 결림}으로 심한 고생을 했었지만 어느새 사라졌다. 또 복숭아 알레르기가 심해서 25년 이상 복숭아를 먹지 못했다. 복숭아 소리만 들어도 온몸이 간지러울 지경이었다. 그러다 재작년에 과일 가게를 지나다 복숭아가 눈에 띄었는데, 신기하게도 정말 탐스럽게 보이는 게 아닌가. 그래서 직관적으로 혹시 복숭아 알레르기가 나은 것 같아서 한 상자를 사서 먹었더니 전혀 증상이 나타나지 않았다. 이후 2년 동안 복숭아만 보이면 상자째로 사서 실컷 먹었다. 또한 알고 보니 세상에서 제일 맛있는 과일이 복숭아가 아닌가. 종종 경험하는 현상인데, 꼭 그 증상에 EFT를 적용하지 않아도 꾸준히 EFT를 해서 과거의 판단을 지워나가다 보면, 이렇게 부수적으로 다른 증상들이 한꺼번에 좋아지기도 한다.

셋째, 확언이 다 이루어졌다. 미래에 대한 긍정적인 목표인 확언이 잘 이루어지지 않는 근본 이유는 무의식적 저항인 꼬리말 때문이다. 무판단이 되면 꼬리말이 생기지 않는다. 꼬리말이 없는 확언은 100퍼센트 실현된다. 무판단 상태에서는 '집착 없는 집중' 상태가 된다는 것을 확실히 경험하게 되었다.

● ● ● ● 무의식^{참 나}은 저절로의 세계다. 무판단으로 에고의 간섭이 사라지는 만큼 모두 저절로 된다.

무판단에 내맡기면 모두 저절로 된다

때마침 가을장마가 와서 온갖 냇물과 강물이 황하로 밀려든다. 흙탕물이 넘실넘실 흘러넘쳐 강 맞은편의 소가 소인지 말인지 구분이 안 될 정도다. 이에 황하의 신인 하백^{河伯}은 의기양양해져서 세상에서 자기가 최고라고 생각했다. 그러다 계속 동쪽으로 흘러 마침내 북쪽 바다에 이르게 되었는데, 가던 방향을 아무리 보아도 끝이 없었다. 하백은 그제야 멍하게 사방을 두리번거리다 바다의 신인 북해약北海若을 보고 말했다.

"속담에 '하룻강아지 범 무서운 줄 모른다'더니 제가 이 하룻강아지입니다. 겨우 하루살이의 식견으로 온갖 잘난 체를 다 하다니! 일찍이 예수의 사랑과 석가의 깨달음과 공자의 인仁도 우습게 아는 사람이 있다는 말을 듣고 도저히 믿기지 않았습니다. 그런데 지금 저는 세상의 그 누구보다도 당신이 훌륭하고 헤아릴 수 없을 만큼 위대하다는 것을 이 두 눈으로 똑똑히 보았습니다. 제가 여기까지 오지 않았더라면, 길이 길이 대도를 아는 사람의 웃음거리나 될 뻔했습니다."

북해약이 대꾸했다.

"우물 안의 개구리에게 바다를 말해줄 수 없는 것은 우물 안에 갇혀 있기 때문이네. 여름 벌레에게 얼음을 알려줄 수 없는 것은 한 철밖에 살지 못하기 때문이네. 옹졸한 지식인들에게 도를 깨우쳐줄 수 없는 것은 전문 지식에만 얽매이기 때문이네. 그런데 이제 자네는 강의 테두리를 벗어나 바다를 보고, 스스로의 한계를 깨닫게 되었으니, 큰 이치를 함께 이야기할 만하겠네.

이 세상의 물 가운데 바다보다 큰 것은 없네. 바다는 온갖 강물이 언제 쏟아져 들어와도 넘칠 줄 모르고, 태양이 끊임없이 졸여도 마를 줄 모르네. 또 봄 가을이 바뀌어도 변함이 없고, 장마나 가뭄도 모르니, 강물과는 비교할 수 없는 어마어마한 수량을 갖고 있기 때문이지.

하지만 그렇다고 나 스스로 크다고 자부하지도 않네. 형상적으로는 더 큰 하늘과 땅 사이에 있을 뿐이며, 무형적으로는 동일한 음양의 기운을 받았을 뿐이네. 조약돌 한 개와 작은 나무 한 그루가 거대한 히말라야 산에 있는 것과 무슨 차이가 있겠는가. 이렇게 항상 무한한 것에 나를 비추어보니, 어찌 스스로 크다고 자부하는 마음이 생기겠는가.

더 나아가서 지구는 또 은하계의 한 별에 불과하니, 소라 하나가 큰 연못 속에 있는 것과 비슷하지 않을까. 중국도 천하의 한 조각에 불과하니, 크다 한들 창고 속의 볍쌀 한 알과 다를 것이 뭐가 있겠는가. 이 세상의 모든 사물을 일컬어 만물萬物이라고 하는데, 인류는 만물 중의 하나이며, 만물은 그중의 또 하나일 뿐일세. 그러니 만물 중의 개인이란 큰 말의 많은 털 중의 한 오라기 정도일 뿐이네. 인간의 역사도 양심적 지식인의 고뇌도 영웅호걸들의 업적도 결국은 모두 인간 세상의 조그만 일에 지나지 않는다네. 예수의 사랑이니 석가의 깨달음이니 공자의 인이니 하지만, 자네가 스스로 자부하던 것과 무엇이 다른가."

"그러면 객관적인 관점에서 지구를 크다고 하고 털끝을 작다고 하면 옳을까요?"

"과연 그럴까. 만물의 크기가 무한대에서 무한소까지 한계가 있을까. 시간이란 영원한 흐름이니 그침이 있을까. 인간이 판단이 완전무결하여 불변할 수 있을까. 사물의 모든 처음과 끝이 영원히 고정된 것일까. 그래서 큰 지혜가 있는 사람은 항상 만물의 양 극단을 모두 살핀다네. 사물을 멀리도 또 가까이 보아, 작다고 업신여기지도, 크다고 자랑스러워하지도 않네. 크기가 양단으로 무한함을 알기 때문이지. 찰나와 영원을 하나로 알아 일이 멀었다고 답답해하지도 일이 촉박하다고 조급해하지도 않네. 시간은 영원하다는 것을 알기 때문이지.

사물은 성쇠를 반복한다는 것을 알아 잘된다고 기고만장하지도, 안 된다고 의기소침하지도 않네. 인간의 판단은 일시적이란 것을 알기 때문이지. 생사를 빚어내는 근원을 깨달아, 살아도 죽어도 안달함이 없네. 모든 끝이 다시 새로운 처음이 됨을 알기 때문이지.

인간은 아는 것보다 모르는 것이 훨씬 더 많네. 살아보지 못한 시간이 살아본 시간보다 훨씬 많네. 작은 그릇에 더 큰 것을 담을 수 없는 법이니, 인간들은 자신의 삶과 지식에만 구애되어 결국은 어떤 것도 제대로 이루지 못하네. 자 그러니 털끝이 정말 작고, 지구가 정말 크다고 할 수 있을까. 더 나아가 객관적으로 크고 작음이 존재한다고 하겠는가?"

"그렇다면 세상의 논리학자들이 모두 '무한소는 크기가 없고 무한대는 테두리가 없다'고 하는데, 이런 논리적인 말은 확실히 옳다고 믿을 수 있지 않을까요?"

"더 큰 것은 무한히 있을 수 있으니 테두리가 없다 할 것이요, 더 작은 것도 무한히 있을 수 있으니 크기가 없다 할 것이네. 크기가 없다는 것은 자로 잴 수 없는 영역이 있다는 의미이고, 테두리가 없다는 것은 숫자로 다 헤아릴 수 없는 영역이 있다는 의미가 되네. 눈에 명백하게 보이는 사물의 크기도 이렇게 불가산不可算의 영역이 있는데, 눈에 보이지 않는 것은 어떠하겠는가. 혹시 말할 수도, 생각할 수도 없는 영역이 있다고 짐작할 수 있지 않겠는가?"

"그러면 귀천이나 대소의 판단 기준은 만물이 고유의 속성으로 갖고 있는 것인가요, 아닌가요? 도대체 무엇을 기준으로 대소와 귀천 같은 판단을 내리는 것일까요?"

"도의 관점에서 보면 귀천의 차별 없이 모두 평등하고, 각각의 주관적 입장에서 보면 다들 자기가 더 귀중하고, 각각의 관찰자 입장에서 보면 모두 귀천이 정해져 있어 보이지. 대소의 판단이란 사물의 내재된 속성이 아니라, 나의 기준에 따라 정해지는 것이네. 그래서 나의 기준에 따라 만물이 다 크다고 할 수도 있고, 다 작다고 할 수도 있네. 우주의 크기를 생각하면 지구도 피 알갱이에 지나지 않고, 원자의 크기를 생각하면 털끝도 산 하나만큼 될 수도 있네. 결국 이렇게 판단의 기준은 주관적이고 판단 자체도 임시방편일 뿐이네.

쓰임새도 마찬가지로 모두가 각자의 기준이 있네. 이 기준에 따라 만물이 모두 쓰임새가 있을 수도 있고, 모두 쓰임새가 없을 수도 있네. '개똥도 약에 쓰려면 없다'고 하듯 이럴 때에는 약으로서의 쓰임새가 있는 것이 아니겠는가. 동과 서는 서로 반대이지만 서가 없는 동이 있을 수 없듯, 쓰임새의 있고 없음도 서로를 존재시키는 것이라는 것을 알면, 쓸모있고 쓸모없음도 결국 그때그때 각자의 기준에 따라 정해지는 임시방편이라 하겠지.

또 주의 주장에 관해서도 말해볼까. 모두가 타인의 주의 주장을 판단하는 기준을 이미 갖고 있네. 누가 뭐라고 하건 이 기준에 부합하면 다 옳은 것이고, 부합하지 않으면 다 틀린 것이네. 연산군 같은 폭군이나 세종대왕 같은 성군은 행동은 달랐지만, '자신이 옳다'는 기준을 가졌다는 점에서는 같았네. 그렇다면 사람들의 주의 주장이 절대적으로 옳다고 할 수 있겠나?"

"그러면 도대체 저는 무엇을 하고 무엇을 하지 말아야 할까요? 이렇게 아무런 가치 판단을 하지 않으면 사회생활이나 인간관계는 또 어떻게 해야 할까요?"

"도의 관점에서 보면 특별히 귀천과 선악이 어디 있겠는가. 이것이 '무판단'이네. 상황이나 사건이 전개되는 것에 마음을 내어 억지쓰며 집착하지 말게. 집착하면 도에서 멀어지네. 이것이 '내맡김'이네. 태양은 만물의 선악을 판단하지 않고 빛을 주네. 사방이 확 트인 바다나 사막이 아무런 경계도 한계도 없는 것처럼 만물을 두루 포용하게. 이것이 '받아들임'이네. 이렇게 '무판단'과 '내맡김'과 '받아들임'의 태도로 살아가면, 자연스럽게 모든 일이 저절로 잘될 것이네. 이것을 '저절로'의 경지라고 하네.

도의 작용에는 처음도 끝도 없지만, 만물에는 나고 죽는 것이 있네. 만물은 비움과 채움을 반복하는 것. 차오른다고 으스대거나 집착하지 말게. 가는 세월을 거스를 수도 없고, 시간이 멈추지도 않네. 만물은 줄었다 커졌다 찼다 비었다 하면서, 끝이 나면 다시 비롯되는 것. 그러니 다시 한 번 만물은 변화한다는 것도 명심하게. 지금까지 이것으로 만물의 이치와 우주의 법칙을 대략 이야기했네. 한마디만 덧붙이지. 만물이 나면 한시도 쉼 없이 내달리는 말 위에서 보이는 풍경처럼 모두 변해가네. 이 변화하는 세상에서 무엇을 하고, 무엇을 못하리? 그러니 무엇이든 원하는 것을 하게. 다만 도의 마음으로 도의 작용을 행하게."

"그럼 대체 도는 왜 그렇게 중요한 것인가요?"

"도를 깨우친 자는 반드시 만물의 이치에 통달하지. 만물의 이치에 통달한 자는 어떤 상황에서도 자유자재로 임기응변하여 해결한다네. 외부의 것에 흔들리지 않으면 외부의 것을 다룰 줄 알게 되네. 파도타기의 명수가 파도를 거스르지 않으면서 파도를 자유롭게 타듯, 이런 사람은 어떤 상황도 거스름이 없이 자유롭게 올라타고 다루네. 도에 따라 '무판단'하고 '내맡기고' '받아들일' 때 도는 모든 것을 것을 '저절로' 이루어줄 것이네. 그러니 도를 떠나 살 수 있겠는가?" -《장자》

나로부터의 자유_
나를 묶는 것은 나일 뿐

● ● ● ● 인류 역사상 가장 자유로웠던 사람은 단연 장자일 것이다. 장자의 글과 EFT를 통해 장자의 자유를 누려보자. '수용확언'과 '연상어구'로 표시된 부분 이외에도, 마음을 울리는 구절이 있으면, 소리 내어 읽으며 타점을 두드려보라.

앎과 지식으로부터의 자유

견오가 연숙을 만나서 황당하다는 듯 말했다. "참으로 도를 깨달았다고 하는 사람을 만나 그의 말을 들었는데, 너무나 황당하고 기가 차는 말들이라서, 믿기기는커녕 어이가 다 없어지더군." 이에 연숙이 말했다. "그럴 수도 있지. 한데 장님은 불꽃놀이의 장관을 볼 수가 없고, 귀머거리는 조수미의 아리아를 들을 수가 없네. 그런데 자네는 눈에 보이는 육신에만 장님과 귀머거리가 있다고 생각하는가? 눈에 보이지 않는 마음의 지혜에도 장님과 귀머거리가 있다고 생각해본 적이 없는가? 바로 자네와 같은 사람들을 일컬어 지혜가 눈멀고 귀먹었다고 하는 것이네." -《장자》

내가 아는 것이 다가 아님을 깨닫는 데에서부터 진정한 앎이 시작된다. 나의 무지를 알라.

구라가 덕망이 높은 왕예에게 물었다. "도를 아시나요?" "모르오." 질문을 바꿔가며 네 번을 연거푸 물었으나 모른다고 하자 기뻐 날뛰며 말했다. "왕예 선생도 모르는 것을 나는 알고 있어. 하하하." 그러자 옆에서 듣고 있던 혼돈이 말했다. "도라는 것이 정말 알 수 있는 것인가 아니면 알 수 없는 것인가? 알 수 있다 한들 말로 표현할 수 있는 것인가 아니면 없는 것인가? 이렇게 본다면 자네가 알고 있다고 생각하는 것이 사실은 아는 것인가 아니면 모르는 것인가? 또 그 분이 모른다고 하는 것이 사실은 아는 것인가 아니면 모르는 것인가?" 이 질문에 구라는 말문이 막혀 도뿐만 아니라 이제까지 확신해왔던 모든 것들에 대해 어느 것도 안다고 자신할 수 없게 되었고 머릿속이 온통 텅 비어버렸다. -《장자》

내가 아는 것이 정말 제대로 아는 것인지부터 점검해볼 필요가 있다. 그러니 제대로 알라.

온전한 배움은 지금까지 배워도 몰랐던 것에 대해 새롭게 배우는 것이다. 온전한 실천은 지금까지 실천할 수 없었던 것을 새롭게 실천하는 것이다. 온전한 판단이란 지금까지 분명하게 판단하지 못했던 것을 분명하게 판단하는 것이다. 따라서 온전한 배움과 실천과 판단을 이루기 위해서 기존 지식의 한계를 알아야 한다. 한계를 자각하지 않고, 기존의 지식을 고수하면, 언젠가는 자연의 섭리에 위배되어 결국 무너지게 된다. ─《장자》

제대로 알기 위해서 기존 지식의 한계를 알라.

위나라의 현인 거백옥은 나이 60이 되기까지 해마다 총 60번이나 인생에 대한 생각이 바뀌었다. 언제나 그 해의 처음에는 옳다고 여겼던 것이 해가 바뀌고 나면 틀렸다고 여겨 버리게 되었다. 그러니 지금 옳다고 여기는 것도 사실 59년 동안 틀렸다고 여겨 받아들이지 않았던 것이 아니겠는가! 세상 만물과 현상은 모두 지금은 명백하게 눈에 보이지만, 모두 어느 순간 새로이 생겨나서 변화해온 것으로, 한때는 모두 알 수 없는 무의 상태에서 비롯된 것임에 틀림없지만, 그 비롯됨을 알 수가 없다. ─《장자》

사람들은 모두 현재 자신의 앎을 믿고 의지하는데, 앎이란 수시로 모름으로 변화하여, 앎과 모름은 그저 상대적이고 일시적인 상태에 불과하다는 것을 모른다. 이렇게 자신의 앎이 앎인 것만을 알고, 앎이 사실 모름이라는 것을 모른다. 그래서 앎이 사실 모름임을 아는 것을 '참 앎'이라고 하고 '앎이 그저 앎'인 줄만 아는 이런 얕은 앎을 '큰 속음'이라 불러야 하지 않을까. 그러니 일시적이고 방편적인 앎으로 온 세상을 판단하는 짓은 그만두는 것이 낫다. 그러나 세상 사람들은 아무리 말려도 자신의 앎에서 벗어날 줄 모르니, 그들이 지금 옳게 여기는 것이 과연 천년만년 그대로일까? 안타까운 세상이여 안타까운 사람들이여. –《장자》

모든 앎^{판단과 지식}은 시간에 따라 변한다는 것을 알라. 그러니 현재의 앎에 집착하지 말라. 세상에는 자신의 무지를 모르는 유식한 자들이 가득하다. 이 세상 누구에게나 이 한 가지 사실은 명백하다. '아는 것은 알고 모르는 것은 모른다.' 하지만 이 명백한 사실을 너무나 많은 사람들이 몰라서 사고를 친다. 그래서 일부 헛똑똑 의사들은 수술이나 약 없으면 절대 안 낫는다며 온 국민을 환자로 만들고, 일부 헛똑똑 종교인들은 자기네 신을 안 믿으면 절대로 천당 못 간다고 온 국민을 죄인으로 만들고, 일부 헛똑똑 교사들은 별나서 공부 안 하는 애들을 학습 장애 아동으로 만들고, 일부 헛똑똑 정치인들은 자기들이 안 나서면 나라가 엉망이 된다면서 나라를 엉망으로 만들고, 일부 헛똑똑 부모들은 자기 아이들 출세시킨다고 과외만 시키다 정작 인생 바보로 만들고, 일부 헛똑똑 기자들은 정의감에 불타서 열렬하게 선악의 대결을 벌이다 결국 똑같은 놈들이 되고, 일부 헛똑똑 구도자들은 자기들이 진리를 안다면서 많은 사람들을 헷갈리게 한다.

차라리 이 모든 헛똑똑이들이 아는 척이나 안 했으면, 세상도 조용하고 다들 자기 인생 홀로 개척하며 잘 살았을 텐데! 옛날 어느 선승이 다음과 같이 말했단다. "부처를 만나면 부처를 죽이고, 스승을 만나면 스승을 죽여라." 이제 내가 말한다. "이 세상이 정말 구제되려면 세상을 구제한다는 사람들로부터 구제해야 한다." 잘못된 앎이 인간을 망친다. 잘못 아느니 차라리 모르는 것이 나을 때도 많다. 앎에만 집착할 때 가장 잘못된 앎이 된다.

인간이 가진 가장 큰 두려움의 하나는 '모른다'는 사실을 아는 것이다. 예를 들어 내일 시험인데, 몸이 아파서 공부를 전혀 못한 무지의 상태로 시험을 본다면, 어떤 기분이 들겠는가? 상당히 공포스러울 것이다. 바로 이런 무지의 두려움 때문에 많은 학생들이 공부에 매몰되고 때로는 공부의 괴로움으로 자살까지 한다. 그 정도로 무지는 두렵다. 이 무지에 대한 두려움이 너무나 커서, 사람들은 소위 박사나 교수나 의사나 석학의 말에 맹종하기도 하고, 어설픈 상식을 마치 진리인 양 붙들다가 패가망신을 하기도 한다. 도대체 무지는 너무나 무서운 것이라서, 모른다고 할 바에야 차라리 온갖 정치적 종교적 독단과 편견도 마다하지 않고 일단은 받아들이다 패가망신하기도 한다.

그런데 세상의 학문이라고 하는 것을 나름대로 섭렵해보니, 아무리 위대한 종교와 철학과 과학이라고 해도 별것 없었다. 어차피 인생은 뻥카드bluffing, 좋은 카드를 가진 척하기다. 누구도 진리를 모르고 심지어 진리가 존재하는지도 모르는 인생판에서 한 사람이 끝까지 자신의 말이 진리라고 천년만년 우기다보면, 그것이 진리가 되는 것이 인간 세상의 법칙이다. 이것은 마치 도박판에서 돈 없어도 판돈 올려가며 계속 '콜' 하다 보면, 결국 배짱 없는 놈이 죽어서 내가 돈을 따게 되는 것과 같은 이치다.

이렇게 막무가내 진리가 판치는 세상에서 나마저 허풍 떨고 사기 치며 살 수는 없는 일이다. 게다가 지금껏 이 세상에 진리가 부족해서 세상이 이 모양이었던 것도 아니므로 이제 다음과 같이 외친다. "이 세상은 항상 내 생각보다 크다. 나는 내가 모른다는 것을 안다. 오직 모를 뿐!" 이 '오직 모를 뿐'의 경지에서 세상을 보니, 요즘의 불경기는 그저 경기변동기로 보이고, 실패는 더 큰 성공의 씨앗으로도 보이고, 너의 잘못은 나의 부족한 생각 탓으로 보이고, '세상은 요지경'은 '내 생각은 요지경'으로 보이고, '네 탓'은 무無 탓으로 보인다. 이렇게 무지가 주는 행복과 편안함이 너무나 커서, 나는 앞으로도 죽 영원한 불가지론자다. 모름을 알고, 함이 없음을 하고, 일 없음을 일 삼아라知無知 爲無爲 事無事.

지식과 앎은 도구일 뿐이다. 칼을 잘 쓰면 요리를 잘하고, 잘못 쓰면 손을 벤다. 마찬가지로 지식과 앎을 잘못 쓰면 인생과 세상을 망친다.

그럼 내가 지식과 앎을 잘못 쓰는지 어떻게 알 수 있을까? 간단하다. 당신의 지식과 앎이 당신을 힘들게 한다면, 굳이 그것들을 마음에 둘 필요가 뭐 있는가? 이제 EFT와 확언으로 낡은 앎을 버리고, 나를 행복하게 하는 앎을 마음에 새겨보자.

➡ 수용확언　나는 내가 아는 것이 전부라고 생각하지만 마음속 깊이 진심으로 나 자신을 받아들입니다.

➡ 연상어구　내가 아는 것이 정말 전부일까? 내가 모르는 것이 혹 있지나 않을까? 내가 안다고 하는 것이 사실은 모르는 것은 아닐까? 모르는 것이 꼭 두려운 것일까? 모른다는 것을 알 때 참으로 배울 수 있지 않을까? 이제 새로운 앎의 가능성에 마음을 연다. 마음의 문이 열릴 때 필요한 것이 필요한 만큼 알려지리라.

쓰임새로부터의 자유

혜자가 장자에게 말했다.

"위나라 임금이 내게 큰 박의 씨앗을 보냈기에 심어서 박이 열렸는데, 용량이 몇 백 리터는 되는 것이 커다란 목욕통 같더군. 그런데 물통으로 쓰려고 물을 담으면 너무 무거워 혼자 들 수가 없고, 쪼개어서 국자로 쓰려니 너무 편편해서 국이 담기지 않았네. 엄청 크기만 하고 쓸모가 없어서, 쪼개어 버리고 말았네. 자네의 도라고 하는 것도 이와 같지 않은가?"

장자가 말했다.

"자네는 참으로 큰 것을 쓰는 것이 서투르군. 송나라에 물일에 손이 갈라지지 않게 하는 약을 만들어 세탁일을 하며 사는 집안이 있었네. 그들은 대대로 세탁일을 했지만, 그저 먹고사는 정도의 푼돈만 겨우 벌고 있었다네. 그러던 어느 날 한 나그네가 소문을 듣고 찾아와 몇 달치의 수입에 해당하는 돈을 내밀며 약의 제조법을 팔라고 했네. 이에 그들은 얼씨구나 하면서 팔았다네. 이 나그네는 이 비방을 얻자마자 월나라와 전쟁 중인 오나라의 임금을 만나 그 약의 효험을 설명했다네.

그렇게 하여 오나라의 장군이 된 그는 수군들의 손에 약을 발라주고 한겨울에 월나라와 수중전을 벌여 대승을 거두고는 많은 땅과 벼슬을 받게 되었네. 똑같은 약으로 한 사람은 평생 겨우 먹고살고, 한 사람은 단번에 부귀를 얻었으니, 두 사람이 쓰는 법이 달랐기 때문이네. 마찬가지로 자네도 그 박으로 놀잇배를 만들어 경치 좋은 강물에 띄워 타고 다니며 놀면 얼마나 좋았겠는가. 어찌 그저 커서 쓸데없다는 타령과 근심만 하고 있는가."

–《장자》

기존의 쓰임새에 집착하지 않으면 이 세상 모든 것에서 색다른 쓰임새를 찾을 것이다. 그러다보면 돈도 벌 수 있을 것이다. 이 세상의 위대한 사업가들이란 사실상 지금은 쓸모없는 것에서 미래의 큰 쓸모를 찾아낸 사람들이 아니던가.

송末나라 형씨荊氏라는 곳은 개오동나무, 잣나무, 뽕나무가 잘 자라는 곳이다. 한데 굵기가 한 움큼이 넘으면 원숭이 매어두는 말뚝 만드는 사람들이 베어가고, 서너 아름 쯤 되면 집 짓는 이가 마룻대감으로 베어가고, 일고여덟 아름 쯤 되면 귀족이나 부상富商들이 널판감으로 베어간다. 그러니 모든 나무들이 본래의 수명을 다 누리지도 못하고 도중에 도끼에 찍혀 죽고만다. 이것은 스스로 재목감이 됨으로 당하는 수난이다. 이마에 흰 점이 박힌 소나 코가 뒤집어진 돼지나 치질을 앓는 사람은 황하 신의 제물로 바칠 수가 없다. 무당들은 이런 것들을 상서롭지 못하게 여기지만, 신인神人, 무위의 도를 체득한 사람들은 오히려 이런 것을 크게 상서롭게 여긴다. -《장자》

얼마 전에 모 대기업의 전도유망하던 부사장이 자살을 해서 세상이 좀 시끄러웠다. 그는 뛰어난 능력으로 한동안 고속승진을 하다가 이번에 승진에서 누락되면서 자살한 것이라고 한다. 이렇게 뛰어난 쓰임새를 가진 사람도 어느 순간 쓸모없는 사람이 될 수 있는 것이 지금 세상이다. 게다가 이 사람이 평범한 쓰임새만 있었더라면 오히려 고만고만하게 장수할 수도 있었을 것이다. 그러니 세상에서 쓰임새를 인정받는 것에 너무 구애받지 말라. 세상의 쓰임새에 집착하지 말고 나 좋을 대로 살아가라.

혜자가 장자에게 말했다. "나에게 아주 큰 나무가 있는데 사람들이 떨거지나무라고 부르네. 그것의 큰 가지는 옹이투성이여서 먹줄을 칠 수가 없고, 작은 가지들은 다 뒤틀려서 쇠자를 댈 수도 없네. 그러니 길가에 있어도 목수들은 거들떠보지도 않고 지나가네. 자네의 도라고 하는 것이 바로 이와 같아서 아무도 귀 기울이지 않고 무시할 것이네."

장자가 말했다. "자네는 살쾡이와 족제비를 본 적이 없는가. 그놈들은 몸을 낮추고 숨어 나돌아다니는 작은 짐승을 기다리지. 그러다 하나 찾으면 동서남북으로 마구 날뛰면서 온갖 재주를 다해 민첩하고 교묘하게 사냥을 하지. 하지만 이런 교활하고 영악한 놈들이 뽐내며 까불지만 막상 인간의 덫과 올가미에 걸리면 꼼짝없이 죽게 되지. 반대로 저 값비싼 종자소는 마치 태산과 같이 거대하지만 쥐를 잡는 재주는 없네. 이렇게 만물은 각각의 쓰임새가 있는 것이네. 자네는 왜 이 큰 나무가 있으면서도 쓸모없다고 근심만 하는가? 만일 그 나무를 텅 빈 광막한 사막에 심으면, 쨍쨍 내려쬐는 태양을 가리는 훌륭한 가리개가 되니 그 곁에서 한가로이 거닐고 낮잠을 즐기면 되지 않겠나? 게다가 나무가 도끼날에 찍힐까 걱정할 일도, 누

가 훔치고 해칠 일도 없으니, 그 얼마나 편안한가? 어찌 세상에서 아무 쓸
모없다고 걱정만 하는가?" –《장자》

인간에게 쓸모없는 하찮은 것들도 모두 이 우주가 필요로 해서 난 것
들이다. 그러니 모든 사람과 사물이 나의 평가에 상관없이 제 각각 쓸
모가 있다는 것을 알라.

어느 날 혜자가 장자에게 말했다.
"자네의 말은 전혀 쓸모가 없네."
"쓸모없는 것을 알아야 비로소 참으로 쓸모있는 것에 관해 말할 수 있지.
이 대지는 더 없이 넓고 크지만 걸어갈 때에 필요한 것은 발을 내디딜 정도
의 크기면 되네. 그렇다고 해서 이 부분들을 다 잘라내버리면 남은 땅이 쓸
모가 있겠는가?"
"쓸모가 없지."
"그렇다면 쓸모없음이 곧 쓸모있다는 것이 확실해졌겠지?" –《장자》

쓸모있음과 쓸모없음의 구분은 상대적이다. 쓸모없는 것들이 있어야
쓸모있는 것들이 생긴다. 이 세상 모든 잘난 사람들은 자기들을 잘나
게 만든 못난 사람들에게 감사할 줄 알아야 한다.
　나는 평생 쓸모없는 짓을 많이 했다. 얼핏 한의학과 전혀 상관이 없

어 보이는 영어와 철학에 빠져서 20년을 보냈다. 다들 침법과 한약 쓰는 법을 배우러 스승을 쫓아다닐 때, 나는 철학과 한학과 영어와 역사에 빠져 살았다. 과연 이런 것들을 공부하는 것이 돈이 되고 치료에 도움이 될까? 자신할 수 없었지만 그냥 좋아서 했고, EFT와 확언과 철학을 접목시켜 강의하고 상담하고 책을 쓰다 보니 나의 가장 큰 장점으로 작용하기 시작했다. 그러니 지금 하는 일이 돈이 안 될까 너무 걱정하지 말라. 좋아서 하다보면 다 쓰일 날이 있다. 거의 20년 전에 장자의 이 구절들을 처음 보면서 '쓸모없는 것이 쓸모있는 것이다. 그렇다면 돈 안 되는 것이 돈 되는 것이다'라는 생각을 많이 했었다. 그때의 생각이 15년 정도 지나니 현실이 되었다. 인생은 요지경이고 돈이란 돌고 도는 것. 지금 돈 되는 것들이 한때는 결코 돈 안 되는 것이었다는 것을 명심하라. 절대로 돈 된다는 것과 쓸모있다는 것에 목숨 걸지 마라. 모든 돈 되는 것과 쓸모있는 것은 한때의 유행이고, 유행은 때가 되면 바뀌고 돌아오는 법이다. 인생을 즐기면서 돈을 버는 원칙을 다음 세 가지로 정리할 수 있다.

첫째, 좋아하는 일을 찾아서 즐겁게 하라.
둘째, 좋아하는 일을 잘하도록 하라.
셋째, 돈이 되는 방법으로 하라.

첫째와 둘째 조건만 만족시켜도 당신은 돈을 벌 것이다. 하지만 간혹 고흐나 이중섭처럼 예술가적 성향이 너무 뛰어나서, 유산으로 자식들만 돈 벌게 만들 수도 있다. 그럴 때에는 세 번째를 명심하라. 취미와 놀이가 돈이 된다. 그러니 열심히 놀 줄도 알아야 한다. 10여 년쯤 놀다보면 돈도 될 것이다. 지금 당장의 쓰임새에 집착하지 않으면 평생을 잘 놀면서 돈도 잘 벌 수 있다.

흥미롭게도 쓸모없는 나무의 실례가 우리나라에 있다. 2000년 '아름다운 숲 전국대회'에서 대상을 수상한 경북 울진군 서면의 소광리 금강송 숲의 면적은 서울 여의도의 6배인 1800헥타르나 된다. 이 숲에는 삿갓재와 백병산 기슭을 따라 200살을 훌쩍 넘긴 노송 8만여 그루가 하늘을 찌를 듯 우뚝우뚝 솟아 있다. 이 숲은 원래 조선 왕실의 보호림으로 왕실용 목재를 위해 소나무를 기르던 곳이다. 이곳에서 가장 나이 많은 금강송은 520살로 금강송 전시실 앞에 우뚝 서 있다. 이 노송은 어른 두 명이 팔을 벌려 껴안아도 손이 닿지 않을 정도로 굵다. 지름 96센티미터, 키 25미터인 이 금강송이 살아남을 수 있었던 까닭은 가지가 휘어졌기 때문이다. 목재로서의 가치가 없었던 덕에 벌목을 피해 이 숲의 명물이 되었다. 반면에 쭉쭉 뻗어 잘생기고 쓸 만한 나무는 진즉에 모두 잘려 궁궐이나 사찰의 기둥과 들보가 되었다.

쓰임새 있음은 현실태^{actuality, 기능이 실현된 상태}이고 쓰임새 없음은 가능태^{potentiality, 기능이 잠재된 상태}이다. 가능태가 없는 현실태는 곧 소진되기 마련이다. 하지만 가능태를 가진 현실태는 영원히 재생된다. 그러니 쓸모없이 살 줄 알라. 그러면 영원한 쓰임새를 얻으리라.

➜ **수용확언** 지금 내가 하는 일이나 나 자신이 별로 쓸모가 없는 것 같지만 마음속 깊이 진심으로 나 자신을 이해하고 받아들입니다.

➜ **연상어구** 내 일이나 나 자신이 별로 쓸모가 없다. 너무 비참하고 괴롭다. 그런데 한 송이 탐스런 장미가 피려면 수많은 썩은 거름이 필요하다. 지금 돈 되는 것들도 10여 년 전에는 존재감이 없었다. 그러니 내 일을 즐겁게 하다보면 돈도 명예도 될 수 있으리. 무슨 일이든 10년을 즐겁게 하면 전문가가 되고 돈도 번다.

➜ **확언** 즐겁게, 재미있게, 편안하게, 돈이 되게!

자만과 허영심으로부터의 자유

오나라 왕이 강을 타고 내려가다가 원숭이 산에 올랐다. 많은 원숭이가 왕을 보고 무서워서 달아나 깊은 숲에 숨었다. 한데 한 원숭이만이 도망가지 않고, 몸을 비비 꼬며 나무에 매달리기도 하고 몸을 긁기도 하면서, 왕에게 교묘한 몸놀림을 자랑했다. 왕이 활을 쏘자, 그 놈은 잽싸게 활을 잡아챘다. 그래서 왕이 신하들을 시켜 연달아 활을 쏘자 겁에 질린 원숭이는 마침내 죽고 말았다. 왕이 주위를 둘러보며 친구인 안불의顔不疑에게 말했다. "저 놈은 재주를 뽐내고, 날램을 믿고, 거만하게 굴다, 이렇게 횡사하게 되었네. 자네도 얼굴에 교만함을 드러내지 않도록 하게."

안불의는 집에 돌아오자 동오董梧를 스승으로 삼아 도를 배우고, 뽐내는 모습을 몸에서 지우고, 부귀영화도 물리쳤다. 이렇게 3년이 지나자 온 나라 사람이 그의 덕을 칭송하게 되었다. —《장자》

스스로 잘났다고 우쭐대면 온 세상을 적으로 만든다. 내가 아무리 힘이 세도 세상을 적으로 만들면 망한다. 그러니 자만하지 말라.

양자가 송나라에서 여관에 묵게 되었다. 여관 주인에게는 두 명의 첩이 있었는데, 하나는 아름답고 하나는 못생겼다. 그런데 오히려 여관 주인은 아름다운 여자보다 못생긴 여자를 더 사랑했다. 이에 양자가 까닭을 물으니 여관 주인이 말했다. "예쁜 첩은 스스로 예쁘다고 자만해 예쁘다는 생각이 별로 안 듭니다. 반면 못난 첩은 자만하지 않고 성실하니 못났다는 것이 의식이 안 됩니다." 이에 양자가 제자들에게 말했다. "옳은 일을 하되 '내가 옳다'는 마음이 없다면 어디서든 인정받지 않겠느냐?" —《장자》

모난 돌이 정 맞는다. 내가 나의 잘남을 뻐기면 뻐길수록 세상은 나의 못남을 더 찾으려 한다. 반면 잘났지만 뻐기지 않으면 그 잘남이 더욱 빛나는 법이다. 그러니 뻐기지 말라.

'내가 누군데'라는 생각을 버리기 전까지 계속 당신은 별 볼일 없을 것이다. '내가 나야'라는 생각을 버릴 때까지 당신은 별것 아닐 것이다. 세상의 이치는 신통해서 억지 쓰면 망치고, 붙잡으면 놓친다. 애착과 자만심을 느낄 때마다 계속 되새겨라, 버리고 떠나야 한다는 것을. 더 많은 나를 내던질수록 더 많은 참 나를 얻는다. 삶이란 이렇게 끝없이 나를 내던지고 벗어나는 과정이 아닐까! 여기에는 시작도 끝도 없다. 그저 영원한 과정일 뿐이다. 그래서 나는 지금 순간에도 나를 내던지려 다시 '텅 빔'을 내려다보는 낭떠러지 끝에 서 있다. 새로워지고 또 새로워져라. 비우고 또 비워라. 나를 버린 빈 마음에서 신묘함이 나온다.

➜ **수용확언** 나는 나를 내세우고 인정받고 자랑하고 싶지만 마음속 깊이 진심으로 나 자신을 받아들입니다.

➜ **연상어구** 나는 인정받고 자랑하고 내세우고 싶다. 사람들이 나를 알아주기를 바란다. 하지만 빈 마음이 기적을 만든다. 찻잔의 빈 곳에서 온갖 쓸모가 생기고 피리의 빈 속에서 오묘한 소리가 나고 마음의 빈 곳에서 신묘함이 나온다. 그러니 나를 비우고 또 비운다.

욕망과 집착으로터의 자유

　사람들은 나름의 지식을 짜내어 가장 큰 이득을 보려 하지만, 만물이 궁극에는 득도 손도 없는 하나임을 모른다. 그래서 만물의 이득과 손해를 구별하여 최대의 이득을 취하려고 자신의 마음을 쉼 없이 들볶는다. 어느 우두머리 원숭이가 자기 무리에게 도토리를 나눠주려고 "아침에 3개, 저녁에 4개씩 주겠다"고 말했다. 그러자 모든 원숭이들이 발끈 화를 냈다. 그래서 다시 "그러면 아침에 4개, 저녁에 3개씩 주겠다"고 했더니 모든 원숭이들이 밝게 웃으며 기뻐했다고 한다. ─《장자》

에고의 판단이란 기껏해야 조삼모사일 뿐이다. 지금 내가 실컷 화내고 기뻐하는 일들이 겨우 이 정도에 불과한 것이란 생각을 해본 적이 없는가. 이제 조삼모사에 불과한 에고의 판단을 모두 내려놓자.

　장자가 어느 날 넓은 들판에서 밤나무 숲 둘레의 울타리를 따라 거닐고 있었다. 그러다 특이한 까치 한 마리가 남쪽에서 날아오는 것을 보았다. 날개 폭이 사람 키만 하고, 눈의 지름이 족히 몇 센티미터는 넘을 듯했다. 그 새는 장자의 이마를 스치고 지나가 울타리 안의 밤나무 가지에 내려앉았다. 장자가 중얼거렸다. "저것은 무슨 새일까? 저 큰 날개로 이렇게 아슬아슬하게 날까? 게다가 어찌 저 큰 눈으로 사람도 보지 못할까?"

장자는 옷자락을 걷어올리고 발소리를 죽이며 재빠르게 달려가 활로 새를 쏘려 하였다. 그런데 자세히 보니 맨 앞에는 매미 한 마리가 서늘한 나무 그늘에서 생명의 위험을 잊은 채 쉬고 있었다. 그 뒤에는 커다란 사마귀 한 마리가 앞다리를 치켜들고는 매미라는 먹이에 정신이 팔려 위험을 잊고 있었다. 그 뒤에는 다시 좀전의 까치가 사마귀라는 먹이에 정신이 팔려 위험을 잊고 있었다. 이를 본 장자가 흠칫 놀라 말했다.

"이득에 정신이 팔리면 서로가 서로에게 위험이 되는구나. 게다가 그 사실마저도 잊은 채 이런 상황을 계속 불러들이게 되는구나!"

그러자 곧장 활을 버리고 몸을 돌려 뛰어나오는데 밤도둑이라고 생각한 숲지기가 나와 장자에게 욕을 퍼부었다. 이윽고 집으로 돌아온 장자는 사흘 동안이나 언짢은 기분이었다. 제자가 장자에게 물었다.

"선생님께선 무슨 일로 그렇게 언짢아하십니까?"

장자가 대답했다.

"나는 외물外物에 정신이 팔려 나 자신을 잊었다. 다른 외물에 정신이 팔린 외물에 나 스스로 정신이 팔렸고, 그 외물은 다시 다른 외물에 정신이 팔려, 이렇게 모두 스스로를 잊고 있었다. 세상과 나의 이런 모습이 너무 언짢은 것이다." - 《장자》

세상의 많은 사람들이 돈이나 명예와 같은 이득에 정신이 팔려 정작 더 중요한 것, 즉 목숨이나 참 나를 잃고 있다고 생각하지 않는가. 장자도 잠시 그러했을진대, 바로 이것이 대부분의 인간과 세상의 모습이 아닐까. 소중한 것을 먼저 찾아라.

국경의 요새 가까운 곳에 점을 잘 치는 노인이 살고 있었다. 어느 날 그의 말이 이유도 없이 도망하여 오랑캐 땅으로 들어갔다. 사람들이 한순간에 말을 잃게 된 노인을 위로하자, 그 노인이 말했다.

"이것이 어찌 꼭 나쁜 일이라고만 하겠는가?"

몇 달이 지난 뒤, 그 말이 오랑캐의 준마를 이끌고 돌아왔다. 사람들이 기뻐하며 이 일을 축하하자, 그 노인이 말했다.

"이것이 어찌 꼭 좋은 일이라고만 하겠는가?"

그의 아들이 말타기를 좋아하여, 이 말들을 타다가 떨어져 다리가 부러졌다. 사람들이 다 위로하자, 그 노인이 말했다.

"이것이 어찌 꼭 안 좋은 일이라고만 하겠는가?"

1년이 지나자 오랑캐들이 요새로 크게 공격해 들어왔다. 장정들은 모두 나가 활을 당겨 싸웠다. 요새 가까이에 사는 사람들 10명 중 9명은 죽었다. 그런데 아들은 다리가 낫지 않아 싸우지 않았기 때문에 부자가 모두 무사했다. 그러므로 복이 재앙이 되기도 하고, 재앙이 복이 되기도 하여, 인생의 변화는 끝도 알 수 없고, 그 깊이도 다 잴 수가 없다 故福之爲禍 禍之爲福 化不可極 深不可測也. —《회남자》

길흉화복은 바람이나 물처럼 항상 흐르고 변화하는 것. 그러니 잘된다고 너무 으스대지 말고 안 된다고 너무 기죽지 말라. 기죽다가도 어깨 펼 날 오고, 으스대다가 코 깨질 날이 온다. 길흉화복에 일희일비하는 것은 에고의 판단일 뿐이다. 길흉화복을 넘어 경험 자체가 삶의 목적이다.

➡ **수용확언** 나는 지금 너무 손해보는 것이 아닐까 억울해하지만 마음속 깊이 진심으로 나 자신을 이해하고 받아들입니다.

➡ **연상어구** 지금 이 일이 손해가 아닐까? 이 상황이 손해가 아닐까? 나는 끊임없이 계산한다. 이런 마음이 바로 에고다. 하지만 에고는 진정한 이득을 모른다. 세상만사 새옹지마라고 하듯 복이 재앙이 되기도 하고 재앙이 복이 되기도 한다. 인생의 변화는 그 끝도 모르고 깊이도 다 잴 수 없다. 그저 마음 비우고 있는 그대로 누리다 보면 저절로 다 이루어지는 법이다.

➡ **확언** 삶 자체가 축복이고 이 우주가 선물이다. 그저 있는 그대로 받아들이는 것이 잘 사는 비결이다.

삶의 고뇌로부터의 자유

꿈에 술을 마시며 즐거워했던 사람이 아침에는 섭섭해서 운다네. 꿈에 울며 슬퍼한 사람은 아침이 되면 즐거운 마음으로 사냥하러 나간다네. 우리가 꿈을 꿀 때는 그것이 꿈인 줄 모르지. 심지어 꿈속에서도 해몽을 하니까. 깨어나서야 비로소 그것이 꿈이었음을 알게 된다네. 드디어 크게 깨우치면 우리의 삶도 한바탕 큰 꿈이라는 것을 알게 될 것이네. 그러나 어리석은 사람들은 자기들이 항상 깨어 있는 줄 알고, 주제넘게도 시시콜콜 아는 체하지. 공자도 자네도 다 꿈을 꾸고 있으며, 내가 공자나 자네가 꿈을 꾸고 있다고 말하는 것도 역시 꿈일세. 이런 말이 괴상하기 그지없게 들릴 테지만 만세萬世 후라도 이 뜻을 아는 큰 성인을 만난다면, 그 긴 시간도 아침 저녁에 불과한 것처럼 짧게 여겨질 것일세. -《장자》

내 삶은 내가 꾸는 꿈이며 우주는 하나의 큰 의식이 꾸는 꿈이다. 자다가 악몽에 시달릴 때에는 악몽 속에서 괴물을 퇴치하느라 애쓰기보다 그저 꿈에서 빨리 깨어나는 것이 최선책이다. 마찬가지로 삶이라는 꿈에서 빨리 깨어나는 것이 삶의 고뇌에서 벗어나는 최선책이다. 삶의 고뇌는 사실이 아니라 우리가 만든 해석解, 의미임을 먼저 깨달아라.

내가 재수나 삼수할 때의 일이다. 그때가 내 인생에서 가장 힘든 때였다고 기억한다. 아버지는 류머티스 관절염으로 전신 관절이 다 퉁퉁

붓고 아파서 거동도 잘 못하고, 동생은 가출해서 행방이 묘연하고, 엄마는 신장병으로 복막투석을 하면서도 생계를 위해 구멍가게를 꾸려가고 있었다. 한마디로 집안이 풍비박산이 되기 일보 직전이었고, 사는 것이 너무 고통스러워서 차라리 무슨 일이라도 일어나 이 짓을 빨리 그만두었으면 하는 마음밖에 없었다.

왜 이런 상황에서 꼭 대학을 가야 할까라는 생각이 마음에 가득했다. 하지만 그나마 우리 가족 중에서 나밖에 멀쩡한 사람이 없었으므로, 나마저 흔들리는 모습을 엄마에게 보이고 싶지 않았다. 그래서 무작정 나를 고문하는 마음으로 공부에 열중했다. 그 당시 공부는 나에게 삶의 고뇌를 잊기 위한 고문의 방법이었다. 3~4시간밖에 자지 않고 일요일에도 쉬지 않고 무작정 공부했다. 삶의 고통을 잊기 위해서 공부라는 더 큰 고통을 택한 셈이었다. 내 가족과 내가 왜 이런 고통을 당해야 하나 하는 울분 때문에 하루에 블랙커피만 6~7잔씩 마셔댔고, 이가 갈리는 심정으로 갖고 있는 플라스틱 볼펜 뒤 꼭지를 모두 우걱우걱 씹은 탓에 필통에 든 펜들이 늘 너덜너덜 해질 정도였다.

그러던 어느 날 학원에서 여느 때처럼 나만의 고행^{공부}을 하다가 너무나 미치게 죽고 싶은 생각이 들어서 무작정 옥상으로 올라갔다. 그때가 여름이었던 걸로 기억한다. 울분과 고뇌에 찬 심정으로 사방을 둘러보는데, 마침 옆집의 옥상에서 아기와 엄마가 평상에 앉아 쉬는 모습이 눈에 들어왔다. 이제 막 걸음마를 시작한 듯 아기가 아장아장 걷고 엄마는 그 옆에서 방긋 웃고 있었다. 그것을 보는 순간 갑자기 이런 생각이 뇌리를 강타했다. '이 고통도 죽으면 끝날 것이다. 하지만 스스로 죽는 것은 비겁하다. 언제든지 이 고통은 끝날 수 있다. 경기가 안 풀린다고 선수가 기권하지 않듯 나도 인생을 기권할 수는 없지 않은가! 죽지 않고 더군다나 힘들게 공부하며 살기로 결정한 것은 나다. 나도 힘들게 버둥거리지 않고 저 아이처럼 한가롭게 살 수도 있다. 그러니 어쨌든 이 고통과 노력은 내가 선택한 것이다.'

이렇게 내가 이 고통을 선택했다는 생각이 온몸을 내리치는 순간 내 눈에 눈물 한 방울이 맺혔다. 이 눈물 한 방울로 그때의 고통과 고뇌가 모두 사라졌다. 이후에도 나는 여전히 블랙커피를 마시고 볼펜 꼭지를 씹어댔지만, 마음은 훨씬 한가롭고 그저 내 삶에 전념하게 되었다. 객관적 상황에 아무런 변화가 없어도 삶이란 때때로 이렇게 내면의 변화만으로도 호전될 수 있는 법이다. 이처럼 관점의 변화만으로도 삶이 바뀐다.

잠을 자다가 너무나 무서운 꿈에 가위 눌려 도저히 감당할 수 없을 정도로 고통스러웠던 순간이 없었는가. 두려움 속에서 소리 지르고 식은땀 흘리며 내달리다가 문득 이런 생각이 들지는 않았는가. '이렇게 무섭고 고통스러운 것을 보니 이것은 사실일 리가 없어. 이건 분명 꿈일 거야.' 아마 바로 그 순간 꿈에서 깨고 안도의 한숨을 쉬게 될 것이다. 삶도 마찬가지다. 고통과 고뇌가 극한에 달하는 어느 순간 '이 고통이 사실일 리가 없어' 하는 깨달음이 종종 생기기도 한다. 고통이 절정에 달해, 에고가 더 이상 도움을 주지 못할 때가 되어서야, 우리는 영혼의 진실한 울림을 들을 수 있기 때문이다. 그렇다면 고통은 무엇일까?

첫째, 고통은 해석하기 나름이다. 티베트 사람들은 수천 킬로미터 떨어져 있는 수도 라사를 향해 순례길 따라 절을 하느라 매일 무릎과 이마가 깨지지만 항상 해탈의 웃음을 띠고 즐거워한다. 인도의 고행 수도 요기들은 못 침대에 누워 있거나 살가죽을 바늘로 뚫어 하루 종일 매달린 채 시간을 보낸다. 고통의 의미가 고통을 바꾼다. '고통+의미=기쁨'이며 '고통+무의미=더 심한 고통'이다. 삶은 의미 체계이며 고통도 내 삶에서 의미의 한 표현일 뿐이다. 내가 삶에 부여하는 의미가 바뀔 때 고통의 느낌도 변화하는 것. 고통이 그저 고통뿐이라면 내가 이 고통에 어떤 의미를 주고 있는지를 다시 한 번 생각해보라.

둘째, 넌더리가 나서 관심을 두지 않을 때까지 이 고통은 지속된다.

셋째, 고통이 절정에 달하면 고통 그 자체와 내가 분리된다. 바로 이것이 고행의 의미다. 이 순간을 넘어서도 지속되는 고통은 소모적이다.

넷째, 변화가 없거나 절정에 다다른 즐거움은 도리어 고통이 된다.

이것을 쾌락역전의 법칙이라고 한다. 중산층 주부들에게 많이 보이는 우울증은 더 이상 가질 것은 없지만 그렇다고 뭔가를 새롭게 시도하기는 두려운 심리상태 탓에 생기는 경우가 많다. 그러니 살 만하다고 너무 좋아할 필요도 없다. 고통도 즐거움도 다 지나간다. 모두 변화한다.

➡ 수용확언 나는 지금 이 삶이 너무나 버겁고 힘들고 고통스럽지만 마음속 깊이 진심으로 나 자신을 이해하고 받아들입니다. 이 삶의 고뇌에 숨겨진 의미와 선물이 있음을 이해하고 받아들입니다.

➡ 연상어구 1 당신이 고통 속에 있다면 고통에게 보내는 의미를 다시 받을 것이다. 무엇을 받고 싶은가?! 받고 싶은 것을 보내라. 삶은 의미이고 고통은 의미의 표현이다. 무가치한 고통은 무가치한 의미를 표현하는 것. 그러니 이 고통 속에서 뭔가 배워라. 용광로의 열기는 쇠를 강화시키고, 인생의 고통은 나를 단련시킨다. 모든 고난에는 숨겨진 선물이 있고 모든 고통에는 숨겨진 의미가 있다. 이윽고 선물과 의미를 찾을 때 웃게 되리라.

➡ 연상어구 2 고통스러워도 안심하라. 모든 고통은 에고의 것. 힘들어도 너무 힘들어하지 마라. 고통스러워도 너무 고통스러워하지 마라. 고통이라는 불꽃 속에서 타버리는 것은 에고라는 껍질뿐이다. 고통의 불꽃이 강할수록 에고는 확실하게 타버릴 것이다. 이윽고 에고가 다 타버리고 고통의 치열한 불도 더 이상 땔감이 없어 꺼지면 순수와 온전함의 알갱이만이 남을 것이다. 이제 다 타고 남은 나는 누구인가?

진리와 시비로부터의 자유

꼬치꼬치 캐묻기 좋아하는 구라가 도를 닦는 침묵에게 물었다.

"당신은 만물에 보편타당하게 적용되는 진리를 아시나요?"

"내가 어찌 알겠나?"

"그러면 당신이 이렇게 무지하다는 것은 혹시 아시나요?"

"그것도 내가 어찌 알겠나?"

"그렇다면 진리를 아는 것 자체가 불가능하다는 말인가요?"

"그것도 내가 어찌 알겠나? 하지만 임시방편으로 말해보겠네. 먼저 이 말부터 들어보게. 내가 모른다고 하는 것이 사실은 아는 것이 아닐까? 또 반대로 내가 안다고 하는 것이 사실은 알지 못하는 것은 아닐까? 사람들은 축축한 곳에서 자면 온몸이 찌뿌드드해지고, 허리가 쑤시고 반복되면 고질병에 걸려 몸을 못 쓰게 되네. 하지만 물에 사는 미꾸라지도 그런가? 사람은 높은 나무에 올라가면 벌벌 떨려서 어쩔 줄을 모르는데 원숭이도 그렇던가? 이 셋 가운데 누가 진정 알맞은 거처를 안다는 말인가?

사람은 가축의 고기를 맛있게 먹고, 사슴은 부드러운 풀을 즐겨 먹으며, 뱀은 지네를 맛있게 먹고, 올빼미는 쥐를 즐겨 먹네. 과연 이 넷 가운데 누구의 맛이 옳으며 또 누가 맛을 제대로 알고 있는가? 이와 마찬가지로 모든 사람들이 주장하는 선악과 시비는 그저 각자의 입맛에 맞는 것에 불과하다고 생각하네." — 《장자》

내가 믿는 것만이 진리이고 남이 믿는 것은 거짓이라는 생각이 나의 모든 판단과 행동을 정당화시킨다. 그럴 때 나의 진리는 종종 타인에게는 끔찍한 폭력이 된다. 인류 역사에서 모든 전쟁과 폭력은 바로 나의 진리를 타인에게 고집하는 데서 비롯되었다. 그래서 나는 진리라는 말을 그다지 좋아하지 않는다. 지하철에서 '예수 천국, 불신 지옥'을 외치며 스님들에게 손가락질하는 사람들이 바로 그런 예다. 지금 이 세상에서 진리는 진리가 아니라 폭력이 되었다. 나는 장자처럼 모두가 서로의 진리를 인정하는 열린 사회가 되기를 바라는 마음으로 이 글을 쓴다.

나와 자네가 논쟁을 한다고 하세. 자네가 나를 이기고 내가 자네를 이기지 못했다면, 자네가 정말 옳고 나는 정말 틀린 것일까? 반대로 내가 자네를 이기고 자네가 나를 이기지 못했다면, 내가 정말 옳고 자네가 틀린 것일까? 이렇게 한쪽이 옳다면 다른 쪽은 반드시 틀린 것일까? 혹 둘 다 옳거나 둘 다 틀린 경우는 없을까? 자네도 나도 알 수가 없는데, 다른 사람들도 이렇게 깜깜하다면, 도대체 누구에게 부탁해서 옳고 그름을 판단할 것인가?

자네와 생각이 같은 사람에게 판단하라고 하면, 이미 자네 생각과 같으니, 그가 어찌 이것을 제대로 판단할 수 있겠는가? 나와 생각이 같은 사람에게 판단하라고 하면, 이미 나의 생각과 같으니, 또 어찌 이것을 제대로 판단할 수 있겠는가? 또 우리 두 사람과 다르게 생각하는 사람에게 판단하라고 하면, 자네나 나와 생각이 다르니, 그가 어찌 이것을 제대로 판단할 수 있겠는가? 또 우리 두 사람과 똑같이 생각하는 사람에게 판단하라고 하면, 나나 자네와 이미 생각이 같으니, 그가 어찌 이것을 제대로 판단할 수 있겠는가? 결국 이렇게 나도 자네도 그 어떤 사람도 제대로 판단할 수 없는데 또 무엇에 의지하여 판단하려 하는가? - 《장자》

어디서나 논쟁이 생기지만 논쟁으로 합의에 이르기는 힘들다. 논쟁은 종종 합의보다는 서로의 다름을 확인하는 계기가 되기 마련이다. 그러니 굳이 억지스럽게 나의 의견으로 타인을 설득하지 마라. 아무리 억지스러워 보여도 모두 자기 의견이 맞는 줄 알고 살기 마련이다. 게다가 논쟁이 필요하다면 이미 합의는 물 건너간 것이다. 마음이 통하면 첫소리만 내도 무슨 말인지 알아들으니 말이 필요 없는 법이다. 그래서 장자는 "신발이 잘 맞으면 발을 잊고, 허리띠가 잘 맞으면 허리를 잊고, 마음이 맞으면 시비를 잊는다."라고 말하지 않았는가.

"설명할 수 있는 진리는 참된 진리가 아니요, 부를 수 있는 이름은 참된 이름이 아니다道可道 非常道 名可名 非常名." 수박 맛을 모르는 사람에게 수박 맛을 설명해줄 수는 없다. 설명이 길어질수록 시원한 수박 맛이 텁텁해질 뿐이다. 하물며 수박보다 더 오묘한 것은 어떠하랴. 메뉴판은 음식이 아니고 달을 가리키는 손가락은 달이 아니며 약도가 실제 영토는 아니다. 사물의 이름이란 아무리 그럴듯해도 메뉴판이나 손가락이나 약도에 불과할 뿐이다.

　지구상의 모든 곳을 완벽하게 보여주는 지도는 없다. 이것이 지도의 한계다. 완벽이란 지구 그 자체 이외에는 존재하지 않는다. 마찬가지로 어떤 언어도 진리 그 자체일 수 없다. 진리란 오직 삶의 경험 속에 내재되어 있을 뿐이다. 그러니 스스로를 진리라고 주장하는 모든 것들은 기껏해야 진리를 가리키는 손가락에 불과할 뿐이다. 문제는 스스로가 진리라고 주장하는 순간 손가락이 진리로 착각된다는 점이다. 인류 역사상 '진리'라는 말보다 더 인간을 미혹시킨 말은 없었다. 또한 인류 역사상 '내가 옳다'라는 말만큼 불의한 행동을 정당화시킨 생각도 없었다. 그러니 명심하라. 세상에서 진리라고 외치고 일컬어지는 모든 사람과 책에게 속지 않으면 이제야 진정 진리를 경험하게 될 것이다.

　시시비비에 관해서도 한번 생각해보자. 우리의 에고는 이미 존재하는 모든 사물에 '왜'라고 묻고 따지기를 좋아한다. 이미 눈앞에 존재하는 모든 것에 '왜'라고 묻는 것만큼 어리석은 짓은 없다. 공간은 왜 있는가? 그것의 목적은 무엇인가? 이렇게 왜라고 물을수록 우리의 무의미한 정신 활동 속으로 더 빠져들 뿐이다. 아무리 신비한 현상에도, 아무리 부당하게 보이는 사실에도 '왜'는 없다. 모든 현실과 현상을 포함하는 이 우주에서 '왜'를 필요로 하는 것은 아무것도 없을 뿐더러 '왜'라고 묻는다고 해서 진실이 모습을 드러내지도 않는다. 한 어린아이가 어느 날 문득 할아버지에게 물었다. "할아버지는 눈 코 입이 나와 비슷하네. 할아버지는 왜 나를 닮았죠?" 이 세상에 왜라고 묻는 것은 바로 이 아이와 같은 짓을 하는 것이다.

"왜 세상은 이 모양이지?" "내가 왜 이 일을 당해야 하지?" "왜 대통령이 저 모양이지?" "왜 엄마 아빠는 항상 비관적이지?" "나는 왜 이렇게 키가 작지?" "왜 나만 이렇게 안 풀리지?" 이렇게 왜라고 물으면 물을수록 답답하고 억울하고 심하면 미치기까지 한다. 그러니 계속 왜라고 물으면서 미쳐가든가 아니면 왜를 내려놓고 세상과 나를 있는 그대로 인정하고 관조하면서 행복하게 살든가 둘 중 하나를 선택할 수 있을 뿐이다. 이제 여기서 앞의 질문들을 반대로 바꿔보자. '왜 안 되지'를 넣어 보는 것이다. "세상이 이 모양이면 왜 안 되지?" "대통령이 저 모양이면 왜 안 되지?" "엄마 아빠가 비관적이면 왜 안 되지?" "내가 키가 작으면 왜 안 되지?" "나만 이렇게 안 풀리면 왜 안 되지?" 자 기분이 어떤가? 어떻게 물었든 현실은 전혀 변한 것이 없다. 하지만 기분은 확실히 다르지 않은가! 그렇다면 아직도 '왜'라고 물으면서 그 느낌을 계속 느끼고 싶은가? 이 우주는 이대로의 모습이어야 할 뿐 우주가 어찌 다른 모습이 될 수 있으랴. 모든 것을 있는 그대로 받아들일 때 완전한 평화를 맛보리라.

많은 사람들이 이 세상에는 특정한 진리나 진실 또는 정답이 존재한다고 믿는다. 이번에는 이러한 진리에 관한 다양한 태도를 한번 살펴보자. 아래의 진리는 정답이나 진실로 바꾸어도 무방하다.

첫째, 어떤 사람은 진리의 존재에 대해 털끝만큼의 관심도 없다. 그냥 이렇게 반복적으로 살아갈 뿐이다. 이런 사람의 삶은 한마디로 일개미나 일벌과 같다고 할 수 있다. 무한히 성실하지만 무한히 지루하고 반복되는 삶을 무감각하게 살거나 아니면 저녁 나절 한 잔의 소주로 하루를 정리하는 인생이다.

둘째, 어떤 사람은 '진리는 존재하지만 나는 잘 모른다'고 생각한다. '나 같은 사람이 감히 어찌 진리를 알겠는가'라고 생각한다. 이 사람은 진리에 자신감이 없기 때문에 항상 헷갈린다. 내가 진리를 모른다는 것은 확실하지만 누가 진리를 아는지는 불명확하므로, 그저 유행 따라 여기저기 기웃거리며 따라다닌다. 이런 부모들이 아이들 공부시킨다면서 동네 아줌마들 따라 과외도 시켜보고, 기러기 아빠도 해보고, 집까지 팔아가면서 좋다는 학원에 보내는 것이다. 그러나 정작 아이는 갈수록 말 안 듣고 조기 유학가서 탈선하고, 결국 '국제 미아'가 된다. 그러다 결국 부모마저 '진리의 미아'나 '인생의 미아'가 되어 환갑이 넘어도 누구를, 무엇을 믿어야 할지 알지 못한다. 이런 사람들이 재테크를 할 경우, 유행 따라 부동산과 펀드 따라다니다 결국 작전 세력의 희생양이 되어, 재산이 반 토막 세 토막으로 줄어드는 것이다. 이런 사람들의 인생을 한마디로 '첩첩산중'이나 '진퇴양난'이나 '별무소득'이라고 표현한다.

셋째, 어떤 사람은 자신의 생각이 절대 진리라고 생각한다. 알고 보면 그의 생각은 오류투성이이고 많은 사람들이 반대하지만, 이 사람은 다른 사람들이 몰라서 그렇다고 생각한다. 이런 사람의 성격을 우리는 독단과 독선이라고 표현한다. 세상에서 소위 한자리 차지했다고 우쭐대는 사람들일수록 이것에 빠져 있는 경우가 많다.

넷째, 어떤 사람은 자신의 생각이 절대 진리라고 생각하고, 또한 이에 공감하는 많은 추종자들이 그를 둘러싸고 있다. 그래서 자신의 생각에 오류가 있다는 사실을 결코 발견할 수도, 인정할 수도 없다. 집단적 착각을 공유하는 집단의 우두머리와 추종자들에게 이런 경향이 많다. 극좌와 극우와 극렬한 종교 집단 등이 이에 속한다.

다섯째, 어떤 사람은 자신이 진리를 모른다고 생각하지만 사실상 그의 생각과 행동은 진리에 가깝다. 내가 개인적으로 진정 존경하는 부류의 사람이다. 한마디로 너새니얼 호손의 소설 《큰 바위 얼굴》에 나오는 주인공과 같은 삶을 살아가는 사람이라고 할 수 있다. 자신의 생각을 진리라고 확신하지는 않지만, 진리를 탐구하고 모색하고 실천해나가는 사람이라고 할 수 있다.

여섯째, 어떤 사람은 모두가 각자의 진리를 갖고 있다고 생각한다. 그는 각자가 주장하는 진리는 달을 가리키는 손가락과 같아서, 모두의 의견이 진리성을 함유하지만, 진리 자체는 아니라고 생각한다. 메뉴판이 음식이 아니고, 지도가 영토 자체가 아니며, 달을 가리키는 손가락이 달이 아니듯, 모든 주장되는 진리가 진리는 아니라고 생각한다. 개미는 개미의 진리가 있고, 벌은 벌의 진리가 있고, 바퀴벌레는 바퀴벌레의 진리가 있고, 사람은 사람의 진리가 있을 뿐이다. 바퀴벌레의 진리가 사람에게 무슨 소용이나 의미가 있겠는가? 게다가 이 사람은 세상의 권위자들이 말하는 진리에 대해서도 바퀴벌레의 진리 이상을 부여하지 않는다. 그는 진리를 부정하지는 않지만 세상이 말하는 진리의 권위에 묶여 헤매지도 않는다. 그는 자신의 진리 속에서 자유롭고 타인도 그들의 진리 속에서 자유를 찾기를 바란다.

일곱째, 어떤 사람은 진리라는 말 자체에 극도의 혐오감을 느낀다.

그는 눈에 보이는 것만을 믿는다. 그런 것은 필요도 없고 도움도 되지 않는다고 생각한다. 그는 그저 눈에 보이는 세상에서 눈에 보이는 성공과 부만이 전부이고, 그것을 갖는 것 이외에는 아무런 삶의 의미가 없다고 생각한다. 세상에는 물질적 부를 가지고 성공을 이룬 사람과 그렇지 못한 사람이 있으며, 이런 부귀의 차별은 그저 명백한 사실일 뿐이라고 생각한다. 그래서 내가 그것을 갖는 것만이 중요하다고 여긴다. 그들의 주장에 따르면 누가 못 가졌다면 그의 운명일 뿐이고 나와는 상관없다. 내가 못 가진 것이 있다면 가지는 것이 중요하고, 타인이 못 가진 것은 자기가 알아서 해결해야 할 일에 불과하다. 따라서 세상의 차별과 불평등은 당연하고 명백한 것이다.

여덟째, 어떤 사람은 진리라고 하면 일단 정신을 못 차리고 행동한다. 그는 무엇이 진리라고 느껴지면 물불을 가리지 않고 뛰어든다. 하지만 그가 느끼는 진리가 과연 진리인지 진지하게 생각하거나 반성해 본 적은 없다. 평생을 진리라고 생각되는 어떤 것들, 즉 깨달음, 사랑, 믿음, 자유 등을 쫓아다니다 어느 순간 정말 제대로 알거나 얻은 것이 없다는 것을 깨닫고는 온통 빛이 하나도 없는 심연으로 빠지는 느낌을 받기도 한다. 그래서 간혹 과거의 삶이 부정되지 않기 위해서라도 과거의 생각과 삶을 더 정당화하면서 그것에서 벗어나지 못하는 굴레에 빠진다. 예수는 "진리가 너희를 자유케 하리라"고 했는데, 이 사람들은 진리의 노예가 되어 사는 사람들이니 어찌 이들의 진리가 진리라고 하겠는가.

여러분은 이들 중에서 어디에 속한다고 보는가. 경우에 따라 왔다갔다 하는가? 그렇게 하면 더 헷갈린다는 것을 명심하라. 당신이 생각하는 진리가 정말 진리라고 생각하는가? 각자의 진리를 인정하고, 나의 진리를 모색하고 실천해나가라. 살아가면서 가장 참기 힘든 것 중 하나가 내가 더 옳고 현명한데도 남이 내 말을 듣지 않는 것이다. 그래서 인생에서 배워야 할 가장 중요한 교훈 가운데 하나가 '내맡김' 또는 '타인의 삶을 허용하기'이다. 이와 관련해서 다음과 같이 EFT를 해보자.

➜ **수용확언** 나는 이렇게 두고만 보는 내가 답답하지만 마음속 깊이 진심으로 나 자신을 받아들입니다.

나는 이런 갑돌이가 답답하고 분통 터지지만 마음속 깊이 진심으로 나를 받아들입니다.

나는 왜 이런 인간과 한 집에서 한 나라에서 한 하늘을 이고 살아야 하는지 모르지만 마음속 깊이 진심으로 나를 받아들입니다.

어쨌든 이것이 인생이고 바로 이것을 경험하기 위해 세상에 왔다는 것도 이해하고 받아들입니다. 이런 고난 속에서 나의 저력을 알아가고 나를 발휘한다는 것을 이해하고 받아들입니다.

➡ 연상어구 모든 사람이 스스로 만든 인과의 길을 가게 하라. 많은 아이들이 부모의 말을 안 듣는다. 위험하다고 말려도 꼭 다쳐봐야 깨닫고, 이 썩는다고 단 것을 먹지 말라고 해도 이 아파봐야 깨닫는다. 어른이 되면 달라질까?

돈 떼이는 사람은 계속 돈 떼이고, 돈 떼먹는 사람은 계속 돈 떼먹고, 모 정치인은 계속 거짓말하면서 이번엔 진심이라고 믿어달라고 한다. 이렇게 어른이든 아이든 된통 당해봐야 깨닫고, 때로는 아무리 당해도 깨닫지 못하는 사람들도 많다.

고통이란 그저 반복된 실수이며 윤회란 고통의 반복이 아니라 저지른 실수를 되돌리는 과정임을 알아야 한다. 어른의 눈에 아이들의 실수가 유치하고 어리석어서 뜯어말리고 싶듯, 때때로 당신도 타인의 눈에 그렇게 보인다는 것을 아는가?

그러니 나를 포함한 모든 이들이 어리석은 실수를 통해서 지혜를 갖게 된다는 엄연한 진리를 깨닫고 모든 이들을 내버려두는 것이 바람직하다.

그리고 우리 인과의 길도 허용하라. 비록 마음에 들지 않는 인간과 내가 같은 세상에서 더불어 살아간다는 사실이 분통 터질지라도 그렇게 해야 한다. 남의 애가 공부 못하는 것은 내버려둘 만하지만, 내 아이가 못하면 분통 터진다.

이렇게 남이라고 생각하면 그나마 내버려둘 만한데, 우리라는 개념이 들어가면 감정이 개입된다. 예를 들면 이런 식이다. 오바마가 아닌 이 대통령이 잘못하면 짜증난다. 이탈리아 총리가 아닌 정 총리가 731부대를 모르면 열오른다. 다른 나라 선수가 아닌 김연아 선수가 실수하면 너무나 안타깝다.

때때로 이 땅에서 이런 인간과 함께 사는 것이 고통일 때도 많다. 하지만 그럼에도 그들을 허용해야 한다. 그것이 인생이고 그것을 경험하러 이 세상에 왔기 때문이다.

이런 우주의 쇼는 계속될 것이고 받아들이지 못하는 장면일수록 더 되풀이될지도 모른다. 지구라는 무대에 60억 명의 배우가 있는 곳이 바로 이 세상이 아닐까. 이 우주의 쇼에는 희극도 있고 비극도 있지만 한 가지 명심하라. 당신이 끔찍이 싫어하는 장면이 재연된다는 것을. 그러니 이들 장면을 거부하지 않고 나름대로의 흐름에 내맡길 때 모두 변해가리라.

다시 한 번 내맡기고 허용할 줄 알아라. 우주의 시간이 흐르고 마침내 당신은 그저 이 쇼의 배우가 아니라 감독임을, 아니 둘 다임을 깨닫게 되리라. 그러니 이 쇼를 그저 즐기며 살아가라.

➜ **확언** 나는 모든 사람의 삶의 방식과 판단을 허용한다.

형식화된 도덕과 이념으로부터의 자유

큰 도둑인 척의 부하들이 두목에게 물었다. "도둑에게도 도가 있습니까?" 척이 말했다. "어디 간들 도가 없겠느냐? 아무런 단서가 없이도 숨겨진 것을 찾는 것을 '지혜'라고 한다. 남보다 먼저 들어가는 것을 '용기'라고 한다. 남보다 늦게 나오는 것을 '의리'라고 한다. 장물의 가치를 정확히 평가하는 것을 '지성'이라고 한다. 골고루 나누는 것을 '인仁'이라고 한다. 이 다섯 가지를 갖추지 못하고 대도가 된 사람은 없었느니라."

– 《장자》

요즘 한 퇴직자가 공익을 위해 엄청난 불이익을 감수하면서까지 자신이 다니던 재벌 기업의 비리를 폭로해 화제가 된 적이 있다. 대다수는 이 사람을 격려하는데 일부는 이 사람을 배신자라고 욕하기도 한다. 이것이 배신이라면 한 도둑이 손 씻고 다른 도둑을 고발하는 것도 배신이다. 인간 세상의 의리와 도덕이란 대체로 그들끼리의 의리와 도덕인 경우가 많다. 한마디로 도둑의 의리라고나 할까. 편협한 도덕관념과 의리에서 벗어나자.

되를 만들어 물건의 용량을 엄하게 정하면 도둑들은 그 되마저 훔친다. 저울을 만들어 물건의 무게를 엄하게 정하면 도둑들은 그 저울마저 훔친다. 도장을 만들어 계약의 증거로 삼으려 하면 도둑들은 그 도장마저 훔친다. 인의仁義를 정하여 사회를 바로잡으려 하면 도둑들은 그 인의마저 훔쳐버린다. 어찌하여 그런가? 물건을 훔친 도둑은 감옥에 가지만 나라를 통째로 훔친 자는 왕이 된다. 게다가 인의를 훔친 자는 대대로 부귀를 누리는 족벌 귀족이 된다. ─《장자》

어느 나라든 야당과 여당을 보면 재미있는 현상을 자주 발견하게 된다. 서로가 반대되는 행동을 하면서 자기들은 민주주의를 지키고 있고, 상대방은 민주주의를 파괴한다고 한다. 민주주의는 하나인데 왜 행동은 둘인가. 그들은 민주주의를 지키기보다는 자신들의 행동을 민주주의라는 말로 정당화시키고 싶기 때문이다. 이렇게 세상에서 힘깨나 쓰는 사람들은 이념과 도덕을 지키기보다 자기들의 행동을 보호하고 지키는 데 그것을 이용하려 한다. 그들이 바로 '인의를 훔친 자'들이다. 그러므로 세상에서 온갖 그럴듯한 도덕과 종교와 이념을 들먹이며 떠벌리는 사람들이 혹 인의를 훔쳐 이익을 도모하는 자들이 아닌지 잘 살펴 보아야 한다. 세상에는 훔친 도덕과 이념이 난무하기 마련이니 이것에 내 인생을 바치지 마라.

송나라의 재상 탕이 장자에게 사랑이 무엇인지 물었다. "호랑이와 이리가 바로 사랑입니다." "왜 그런가?" "어미가 새끼를 사랑하여 지성으로 먹이고 재우고 키우니 어찌 사랑이 아니겠습니까?" "그렇다면 동물도 사랑이 있다 하되 그것을 넘어선 참된 사랑이란 무엇인가?" "참된 사랑은 챙겨줌도 친밀함도 없는 것입니다."

이에 탕이 격분하여 말했다. "당신은 지금 나와 말장난을 하는 것인가? 챙겨주지도 친밀하지도 않은 것이 진정한 사랑이라면 부모를 방치하는 불효도 진정한 사랑이 된다는 말인가?"

장자가 조용히 대답했다. "그렇지 않습니다. 참된 사랑은 세간에서 말하는 사랑과 효행으로 다 표현할 수 없음을 지적하는 것입니다. 태산에서 멀어질수록 태산이 작아져서 보이지 않습니다. 마찬가지로 세상 사람들은 사랑의 본질에서 너무 멀어져 참된 사랑을 보지 못합니다. 효도는 어렵습니다. 하지만 더 어려운 것은 효도했다는 사실을 잊어버리는 것입니다. 세상에 정의를 구현하는 것은 어렵습니다. 하지만 더 어려운 것은 그 일을 했다

는 것을 잊는 것입니다. 한마디로 선을 의식하지 않고 선을 행하는 것이 참된 사랑입니다. ─《장자》

진정한 사랑은 자기가 가진 것을 다 베풀면서도 드러내거나 내세우지 않아 칭찬할 수도 이름 붙일 수도 없는 것을 말한다. 내가 보기에 이 세상에서 가장 큰 사랑을 베푸는 것은 태양이다. 태양은 스스로를 태워 모든 생명을 살리는 근원으로 어떤 신보다도 위대하다. 하지만 태양이 그렇게 중요한데도 우리나라에서 태양에 감사하고 절하는 예배당은 없다. 이처럼 정말 위대한 사랑은 오히려 어떤 이념과 도덕으로도 표현할 수 없는 법이다. 그러므로 세상이 칭송하는 겉치레의 도덕과 이념에 인생을 소모하지 마라.

송나라 연문이라는 곳에 부모의 상을 당하여 너무 슬퍼하다 뼈만 남을 정도로 몸이 상한 사람이 있었다. 이 소식이 온 나라에 퍼져 임금의 귀에까지 들어가게 되었고 임금은 그를 칭찬하여 관직과 땅을 주었다. 그러자 연문의 마을 사람들도 그런 행운을 얻으려고 상을 당하면 수단과 방법을 가리지 않고 살을 빼다가 목숨을 잃은 자가 부지기수였다. ─《장자》

본뜻을 잃은 도덕과 이념은 이미 가치가 없으니 형식만 남은 도덕과 이념에 집착하지 마라.

사람을 옷에 맞춰야 할까, 아니면 옷을 사람에 맞춰야 할까? 물론 당연히 많은 사람들이 옷을 사람에 맞추려 할 것이다. 그렇다면 질문을 바꿔보자. 도덕과 이념을 사람에 맞춰야 할까, 아니면 사람을 도덕과 이념에 맞춰야 할까? 도덕과 이념은 천륜이자 진리이므로 인간이 반드시 받들고 지켜야 한다고 보는가? 오래전에 '동성동본 혼인 금지'와 관련하여 유림들이 헌법재판소 앞에서 시위를 하던 장면이 생각난다. 그들이 든 피켓에는 이렇게 적혀 있었다. '동성동본 혼인 금지 폐지하면 인간이 금수禽獸가 된다.' 그럼 이렇게 도덕관념이 투철한 유림 사대부들이 지배하던 조선 시대를 잠시 살펴보자. 다음은 《열녀의 탄생》(강명관, 돌베개)에서 참고한 내용이다.

조선 시대에는 남편을 위험에서 구하거나 정조를 지키기 위해 자신의 신체를 훼손하거나 목숨을 버리는 여성을 열녀라고 국가적으로 칭송했다. 그녀들은 남편의 병구완을 위해 허벅지 살을 도려내 먹이거나 외간 남자에게 잡힌 손을 잘라버리거나, 개가改嫁를 거부하여 코나 귀를 베고 굶어 죽기도 하였다. 국가는 이들을 장려하기 위해 열녀문을 세워 표창하고, 가문의 세금과 부역을 면제해주었다. 조선 후기로 갈수록 열녀가 된 여자들은 거의 목숨을 버린 경우였다. 선조 이후 열녀가 된 553명 중 죽지 않고 열녀가 된 여성은 단 4명, 1퍼센트도 되지 않았으니 열녀가 참 많은 사람을 죽였다. 이렇게 칼은 한 사람만 죽이지만 잘못된 도덕과 이념은 수많은 사람을 죽이는 법이다.

그럼 우리나라가 원래부터 이렇게 열렬한 열녀의 나라였을까. 재미있게도 고려시대까지만 해도 열녀라는 말조차 없었다. 고려 때까지만 해도 남편 잃은 여성의 재가, 삼가는 전혀 허물이 되지 않았으며, 수절은 여성에게만 강요된 윤리가 아니라 남녀 모두의 선택이었다. 게다가 결혼한 여성이 남자 집^(시댁)에 들어가는 게 아니라 남자가 여성의 친가^(처가)에 들어와 사는 게 일반적 관행이었다. 이런 풍경은 조선 전기까지 대체로 유지됐다. 하지만 15세기 후반 성종 때에 이르러서는 개가를 한 여성의 자손의 벼슬길을 극도로 제한하여 열녀를 법적 제도로 정착시켰지만, 개인의 자발성을 특징으로 하는 윤리적 제도로 만드는 데에는 아직 한계가 있었다. 이에 남성 성리학자들과 국가는 《소학》, 《삼강행실도》, 《내훈》 등의 도덕 교재를 끊임없이 퍼뜨리고 교육시켜 '남성 〉 여성'이 천륜이 되게 만들었고, 여성이 남성의 종속물이 되게 만들었다.

이렇게 우리는 사회와 제도와 권력에 의해 만들어진 존재다. 예전에는 국가와 남성 양반이 도덕 교재들을 통해 그들의 입맛에 맞는 인간들을 만들어냈지만, 오늘날에는 경제 권력과 종교 권력이 교육과 대중매체라는 도구를 통해 그들의 도덕과 이념을 우리에게 마구잡이로 주입시키고 있다. 어찌 보면 세상이라는 '매트릭스'의 제작자는 로봇이 아니라 바로 이들이다. 그렇다면 언제까지 그들의 매트릭스에 봉사하는 인간으로 살아갈 것인가. 이제 여러분 앞에는 빨간 약과 파란 약이 놓였고 하나를 반드시 선택해야 한다. 명심하라, 한 번 약을 먹으면 돌아가는 길은 없다. 도덕과 이념의 노예가 될 것인가 아니면 도덕과 이념의 주인이 될 것인가?

많은 사람들을 괴롭히는 도덕관념이 죄책감이며 그것은 가장 없애기 힘든 감정이기도 하다. 나의 상담실에도 죄책감으로 온갖 난치병과 심리 질환에 걸린 사람들이 많이 찾아온다. 낙태를 많이 해서 유방암에 걸린 여성, 어릴 때 실수로 던진 곡괭이에 친구가 맞아 죽어 평생을 불안에 떤 사람, 퉁명스레 대했던 친구의 자살로 충격 받은 사람 등. 나는 이들에게 다음 질문들을 던진다. "나의 죄책감으로 상대방이 좋아지는가? 나의 죄책감으로 내가 좋아지는가? 그 외에 내 죄책감으로 좋아지는 사람이 누가 있는가?" 이렇게 물었을 때 모두가 "아무도 없다"고 말한다. 그러면 다시 말한다. "남에게 짓는 죄만 죄인가? 나의 죄책감으로 나를 파괴하는 것인 죄인가, 아닌가? 만약 그것도 죄라고 생각한다면 이제 그만 죄책감을 버리고 편안하게 살아가라."

나의 죄책감으로 착해지는 사람도 득보는 사람도 없다. 게다가 정작 죄책감을 느껴야 할 사람은 별로 안 느끼고 어중간한 보통 사람만 죄책감을 느낀다. 교주나 연쇄 살인범이나 독재자가 죄책감 느끼는 것을 본 적이 있는가? 오히려 이런 사람들이 죄책감과 도덕과 이념을 만들어내는 원천이다. 죄책감을 만드는 사람과 느끼는 사람이 다른 것이 세상의 법칙인 것 같다. 그래서 나는 죄책감과 도덕과 이념을 만들지도 느끼지도 않기로 했다. 어찌 보면 나는 죄책감도 없는 파렴치한일까? 도덕과 이념은 시대의 산물이다. 지금 우리가 금과옥조로 받드는 것들도 몇 백년 지나면 다 웃음거리에 불과해질지도 모른다. 그러니 언제까지 도덕과 이념의 희생자가 될 것인가? 기존 도덕과 이념이 우리를 힘들게 한다면 그 가치를 의심해보라.

➤ **수용확언** 나는 그것에 대해 죄책감을 많이 느끼지만 마음속 깊이 진심으로 나 자신을 이해하고 받아들입니다.

➤ **연상어구** 그것에 대해 죄책감이 크다. 나는 행복하면 안 될 것 같다. 나는 돈도 많이 벌면 안 될 것 같다. 불안하고 두렵다. 하지만 내 죄책감이 그 사람에게 도움이 될까? 내 죄책감이 나에게는 도움이 될까? 아무에게도 도움이 안 된다면 왜 죄책감을 느껴야 할까? 죄책감으로 내 삶을 망치는 것도 또 다른 죄가 아닐까? 죄책감 외에 더 나은 방식은 없을까? 죄책감 대신 세상과 나에 대한 책임감을 선택한다. 내가 손해를 입힌 만큼 그 사람이나 세상에 더 보탬이 되는 일을 하기로 선택한다. 나를 상처주고 파괴하는 것이 죄를 더는 방법이 될 수 없다는 것을 안다.

명예와 평판과 인정으로부터의 자유

사성기는 노자가 덕이 높은 성인이라는 말을 듣고 천리길을 마다하지 않고 한 달여를 쉬지 않고 걸어 노자를 찾아왔다. 그가 노자에게 물었다.

"저는 선생님의 고귀한 명성을 듣고 이 먼 길을 힘들게 걸어왔는데 직접 뵈니 소문과는 달리 성인이 아니어서 실망입니다. 꾀죄죄한 옷에다 상스럽기까지 한 말투에 천박함이 다 드러나는 몸짓하며, 게다가 게걸스럽게 음식을 손으로 마구 집어먹는 모습까지 도저히 예의범절을 아는 선비라고 여길 수 없을 정도입니다."

이에 노자는 사성기를 물끄러미 쳐다보기만 할 뿐 아무 말도 하지 않았다. 그다음 날 실망해서 돌아갔던 사성기가 다시 노자를 찾아와 말했다.

"어제는 선생님을 마구 비난하고 갔었는데 오늘은 이상하게도 그런 마음이 다 사라지고 오히려 편안하면서 고요해졌습니다. 도대체 어찌된 일일까요?"

노자가 대답했다.

"나는 세상에서 칭송하는 성인이니 도인이니 깨달은 사람이니 하는 것에 마음 쓰지 않은 지 이미 오래 되었소. 어제 그대가 나를 소 같은 놈이라고 했다면 소인가 보다 했을 것이고, 나를 말 같은 놈이라 했다면 말인가 보다 했을 것이오. 누군가 나를 그렇게 불렀을 때 마음으로 그것에 저항하게 되면, 마치 흘러가는 물을 가두듯 그 비난을 내 마음에 가둬두어 나를 더 괴롭히는 것에 불과할 뿐이오. 당신이 나를 비난하기 전에도, 그 후에도 나는 그저 내 삶을 살고 있었을 따름이니, 당신의 비난에 새삼스럽게 내 삶이 바뀔 것이 뭐가 있겠소." –《장자》

내가 대학생이었을 때, 학내 문제로 학생총회가 열려 200여 명의 학생이 원형극장 같은 강의실에 모였다. 나는 그때 데모만을 해결책으로 제시하는 학생회와 이를 무조건 지지하는 학생들에게 상당히 비판적이었다. 그래서 사흘간 매일 두 시간씩 200대 1의 논쟁을 하면서 그들을 설득하려다 평생 들을 비난과 비판을 그때 다 들어보았다. 원형극장 한 가운데에서 200명의 사람들에게 둘러싸여 욕을 듣는 것은 분명 무엇보다 힘든 일이었다. 하지만 차츰 시간이 지나면서 당시의 스트레스는 극복되었고, 나의 주장을 떳떳하게 펼친 내가 오히려 대견스러워졌다.

내가 가장 힘들었던 때는 200명이 나를 비난할 때보다 내가 나를 비난할 때였다. 전 세계가 나를 인정해도 내가 나를 인정하지 않으면 아무 소용이 없는 법이다. 외부의 칭찬과 인정에 의지하게 되면, 칭찬과 인정을 받을 때에는 칭찬이 언제 사라질지 몰라 불안하고, 아예 칭찬을 못 받을 때에는 그로 인해 비참해진다.

때로 칭찬과 인정은 불나방의 불꽃과 같아서 나의 인생과 목숨마저 망치기도 한다. 고갈되지 않는 영원한 인정과 사랑은 에고가 사라진 참 나에게서만 나오는 법이다.

➡ 수용확언 나는 칭찬과 인정을 갈망하지만 마음속 깊이 진심으로 나 자신을 이해하고 받아들입니다.

➡ 연상어구 칭찬과 인정을 받고 싶다. 더 많은 명예를 얻고 싶다. 인정받아야 살 것 같다. 하지만 인정과 칭찬이란 처음 받을 때는 좋지만 조금 받다보면 언제 사라질지 몰라 두렵다. 또한 받지 못할 때에는 비참해진다. 잃을까 두렵고 못 얻으면 억울하다. 명예와 칭찬과 인정이란 그런 것이다.

➡ 확언 나는 나를 있는 그대로 이해하고 인정하고 받아들이고 사랑한다. 나는 있는 그대로의 내가 좋다.

지식인과 사회제도로부터의 자유

옛날 성군들은 성공을 백성의 몫으로 돌리고 실패를 자신의 탓으로 여겼다. 또 정치가 잘되면 백성의 몫으로 돌리고 잘못되면 자신의 탓으로 여겼다. 그래서 한 사람이라도 형벌을 받게 되면 자신을 반성했다. 하지만 요즘 시대에는 그렇지 않다. 세상만사를 뒤섞어 알지 못하게 해놓고 무식하다고 하고, 아주 어려운 일을 만들어놓고 못한다고 나무라며, 너무 버거운 일을 맡기고서는 이겨내지 못한다고 꾸짖고, 도달할 수 없는 곳을 정해놓고 가지 못한다고 벌한다. 백성의 지력이 다하니 거짓이 이 뒤를 잇는다. 날이 갈수록 서로 꾸밈과 거짓을 만들어내니 백성들이 어찌 속이지 않고 살 수 있으리오. 무릇 힘이 달리면 결과를 꾸며내게 되고, 지식이 달리면 거짓으로 속이게 되고, 욕심은 많은데 재산이 부족하면 훔치게 된다. 세상에 도둑질과 사기가 넘쳐나지만 과연 그런 짓을 저지르는 당사자만 탓할 수 있을까? -《장자》

나는 노장의 틀 속에서 세상을 본다. 그러나 진정한 의미로 노장은 틀이 아니다. 굳이 말하면 틀을 깨는 틀이라고나 할까. 장자는 모든 고정된 사고의 속박에서 벗어나 끊임없는 질문을 던질 것을 요구한다. 나는 그렇게 장자의 문장을 보면서 세계화의 무한 경쟁 전도사propagandists들이 외치는 소리를 반추해본다. "이겨라. 앞서 가라. 오로지 앞선 자만이 살아남는다." 하지만 일등은 하나뿐인 것. 100명의 경쟁자 중에서 나머지 99명을 도태시키는 인간세의 다툼. 무한 경쟁에서 누구도 무한히 일등을 할 수도 없고, 무한 경쟁도 결코 무한할 수 없다. 그러니 제도가 만든 경쟁에서 일등이 되기보다는 그냥 내 방식대로 내 삶을 살아가라.

세상의 지식인들이란 기껏해야 명성을 얻으려 겉치레로 행동하고, 서로 감싸주는 사람과 패거리를 만들고, 국민이 아닌 높은 사람의 눈에 띄어 한 자리 하려고 학문을 하고 공익이 아닌 그저 자신의 이익을 얻으려 교육을 수단으로 삼아서 인의의 본뜻을 더럽히고, 마차나 화려하게 꾸며서 타고 다닐 뿐이다. ─《장자》

옛날의 마차는 요즘 최고급 자동차에 해당한다. 2500년 전 중국의 지식인이나 요즘 지식인이나 다를 바가 없지 않은가!

송나라에 조상이라는 사람이 있었다. 송나라 왕의 명으로 진나라에 사신으로 갔다. 처음 갈 때에는 수레 몇 대를 이끌고 갔는데 진나라 왕의 마음에 들어서 수레 100대를 더 끌고 돌아왔다. 이윽고 장자를 만나 자랑을 했다.

"내가 빈민촌에서 없이 살면서 신발이나 엮어 팔다가 영양실조로 얼굴이 누렇게 뜨게 되었네. 이런 일이 나의 배포에 맞지 않았기 때문일세. 그러나 1만 대의 전차 군단이 있는 대국의 왕을 일깨워, 수레를 100대나 얻어냈는데, 이런 일이 바로 나의 소질에 맞는 것이지."

이에 장자가 답했다.

"진나라 왕이 병이 나서 의원을 불렀네. 등에 난 종기를 터뜨려 고름을 짜내는 자에겐 수레 한 대를 주고 항문의 치질을 핥아서 치료하는 자에게는 수레 5대를 주었네. 한마디로 치료가 더러워질수록 수레의 수가 많아졌네. 자네도 혹시 진나라 왕의 치질 걸린 항문을 핥아주었나? 어쩐지 수레가 많다 했네. 재수 없으니 썩 꺼져버리게." - 《장자》

텔레비전에서 우연히 A 검찰총장의 인사청문회 장면을 보게 되었다. 검찰 월급으로 어떻게 28억 아파트를 샀는지가 논란이 되었고, 그중에 한 사람으로부터 15억 5천만 원을 빌린 것이 특히 논란거리가 되었다. 그것을 보다가 하도 어이가 없어서 내가 직접 녹취록을 만들어 보았다.

B 의원 _ '(아파트 사는 데 필요한 15억 5천만 원을 빌려줬다는) 박모 씨를 어떻게 알았어요?'라고 물었더니 어느 모임에서 만났는데 간혹 연락하는 사이라고 했어요. 우연히 알아서 간혹 연락하는 사이인데 이렇게 거액을 빌려줍니까?

A 검찰총장 _ 네. 그냥 아는 사이라서…….

C 의원 _ 내정자는 노무현 전 대통령에 대해 포괄적 뇌물죄의 의견을 피력했는데, 이렇게 15억 5천만 원과 골프접대를 받은 본인에게도 적용해야 한다고 생각하지 않나요?

A 검찰총장 _ 그분하고는 전혀 그런 관계가 아니기 때문에…….

B 의원 _ 28억짜리 아파트를 23억을 빌려서 샀지요? 이자만 해도 대략 월 800만 원 정도인데, 내정자의 월급 600만 원 정도로 어떻게 감당하시나요?

A 검찰총장 _ 네. 저희 아들도 벌기 때문에…….

B 의원 _ 이제 취직한 애가 벌면 얼마나 번다고 그러세요.

A 검찰총장 _ 또 며느리도 벌고 있고…….

B 의원 _ 며느리가 후보자 생활비 보태줍니까?

D 의원 _ (여당으로서 편들어주려는 의도로) 신문에서 보니 얼마 전에 한 아들 결혼식에 청첩장을 안 돌렸다면서요. 왜 바보처럼 그러셨습니까?

A 검찰총장 _ (지금까지 너무 호되게 당해 아직 의도 파악이 안 된 기죽은 목소리로) 아, 네.

D 의원 _ 청첩장만 돌려도 수억 원 들어와서 집도 사고, 제네시스 자동차도 사고 했을 텐데.(드디어 편 들어주려는 의도를 확실히 드러냄)

A 검찰총장 _ (이제야 눈치채고, 소박한 표정을 지으며) 네, 저도 제 아들도 그런 걸 원하지 않아서 그렇게 했습니다.

D 의원 _ 어디서 결혼식 했습니까?

A 검찰총장 _ 네. 그냥 조그만 교외에서…….

D 의원 _ (딱하다는 듯) 주변에 일체 안 알렸습니까?

A 검찰총장 _ (아주 더 소박한 표정으로) 네.

C 의원 _ (이때 기회를 잡았다는 듯 대차게) 아드님 결혼식을 교외에서 하셨다고요? 워커힐 W호텔 야외에서 하지 않았습니까?

A 검찰총장 _ 네. 거기 야외에서 했습니다.

C 의원 _ 네. 거기는 (일류 연예인들이 결혼하는) 초호화 호텔입니다.

A 검찰총장 _ (말 없이 눈만 끔벅끔벅) …….

독자들은 이 장면을 보고 어떤 느낌이 드는가? 이것이 바로 우리나라 최고의 지식인들이 모여 있다는 검찰청의 수장이 갖고 있는 논리와 지혜 수준이다. 도대체 우리나라에 공공의 이익을 사심 없이 추구하는 지식인이 얼마나 된다고 보는가? 그리고 이런 지식인들이 이끄는 사회제도가 과연 우리의 삶을 제대로 보장할 수 있다고 보는가? 법조인은 법률이 완전하기를 바라지 않는다. 소송거리가 사라지므로. 종교인은 세상이 천국이 되기를 바라지 않는다. 절과 교회가 사라지니까. 정치인은 분쟁이 사라지기를 바라지 않는다. 자리를 잃게 되니까. 의사는 만병통치약을 원하지 않는다. 병원 문 닫아야 하므로. 여기서 내가 쓴 한시 한 구절을 인용해본다.

세상에 의가 없음을 탄식한다失義之歎

무사는 칼 한 자루로 강호를 상대하고劍士一刀敵江湖
군자는 신념 하나로 천하를 상대한다君子一義對天下.

무사는 결투에 지면 목숨을 내놓는데劍士一敗失其命

비겁한 선비는 신념을 잃어도 목숨만 챙긴다怯士失義保其身.

　이렇게 세상에는 밥그릇 지식인으로 가득한데, 평범한 우리 민초들은 어떻게 살아야 할까? 세상과 지식인에 대한 모든 기대를 버리고, 자부심을 가지고 꿋꿋하게 주체적으로 살아가라. 탁월한 사람이 세상과 나를 돕고 구원할 거라고 기대하지 마라. 사실상 역사는 대부분의 지식인들이 세상을 꾸준히 망쳐왔다는 것만을 보여줄 뿐이다. 그런데도 언제까지 그들에게 의지할 텐가.

　● ● ● ● 사회제도와 지식인에 대한 기대를 내려놓고 나의 삶을 그저 꿋꿋이 살아가라.

　➡ **수용확언**　나는 이 세상의 지식인의 행태와 사회제도에 분노가 치밀지만 마음속 깊이 진심으로 나 자신을 받아들입니다.

　➡ **연상어구**　사회에 분노가 치민다. 하지만 지식인과 제도가 나를 구원해주지는 않는다. 그런데도 언제까지 영웅과 좋은 제도가 나를 구원할 것이라고 기대할 텐가? 나는 나를 믿는다. 나를 구원할 자는 나뿐이다. 나는 내 삶에 최선을 다 하고 내 삶에 만족한다.

오감으로부터의 자유

> 남쪽 나라에 숙이라는 임금이 살고, 북쪽 나라에 홀이라는 임금이 살고, 가운데 나라에는 혼돈이라는 임금이 살았다. 숙과 홀은 혼돈의 땅에서 자주 만나 즐겁게 놀았는데, 혼돈이 이들을 아주 후하게 대접했다. 숙과 홀은 이에 보답하고자 의논하여 말했다. "사람에게는 모두 일곱 개의 구멍이 있어서, 보고 듣고 맛보고 숨 쉬는데, 혼돈에게만 이것이 없으니 우리가 뚫어주기로 하자." 이에 하루에 하나씩 구멍을 뚫어주었는데 7일째에 그만 혼돈이 죽어버렸다. ─《장자》

나의 호 혼돈混沌이 바로 이 이야기에서 유래한 것이다. 에고는 항상 감각으로 지각할 수 있는 세상만이 실재라고 주장한다. 그래서 오감의 지각에 집착할 때, 혼돈의 우주는 죽게 된다.

하지만 우주의 진실은 과연 어떠한가? 저기 들판에 외따로 선 배나무는 아무도 일러주지 않아도, 봄이 되면 꽃이 피고 여름이 되면 짙은 초록의 무성한 잎을 자랑하고 가을이 되면 풍성한 배를 맺는다. 철새는 나침반도 없고 방위도 모르지만 철이 바뀌면 저절로 남북으로 날아간다. 도대체 이 세상에 연결되지 않고 존재하는 것이 하나라도 있단 말인가. 햇빛이 프리즘을 거쳐 일곱 색깔로 분리되어 드러나듯, 저 이면에 존재하는 본질의 세계는 형상의 세계라는 프리즘을 통해 각각의 모습을 드러낸다.

존재하는 모든 것은 서로 연결된 하나다. 어리석은 이는 드러나는 차이만 보고 형상의 세계에 집착하여 괴로움을 겪고, 지혜로운 이는 형상을 통해 그 이면의 세계를 보고 형상을 초월하는 자유를 산다. 존재하는 것만으로도 모두 하나다. 지혜로운 이는 분리된 형상들을 통해 하나를 보고, 어리석은 이는 분리된 형상들에 집착하며 파멸과 분리의 괴로움을 겪는다.

숨겨진 신비

질서는 혼돈의 일부이다.

보이는 것은 보이지 않는 것의 일부분이다.

외부 세계는 내부 세계의 일부분이다.

현실태는 가능태의 일부분이다.

아는 것은 모르는 것의 일부분이다.

불변은 변화의 일부분이다.

현실은 초현실의 일부분이다.

말할 수 있는 것은 말 못하는 것의 일부분이다.

사유 가능한 것은 불가사의의 일부분이다.

논리는 역설의 일부분이다.

●●●● 에고는 우주의 일부분만을 보고서 그것으로 세상과 내가 분리된 증거로 삼는다. 보이는 것에 속지 마라. 에고는 보고자 하는 것을 보고, 참 나는 보이는 것을 본다. 눈이 아닌 마음으로 보라.

➜ **연상어구** 앞에 나온 나의 자작시 〈숨겨진 신비〉를 읊으며 연속 두드리기를 하라.

참사람_
애쓰지 않아도 다 되는 사람

● ● ● ● 장자에서는 참 나에 따라 사는 사람을 참 사람眞人이라고 한다. 이외에도 신인神人, 신묘한 사람, 지인至人, 지극한 사람, 달자達者, 통달한 사람 등으로도 표현한다. 여기서는 확언과 EFT로 참사람의 삶을 살아가보자.

주체성 있게 산다

초나라 소왕이 오나라의 공격을 받아 한동안 망명을 하게 되었는데 이때 양을 잡는 백정인 설도 따라가 소왕을 잘 모셨다. 소왕이 다시 귀환하여 망

명 기간 동안 자기를 잘 모시고 지켜준 사람들에게 상을 내리면서 설에게
도 상을 내리려 하자 설이 말했다. "왕께서 나라를 잃을 때 저도 잠시 저의
직업을 잃었습니다. 왕이 다시 나라를 찾자 저도 저의 직업을 다시 찾았습
니다. 이로써 저의 직위와 벌이가 회복되었으니 더 이상 무엇이 필요하겠
습니까?"

그래도 왕이 신하를 시켜 억지로 받게 하려 하자 설이 다시 신하에게 말
했다.

"왕께서 나라를 잃은 것이 저의 죄가 아니어서 벌을 받지 않았습니다. 마
찬가지로 왕께서 돌아오신 것이 저의 공이 아니어서 역시 이 상을 받기 힘
듭니다."

그래서 이번에는 왕이 직접 설을 만나려고 하자 설이 말했다.

"초나라의 법에 따르면 큰 공과 상을 받을 일을 할 만한 사람만이 왕을
직접 뵐 수 있습니다. 그러나 저의 지식은 나라를 지킬 만한 것도 못되었
고, 저의 용기는 수도로 쳐들어오는 적이 무서워 도망가는 정도였지, 진
실로 왕을 따라가려고 한 것도 아니었습니다. 그런데도 법과 규칙을 어
기면서까지 저를 만난다는 것은 전례에 없는 일이라 부당하다고 생각합
니다."

이에 왕이 측근에게 감탄하여 말했다.

"설은 비록 미천한 신분이나 참으로 충실하고 정직한 사람이오. 그러니
그에게 재상의 자리를 내릴 수 있도록 불러주기 바라오."

이를 들은 설이 말했다.

"저도 재상의 지위가 양 백정의 지위보다 높고 그 만석지기의 봉록이 백정의 수입보다 많다는 것을 잘 압니다. 그러나 지위와 봉록에 부당한 욕심을 부려 왕이 함부로 상을 내린다는 오명을 듣게 하겠습니까? 저를 그저 편안하게 양이나 잡으면서 살게 해주십시오."

이렇게 말하고는 마침내 아무런 보상도 받지 않았다. —《장자》

참사람은 자신의 방식대로 자신의 삶을 산다. 참사람은 스스로 결정하고 스스로 살아간다. 세상과 타인의 의견에 좌우되지 않는다.

강의와 상담을 하다보면 많은 사람들이 나에게 이런 질문을 한다. "이렇게 하면 맞아요?" "이렇게 해도 되나요?" 이런 질문들을 들으면서 나는 오히려 이렇게 생각해본다. '꼭 저렇게만 할 필요가 있을까?' '저 방법이 꼭 최선일까?' 나의 기본적인 전제는 이런 것이다. 아무리 그 사람이 최고라 해도 여전히 부족한 부분이 있고, 어떤 면에서는 내가 더 잘할 수 있는 부분도 있다. 게다가 내 삶의 상황에 맞는 답은 오직 내가 찾을 뿐이다. 처한 상황이 같아도 질문이 다르면 답이 달라진다. 바로 내 인생이 내가 던진 질문에 대한 답이다. 사람들이 나에게 느끼는 혼란과 자유로움은 바로 이런 '질문의 차이'에서 비롯되는 것이다.

만일 진리가 궁극의 보편성과 절대성이 있는 어떤 것이라고 한다면 분명 나의 삶에도 진리가 깃들어 있음에 틀림없다. 세상의 권위자들에게 '맞아요?'나 '되나요?'라고 묻는 것은 진리에서 비롯되는 지혜가 내가 아닌 타인에게 있다고 무의식적으로 가정하고 있는 것이다. 그렇다면 그 사람의 진리일 뿐 나의 진리는 아니라는 말이니 그것이 어떻게 절대 보편성을 지닌 진리라 할 수 있겠는가. 그런 면에서 게리 크레이그의 다음 말을 강조하고 싶다. 이 말은 천하의 명언이다. "나의 길은 수많은 길 중에 하나의 길이지 꼭 누구나 따라야 하는 그 길이 아니다."

예수의 길도 하나의 길이며, 부처의 길도 하나의 길이며, 마호메트의 길도 하나의 길이며, 공자의 길도 하나의 길이다. 수많은 종교인과 이데올로그들이 마치 진리에는 '하나의 길'만 있는 것처럼 신도와 추종자들을 협박하여 오히려 거짓 진리의 노예가 되게 만들었다. 어떤 길도 독점될 수 없는 '하나의 길'이며 모든 길이 '그 길'임을 명확히 알아 주체적으로 나의 길을 갈 때에 거짓 세상이 종말을 고하고 참된 세상이 개벽을 맞이할 것이다. 그러니 모두 외쳐라. "내가 가는 길이 바로 그 길이다." "나를 구원하는 자는 나뿐이다."

나의 길과 나의 진리를 타인으로부터 인정받아 정당화시키려고 하지 마라. 그것은 진리와 나의 삶을 타인에게 구걸하는 것에 불과하다. 연예인 최진실은 죽기 전에 "이제는 나이가 들어 더 이상 인기를 얻지 못할까 두렵다"는 말을 많이 했다고 한다. 하지만 최진실이 죽고 난 뒤에 TV에서 보여주는 추모 열기는 이 세상 어느 누구도 그녀보다 더 많은 사랑과 인정을 받아본 적이 없음을 증명한다. 마릴린 먼로나 엘비스

프레슬리 등은 또 어떠한가. 이처럼 아무리 많은 사람에게 인정받고 사랑 받아도 오직 진정 소중하고 필요한 사람, 즉 '나 자신'의 자기 인정과 자기 사랑이 없으면 모두 무의미해지는 것이다. 결국 세상과 우주를 다준다 해도 바꿀 수 없는 단 한가지는 바로 이런 말들이다.

"내가 가는 길이 바로 그 길이며 나의 길은 가장 소중하다."
"내가 나의 길을 갈 때에 이 우주는 더 풍요로움을 경험한다."
"수많은 야생화로 인해 들판이 찬란하게 빛나듯, 모두가 가는 나의 길로 인해 세상은 다양해지고, 우주적 경험이 찬란하게 빛난다."
"내가 나의 길을 감으로 우주가 풍성해진다."
"나의 실패도 성공만큼이나 내 인생을, 또 이 우주를 풍성하게 한다."

이제 더 이상 세상의 권위자들에게 '되느냐'고, '맞느냐'고 묻지 말고 당신의 길을 꿋꿋이 자신감 있게 가라. 세상의 권위자들에게 나의 진리를 구걸하지 마라. 나의 진리를 나의 삶에서 찾으라. 그리고 그것을 나의 삶에서 실천하라.

나는 나름대로 궁극적이고 절대적인 지혜와 힘을 추구하며 인생을 살아왔다. 한동안은 내가 모시는 선생님이 그런 것들을 가진 분이라고 생각하고 꽤 충실히 10여 년을 따르기도 했다. 하지만 어느 순간 깨달음이 왔다. 그분도 나나 다른 사람처럼 자신의 내부 세계의 한계에 눈

먼 사람이라는 것을. 이 벼락같은 자각의 순간이 처음에는 너무나 고통스러웠지만 동시에 크나큰 일깨움을 주었다. 나는 그 덕분에 환상으로부터의 각성과 자유를 얻었다. 이제 나는 크게 외친다. "모든 사람이 그만의 세계에 살 뿐이다. 오직 우주만이 어느 개인의 세계보다 더 완전하고 아름다울 뿐이다. 모든 사람이 그만의 세계에서 그만의 것을 경험하고 볼 뿐이다. 그러니 그 누구도 나보다 낫거나 현명하지 않다. 오직 이 우주만이 있는 그대로 완전하고 현명할 뿐이다."

붓다는 열반할 때 "스스로를 등불로 삼고 진리를 등불로 삼아라自燈明法燈明"라고 했을 뿐, 붓다를 등불로 삼으라고 하지 않았다. 그리고 자신 《금강경》에서 이렇게도 말했다. "눈에 보이는 것들이 진실이 아님을 알 때 비로소 깨달음을 얻으리라若見諸相非相 卽見如來." 이제는 타인의 의견과 생각을 자신의 삶으로 삼지 않아야 한다. 나는 나의 삶에서 나의 진리대로 살아나갈 것이다. 우주만이 진리 그 자체다. 아무리 위대한 개인도 진리를 담는 그릇에 불과할 뿐이다. 그릇이 아무리 크고 좋아도 모든 것을 다 담을 수는 없다. 바다라고 해서 세상의 모든 물을 다 담지는 못한다. 마찬가지로 모든 진리를 다 담을 수 있는 사람도 없다. 필요할 때 필요한 만큼만 담을 뿐이다. 그러니 모두 필요할 때 필요한 만큼의 진리를 담고 실천하라. 그리고 타인의 진리가 아닌 나의 진리를 따라 살아가라.

많은 부모와 선생님과 언론들은 다음과 같이 해야 잘 살 수 있다고 말한다. 대충 표현하면 이런 식이다. '선생님과 부모와 대통령이 시키는 대로 공부 잘해 좋은 대학 가서 좋은 직장 잡고, 절대로 튀지 않으면서, 적당히 잘 먹고 잘 사는 게 괜찮은 인생이다.' 하지만 여기에는 커다란 맹점이 있다. 이런 평범한 길은 매우 경쟁이 치열한 레드 오션이라는 것! 다들 이처럼 평범하게 살려고 하다 보니 경쟁률이 최소한 몇백 대 일은 될 것이고, 그러다 보니 수백 명을 제칠 수 있는 비범함이 필요해지는 것이다. 한마디로 평범하게 살기 위해서 치열하게 비범해져야 하는 것이다.

과연 이것이 진실인가? 그들의 말이 진실이라면 왜 이 많은 사람들이 항상 이 모양 이 꼴로 사는가? 한마디로 아무도 이길 수 없는 게임의 룰을 정해놓고, 그 안에서 이기려고 하는 우둔한 짓을 하고 있는 것이다. 이것은 마치 정선 카지노에서 카지노의 돈을 따먹으려고 하는 것과 같아서, 잘해봐야 본전치기이고 힘만 소모될 뿐이다. 그래서 여기에 범인들을 위한 성공의 법칙을 제시한다.

- 열심히 살지 말고 재미있게 놀아라.
- 자격증 따지 말고 자격증을 주는 사람이 되어라.
- 남 하는 대로 하지 말고 나 하고 싶은 대로 하라.
- 남의 말 듣지 말고 내 안의 목소리를 들어라.

- 다들 하는 일은 하지 말고 나만의 일을 계속하라.

- 돈 때문에 하지 말고 그저 좋아서 하라.

- 남들이 좋다고 하면 무시하고 내가 좋다고 느끼면 하라.

- 남들이 뜯어말려도 나는 절대로 성공한다고 믿고 그냥 계속하라.

- 좋은 대학 가지 말고 원하는 대학에 가거나 아예 가지 마라.

- 전망 좋은 직장 가지 말고 좋은 느낌을 주는 직장으로 가라.

- 남들이 말리는 일은 어떻게 되는지 기필코 해보라. 적어도 이에 관한 모험기로라도 돈 벌 수 있을 것이다.

● ● ● ● 성공은 주관적이고 주체적인 것이다. 타인의 성공이 나의 성공이 되지 않는다. 내 삶을 내 맘대로 살아가라. 내 맘대로 살 수 있는 사람만이 진정한 성공을 맛볼 수 있다.

➤ **연상어구 및 확언** 내가 가는 길이 바로 그 길이며 나의 길은 가장 소중하다. 내가 나의 길을 갈 때 이 우주는 더 풍요로워진다. 수많은 야생화로 인해 들판이 찬란하게 빛나듯, 모두가 가는 나의 길로 인해 세상은 다양해지고, 우주적 경험이 찬란하게 빛난다. 내가 나의 길을 가면 우주가 풍성해진다. 나의 실패도 성공만큼이나 내 인생과 이 우주를 풍성하게 한다.

절대 독립의 자유를 누린다

어느 날 장자가 꿈속에서 나비가 되었다. 팔랑팔랑 이리저리 한가롭게 날아다니니, 매우 마음이 흡족해서 자신이 장자라는 사실조차도 잊었다. 이윽고 잠에서 깨었는데 자신이 장자가 아닌가! 그가 가만히 돌이켜보니 나비가 꿈에 장자가 된 것인지 장자가 꿈에 나비가 된 것인지 알 수가 없었다. 장자와 나비는 분명 다르지만, 각자의 삶에 충실하게 만족하여 살아나가는 경지가 있으니, 이것을 '형상의 존재로 충실히 살아감物化'이라고 한다. - 《장자》

장자는 사람이 되어도 좋고, 나비가 되어도 좋다. 형상의 변화, 더 나아가 빈부와 지위와 겉모습의 변화에 구애되지 않고 자유롭게 사는 삶이 바로 물화다. 이렇게 참사람은 모든 변화를 받아들이고 변화에 노닐어 자연宇宙과 일체가 된다. 우리는 모두 '것'이 된 우주 의식이다.

어느 날 자사와 자여와 자려와 자래가 우연히 만나 이야기를 나누었다.

"인간의 일생이란 무無가 머리가 되고, 삶이 척추가 되며, 죽음이 꼬리가 되는 것임을 확실히 체득한 사람이 누구일까? 삶과 죽음, 태어남과 소멸함이 모두 하나의 다른 모습임을 확실히 알고 있는 사람이 누구일까? 그런 사람이 있다면 더불어 사귀고 싶구나."

이야기가 끝나자 서로 마주 보며 빙긋이 웃는데 마음에 거슬림이 없어 넷이 모두 친구가 되었다. 그러던 어느 날 자여가 갑자기 병이 들어 자사가 병문안을 갔다.

"천지자연과 그 모든 현상을 빚어내는 조물주는 불가사의하고 위대하시기도 하지. 어느새 자네를 이렇게 꼽추로 만들었구먼, 등은 활처럼 굽고, 오장은 흉곽으로 올라붙고, 턱이 배꼽 아래로 내려붙고, 두 어깨가 정수리보다 높이 솟아, 뒤통수의 상투가 오히려 정수리마냥 수직으로 하늘을 가리키고 있군 그래."

자여는 으슬으슬 춥고 간간이 열이 났지만, 마음은 편안하여 아무렇지도 않았다. 간신히 비틀거리면서 우물가로 가서 몸을 비춰보며 말했다. "아아 조물주가 정말 나를 이렇게 꼽추로 만들었구나!"

자사가 물었다.

"자네는 그 모습이 싫은가?"

자여가 대답했다.

"그럴 리가 있겠나. 내가 어찌 싫어하겠는가? 만일 내 왼팔이 점점 변하여 닭이 된다면 새벽을 알리겠네. 내 오른팔이 변하여 활이 된다면 새를 잡아 꼬치구이를 만들겠네. 또 내 엉덩이가 변하여 수레바퀴가 되고, 내 마음이 말이 된다면 마음껏 내달려보겠네. 무한한 시간의 흐름 속에서 내 몫의 시간이 되면 몸을 얻어 살다가, 내 몫이 다하면 다시 몸을 벗고 돌아가는 것이 삶이 아니겠는가. 그러니 때 맞춰 편안하게 났다가, 거슬림 없이 떠나는데 어찌 생사의 애달픔이 있겠는가. 이것이 바로 옛사람들이 말하던 대로 '삶의 끄달림에서 벗어남懸解. 현해'이 아니겠는가. 그럼에도 사람들은 여전히 집착을 놓지 못해 생사의 괴로움에 시달리곤 하지. 사람이 어찌 자연의 변화를 거스를 수 있겠는가. 그러니 이 모든 것을 깨달은 내가 어찌 내 모습 따위에 싫다느니 좋다느니 하며 마음을 쓰겠는가?"

그러다 갑자기 자래도 병이 났다. 밭은 숨을 간신히 몰아쉬는 것이 곧 죽을 것 같았다. 자래와 처와 자식들이, 그의 병상을 둘러싸고 울먹이고 있었다. 자려가 마침 병문안을 갔다가 가족들에게 말했다.

"쉬이, 물러나시오. 죽어가는 사람을 놀라게 해서는 안 됩니다."

자려는 문간에 기대어 자래에게 말했다.

"참으로 천지의 작용은 불가사의하도다. 대체 자네를 어떻게 만들려고 하는 것일까? 자네를 어디로 보내려고 하는 것일까? 자네를 혹시 쥐의 간으로 만들려는 것일까? 아니면 벌레의 다리로 만들려는 것일까?"

그러자 자래가 말했다.

"자식으로서 우리를 낳아준 부모님의 뜻을 항상 따르는 것이 마땅한 일이 아니겠는가. 하물며 그보다 더한 천지를 빚어낸 조물주의 뜻은 어떠하겠는가. 사계절의 변화처럼 내 몸의 변화도 섭리의 표현일 뿐인데, 내가 어찌 감히 거역하고 탓하겠는가. 그저 산천초목을 빚어내는 저 대지로부터 잠시 몸을 받아서 수고로이 삶을 누리고 늙어가매 한들한들 지내다가, 마침내는 죽어서 완전히 쉬게 되는 것이네. 그러니 삶만큼이나 죽음도 좋은 것이라네. 대장장이가 쇠를 녹여 철물을 만드는데, 쇳물이 튀어오르면서 "나는 반드시 명검이 될 거야"라고 한다면 건방지게 여기지 않겠는가. 마찬가지로 한때 사람의 모습을 받았다고, "다음 생에도 나는 꼭 사람이어야 해, 꼭 사람이어야 해"라고 말한다면, 조물주가 나를 건방지다 하지 않겠는가. 비유하건대 하늘과 땅이 큰 화로이고, 만물을 빚는 대자연의 작용이 대장장이와 같으니, 만들어지는 대로 그대로 좇으면 무엇이 되건 애쓸 일이 없지 않겠나?" -《장자》

나는 동물과 사람을 평등하게 보는 장자의 이런 관점이 정말 좋다. 도대체 어떤 것을 근거로 인간을 만물의 영장이라고 하는가. 참사람에게는 사람이나 쥐의 간이나 벌레 다리나 모두 동일한 생명의 변화일 뿐이다. 사람이 되면 사람으로 살아가고, 쥐의 간이 되면 쥐의 간으로 살아가고, 벌레 다리가 되면 벌레 다리로 행복하게 살아갈 뿐이다.

앞서 본 대로 원자의 집합으로서의 나를 다시 한 번 상기하면 더 잘 이해 될 것이다. 그 무엇이건 간에 모두 동일한 원자들의 집합일 뿐이라는 사실을 잊지 말자.

장자의 아내가 죽어 친구인 혜자가 문상하러 갔더니 장자는 두 다리를 쭉 벌리고 땅바닥에 털썩 주저앉아서 항아리를 장구 삼아 두드리며 한창 노래를 부르고 있었다. 혜자가 적이 놀라 물었다.

"자네의 아내는 오래도록 자네와 더불어 살면서 자식을 낳아 기르고, 여태까지 함께 늙었네. 그런 사람이 죽었는데 곡은커녕 항아리를 두드리며 노래를 하다니, 어찌 이리 뻔뻔한가?"

장자가 답했다.

"그런 것이 아니네. 나라고 처음에 마음이 찢어지지 않았겠는가. 하지만 곰곰이 생각해보니 처가 세상에 나기 전에는 원래 생명이 없었네. 한갓 생명이 없었을 뿐만 아니라, 원래 형상 자체도 없었네. 알 수 없는 그 무엇이 변해서 기운이 생겼고, 그 기운이 변해서 형상이 생기고, 형상이 변해서 생명이 되었네. 이것은 마치 봄 여름 가을 겨울의 순환과 같은 것이네. 그러니 내 처는 결국 천지를 큰 집 삼아 여기저기 노닐고 있는 것과 같지 않겠나. 내가 크게 운다면 사계절의 변화라는 천명을 거역하는 인간밖에 더 되겠는가!" ―《장자》

중국 문명에서 해탈이란 천지와 하나 됨을 의미한다. 장자는 중국 문명의 해탈의 논리와 방법을 최초고 분명하게 밝힌 인물이다. 많은 종교가 죽음의 공포와 사후 세계를 팔아 장사를 한다. 하지만 죽음이 있는 것이 아니라 생명의 변화가 있을 뿐이다. 흐르지 않는 물이 없고, 모양이 변하지 않는 구름이 없듯, 변화하지 않는 생명도 없다. 삶도 죽음도 모두 변화하는 우주적 삶의 일부분이다.

열자가 길을 가다가 길가에서 밥을 먹었다. 밥을 먹으며 보니 백 년이나 됐을 법한 해골이 눈에 띄었다. 그는 쑥대를 쑥 뽑아 해골을 가리키면서 말했다.

"다만 나와 너만이 아는구나. 아직 일찍이 죽은 일도 없고, 아직 일찍이 난 일도 없다는 것을. 너는 과연 죽어서 슬픈 것인가? 나는 과연 살아서 기쁜 것인가? 대체 사람, 해골, 초목, 새, 짐승 등 만물의 씨앗이 되는 종자가 몇 가지나 있는 것인가? 어쨌건 이런 종자가 물을 만나면 갈대가 되고, 물과 흙이 만나는 곳에 가면 이끼가 되고, 언덕의 흙을 만나면 질경이가 된다. 이 질경이가 거름흙을 만나면 부자^{附子. 약초 이름}가 되고, 이것의 뿌리는 굼벵이가 되고, 그 잎을 호랑나비가 된다. 그리고 호랑나비는 아궁이 부근에서 벌레로 변하여 벌처럼 생긴 땅강아지가 된다. 이 땅강아지가 천일을 보내면 까치가 된다. 이 새가 침을 뱉는데 이것이 비가 되어 내린다. 이 비가 삭아서 시큼한 초가 된다. 날벌레가 이 초에서 생기고, 풍뎅이는 지렁이에서 생기고, 등에는 노린재에서 생긴다. 대나무 밭의 풀과 죽순이 나지 않는 늙은 대나무가 교합해서 청개구리를 낳는다. 이 청개구리가 표범을 낳고, 표범이 말을 낳으며, 말이 인간을 낳는다. 그 인간은 다시 근본으로 돌아가 조화^{造化}의 작용 속으로 들어간다. 요컨대 만물은 조화의 오직 한 작용에서 생겨나 모두 그 한 작용 속으로 돌아가는 것이다."

– 《장자》

이 이야기가 앞서 본 원자의 순환을 상기시키지 않는가. 장자는 2500년 전에 원자는 몰랐어도 모든 생명이 하나이고 순환한다는 것은 분명히 알았다. 죽음의 두려움 때문에 인생을 소모하지 말고, 지금 이 삶을 있는 그대로 누려라.

독자들 중에는 몸이 말할 수 없이 아프고 죽고사는 일인데, 어떻게 마음의 평화가 가능하냐고 묻는 사람들도 있을 것이다. 그러나 분명 마음의 평화를 찾을 수 있다.

내가 한의대 본과 3학년 때의 일이다. 동국대 한의대는 본과 2학년까지 경주에서 공부하다가 3학년이 되면서부터 서울에서 공부한다. 중구 필동의 한의학관 교실은 지하에 있었다. 나는 처음에 학생들이 환기도 잘 안 되는 지하 복도에서 담배를 마구 피워대는 데다가 서울 공기에 적응도 되지 않아서 무척 괴로웠다. 공기가 얼마나 안 좋은지 1학기 내내 거의 모든 학생들이 돌아가면서 기관지염으로 기침을 해댔다.

그러다 나도 지독한 만성 기관지염에 걸렸다. 한두 달 이상 끊이지 않고 기침이 나오고, 설상가상으로 밤에도 기침이 멎지 않아, 밤을 꼬박 새곤 했다. 몸이 만신창이가 되어가면서도 공부는 해야 했기에 이런 저런 방법을 다 동원해보았지만, 아무 효과 없이 증상이 심해지기만 했다. 그 시절에 나의 모습을 찍은 사진을 보면 꼭 물에 불어터진 면발처럼 온 얼굴이 다 붓고 떠서 창백했다. 한마디로 각혈만 안 했을 뿐이지 꼭 폐병환자 같았다.

그러던 어느 날 새벽이었다. 그날도 기침 때문에 연속으로 채 한 시간도 자지 못하고 새벽에 완전히 잠이 깼다. 처음에는 나를 괴롭히는 이놈의 기침에 대한 분노와 짜증이 올라오는 바람에 오히려 기침이 더 극성을 부려, 마침내는 호흡까지 곤란해지고 정신이 몽롱해졌다. 이 와중에 갑자기 한 가지 생각이 섬광처럼 떠올라 내 온몸을 흔들었다. '온 세상이 공기 때문에 괴로워 기침을 하는구나. 천지가 기침을 하니 나도 기침을 하는구나.'

그러면서 그동안 세상이 어찌 되든 나만 살려고 하고, 나만 안 아프려고 했다는 생각이 밀려왔다. 세상의 공기에 어찌 네 것과 내 것의 구분이 있으며, 세상 공기가 안 좋은데 어찌 내가 마시는 공기가 깨끗하랴. 이런 생각들이 온몸을 휘감으면서 엄청난 편안함과 행복감이 들었고, 기침을 하는지 안 하는지도 그냥 다 잊어버렸다. 한마디로 그 순간에 나는 나도 기침도 다 잊고, 기침을 하는 천지와 무한한 일체감만 느꼈던 것이다. 그리고 그다음 날 뒷일이 어떻게 되었는지도 모른 채 잠들었다 깼는데, 기침이 다 나아버렸다. 신기하게도 이후로는 아예 기침이 나오지 않았다. 만성병은 종종 이렇게 나으려고 하는 생각을 버릴 때 더 잘 낫는다. 반대로 병을 지속시키는 가장 확실한 방법은 병에 강력하게 저항하는 것이다.

게리 크레이그의 EFT 치료 동영상 사례에서도 이와 유사한 경험이 소개되어 있다. 〈EFT 정복하기Mastering EFT〉라는 동영상에서 EFT로 말기 전립선암이 완치된 어느 환자가 아주 감동적인 소감을 이야기했다. 그는 EFT를 하면서 두 가지를 강하게 느꼈다고 했다. 첫째, 내가 어떠한 상황이건 나는 나 자신을 사랑한다는 것. 둘째, 암도 내 몸의 일부이고 EFT를 하면서 강한 사랑을 느꼈기 때문에 설사 내가 죽는다 해도 사랑의 느낌 속에서 행복하게 죽으리라는 것. 이 말을 들은 청중들이 모두 기립 박수를 하면서 환호했다.

그러자 게리 크레이그가 말했다. "영혼은 풍선과 같은데 이 풍선을 여러 개의 끈들이 묶고 있다. 이 풍선을 자유롭게 하는 데는 두 가지의 방법이 있다. 하나는 묶인 끈을 다 잘라내는 것이고, 다른 하나는 위에서 끌어당기는 것이다. 이 사람의 진실한 사랑의 자각은 풍선을 위로 끌어당기는 역할을 했다." 천지와 일체되는 느낌보다 더 큰 사랑이 어디 있으랴! 그러니 독자들도 한 번 느껴볼 만하지 않을까?

● ● ● ● EFT로 나를 묶는 끈을 모두 풀고, 더불어 존재의 근원에 대한 자각을 계속 일깨우고 유지한다면, 인생에 얼마나 큰 평화가 올까?

➡ **연상어구 및 확언** 삶^{생명}이란 한 번 살면 끝나는 것이고 되돌릴 수 없는 막장인가? 아니면 생명이란 끝없는 순환의 과정이고 죽음은 그저 이 순환 고리의 한 형태인 것은 아닐까? 그렇다면 굳이 죽음이나 지금의 형편에 대해 걱정할 필요가 있을까? 어쨌든 이 모든 것은 다 지나가

고 변화한다. 마치 배우가 시간이 지나면 새로운 배역을 맡는 것처럼. 그러니 바로 지금 여기에서 당신의 모든 역할을 다하고 누려라. 지구는 거대한 무대이고 당신은 60억 배우 중의 한 사람이니까. EFT로 무판단의 마음을 닦을 때 무판단의 천지와 하나가 될 것이다. 그때까지 열심히 닦으라.

생명을 잘 기르고 보존한다

어느 요리사가 혜왕을 위해 소를 잡았다. 그가 커다란 소를 해체하는 것을 보니, 손놀림은 마치 쿵푸를 하듯 민첩하고 절도 있었고, 발놀림은 마치 탭댄스를 추듯 경쾌하고 리듬감이 있었으며, 고기를 가르는 칼날에서는 마치 피아노 소나타와 같은 아름다운 음률이 흘러나왔다.

이에 임금이 감탄하여 말했다.

"정말 대단하구나. 정녕 기술이 이런 경지까지 가능한 것인가?"

요리사가 칼을 내려놓으며 말했다.

"제가 추구하는 바는 도입니다. 단순한 기술을 넘어서 도의 경지에까지 이르러야 합니다. 제가 처음에 소를 해체할 때는 눈에 보이는 것이 온통 소밖에 없었습니다. 3년이 지나서야 소가 소로 보이지 않게 되었습니다. 방금처럼 소를 해체할 때는 집착이 사라진 텅 빈 마음으로 소를 대하면서 눈이 아닌 직관으로 보게 되고, 손이 아닌 직관으로 칼을 놀리게 되어, 소도 소를 보는 나도 모두 사라지고, 오직 저의 직관만이 저절로 가동됩니다. 이 과정을 더 자세히 말씀드리면 힘줄과 인대 사이로, 근육의 근막 사이로, 뼈와 근육 사이로, 근육과 가죽 사이로 틈이 이미 나 있는 곳에 자연스럽게 칼날을 놀립니다. 뼈와 살이 단단히 붙어 있는 곳을 억지로 자르려고 하지 않았습니다. 하물며 큰 뼈야 더 말할 나위가 있겠습니까!

소위 일류 요리사들은 일 년마다 칼을 바꿉니다. 그들도 무리한 칼질로 칼날을 손상하기 때문입니다. 보통의 요리사들은 매달 칼을 바꿉니다. 아예 부러지기 때문입니다. 제가 칼을 잡은 지는 19년이고 해체한 소도 수천 마리가 넘습니다.

그러나 칼날이 막 숫돌에 간 것처럼 여전히 예리합니다. 소의 뼈마디에는 틈이 있고, 이 칼날은 두께가 없을 정도로 얇습니다. 뼈와 살의 넓은 틈으로 종잇장 같이 얇은 칼날이 들어가니 자유자재로 놀게 됩니다. 그래서 19년이 넘어도 칼날이 항상 예리합니다.

그렇다고는 하나 아직도 근육과 뼈가 닿은 곳에서는 어려움을 느끼고 조심합니다. 우물쭈물하는 듯하다가 눈으로 보기를 멈추고, 몸짓이 느려지면서 직관이 발휘되기 시작하면, 칼날의 미묘한 움직임이 시작됩니다. 그러다 어느새 젖은 흙더미가 무너지듯 고기 조각들이 바닥에 쌓이고 정신이 들면 엉거주춤 칼을 든 채로 머뭇머뭇 주위를 둘러보게 됩니다. 마침

내 일이 끝났음을 알고서는 맘이 충만하여 주변 정리를 하고 잘 갈무리하게 됩니다."

임금이 말했다.

"뛰어나구나. 너의 말을 듣고서 양생養生, 생명을 북돋우고 키움의 비결을 깨달았도다." -《장자》

요리사의 칼날이 나의 생명이고, 소가 나의 생명력이 발휘되는 대상세상이나 사람이나 사물이다. 대상에 생명력을 발휘하되, 생명을 소모시키지 않는 것이 좋은 삶이다. 위의 요리사처럼 생명력을 최고도로 발휘하면서도, 생명이 소모되지 않는 상태를 양생이라고 한다.

판소리에 득음得音의 경지가 있듯, 삶에도 득생得生의 경지가 있다. 득생의 경지에서 살아가라. '억지로' 함이 없을 때 수많은 소를 베어도 칼날이 상하지 않듯, '억지로' 함이 없을 때 나의 생명도 상하지 않고 온전함을 유지한다. 에고는 억지로 하려고 하고, 참 나는 스스로 움직여 저절로 되게 만든다. 억지로 하지 않으면 저절로 다 되리라無爲而無不爲.

배를 타고 강을 건너는데, 빈 배가 홀로 내려와 이쪽 배에 부딪쳤다면, 아무리 화를 잘 내는 사람이라도 욕을 하진 않는다. 하지만 그 배에 한 사람이라도 타고 있다면, 빨리 배를 물리라고 소리 지른다. 그렇게 한 번 외쳐서 듣지 않고, 두 번 외쳐서 듣지 않아, 세 번까지 외칠 때에는 반드시 욕을 하게 된다. 조금 전에는 화가 나지 않다가 지금은 화가 치미는 것은 아까는 빈 배였지만 지금은 사람이 타고 있기 때문이다. 그렇다면 이처럼 사람들이 모두 자기를 비우고 인생의 강을 흘러간다면 누가 능히 그를 해하겠는가? –《장자》

혹자가 이소룡에게 싸움의 태도에 관하여 물었다.

질문자 _ 적을 대하는 태도에 관해서 어떻게 생각하시나요?

이소룡 _ 적이란 존재하지 않습니다.

질문자 _ 왜죠?

이소룡 _ '나'라는 것이 존재하지 않기 때문이죠. 훌륭한 결투는 작지만 진지한 놀이와 같죠. 적이 확장되면 나는 수축하죠. 반면에 적이 수축하면 나는 확장하죠. 그러다 기회가 생기면, 내가 치는 것이 아니라, (주먹을 보이면서) 주먹이 저절로 나가요. 어떤 기술이든 아무리 가치 있고 좋아도, 집착하면 병이 돼요.

혹자가 내게 세상을 사는 태도에 관하여 물었다.

질문자 _ 이 험난하고 복잡한 세상을 어떻게 살아야 할까요?

필자 _ 세상이란 존재하지 않습니다.

질문자 _ 왜죠?

필자 _ 세상에 상대되는 '나'라는 것이 없기 때문이죠. '나'라는 것은 꿈과 같아서 일종의 환상이죠. 환상이지만, 마치 악몽처럼 깨기 전까지는 끝없이 나를 괴롭히죠. 삶이란 눈을 뜨고 꾸는 꿈과 같아요. 이 꿈속의 주인공이 바로 '나'라는 환상의 인물이죠.

질문자 _ 그럼 어떻게 꿈에서 깰 수 있나요?

필자 _ 삶이란 '나의 없음無我'을 실천해나가는 과정이죠. 삶은 명사가 아니라 동사예요. 마찬가지로 '내가 없다'는 한순간의 깨달음이 아니라 '내가 없다'는 사실의 끝없는 실천이죠. 지금 이렇게 말하는 순간에도 나는 '내가 없다'는 사실을 단련하고 있어요. '내가 없다'는 지점에 머무를 때, 세상의 무한한 도전에 천변만화하여 웅대하게 되죠. 마치 계곡의 물이 수많은 모양의 바위를 만나도 다 헤쳐나가듯 '내가 없다'를 실천할 때 나는 이런 물과 같이 되는 거에요.

삶이란 실전 격투기와 같다. 나는 태권도만 배워서 조르기 기술이 없다고 목을 조르는 깡패에게 당할 수만은 없다. 마찬가지로 내가 대적할 세상도 일정한 틀이 없다. 틀이 없는 적을 상대하기 위해서는 나도 틀을 고집해서는 안 된다. 세상을 대하는 나의 틀이 바로 나의 생각과 판단과 신념이다. 이런 판단과 생각과 신념의 총사령부가 바로 '나'라는 에고다. 삶이란 '나의 없음'을 끊임없이 깨닫고 실천하면서 세상을 타고 이겨나가는 것이 아니고 무엇이겠는가.

● ● ● ● 나를 넘어선 나를 만나라. 그 나가 신기를 발휘하리라.

연상어구 하나를 꽉 쥐고 있으면 다른 것을 잡을 수 없다. 그러니 하나를 버리면 새로운 것을 얻는다. 마침내 너 자신을 놓으면 온 세상을 얻는다. 자잘한 앎을 버리면 큰 지혜가 절로 드러나고^{去小知而大知明} 내가 옳다는 생각을 버리면 항상 옳게 되리라^{去善而自善矣}.

육신과 미추를 초월한다

신도가는 형벌을 받아 한쪽 발이 없는 사람으로 정나라의 재상인 자산과 함께 백혼무인을 스승으로 모시고 공부를 했다. 어느 날 자산이 함께 걷는 것이 부끄러워 신도가에게 말했다.

"내가 먼저 나갈 경우 자네는 뒤에 남게. 자네가 먼저 나갈 경우에는 내가 뒤에 남겠네."

다음 날 두 사람은 또 같은 자리에 동석하게 되었다. 자산이 또 신도가에게 말했다.

"어제처럼 한 사람이 먼저 가면 뒷사람은 남도록 하세. 그런데 자네는 재상인 나에게 공손하게 인사를 하지 않는데 나와 맞먹을 셈인가?"

신도가가 조용히 말했다.

"저는 형벌을 받아 한쪽 발이 없어 사람들이 종종 저를 피하거나 놀립니다. 그럴 때면 나도 모르는 사이에 화가 치밀어 오릅니다. 하지만 스승님 밑에서 공부하는 19년 동안 스승님 앞에 있으면서 한 번도 나 자신이 절름발이라는 것을 느낄 수가 없었습니다. 이렇게 나도 내 발을 잊었는데, 왜 당신은 ^{내가 잊어버린} 남의 발에 그렇게 집착하는 것이오? –《장자》

사람들은 외모에 집착하는 경향이 있다. 에고는 항상 내 몸을 나라고 생각하고 내 몸에 집착하게 만든다. 하지만 아무리 몸이 잘난들 마음이 못나면 무슨 소용이 있을까. 스스로 예쁜 줄 모르는 미녀가 가장 매력있고, 아예 외모를 잊으면 절세 미녀이고 참사람이다.

병돌이는 안짱다리이고 심한 꼽추인 데다가 또 심한 언청이였지만 도에 능통했다. 이 사내가 위나라의 임금인 영공을 만나 도를 이야기했다. 영공은 그의 말에 마음이 매우 흡족했다. 그후로는 정상인을 보면 목이 너무 길다는 생각이 들었다. 정돌이는 항아리에 손발이 달린 듯한 몸을 가졌는데 도에 능통했다. 이 사람이 제나라의 임금인 환공을 만나 도를 이야기했다. 환공은 그의 말에 마음이 매우 흡족해서 정상인을 보면 몸통이 너무 가늘다고 생각하게 되었다.

세상 사람들은 이와 달리 눈에 보이는 형체를 꾸미느라 여념이 없다. 정작 반드시 닦아야 할 것은 내버려두고 닦지 않아도 될 것을 닦는 데 온 힘을 쏟으니 이것이 바로 '치매'가 아니고 무엇이겠는가? –《장자》

세상 사람들은 거짓 나에고를 가꾸느라 인생을 다 소모한다. 이 세상 여자들이 화장하느라고 바치는 시간만큼 참 나를 찾는 데 투자했더라면 모두 진짜 미녀가 되고, 인생도 바뀌고, 이 세상도 다 바뀌었을 것이다. 그러니 가장 중요한 것을 먼저 가꾸라. 먼저 참 나를 가꾸라.

위나라에 지독하게 못생긴 사내가 하나 있었는데 이름이 애태타였다. 그런데 사람들이 그와 함께 지내다 보면 좋아져서 그를 떠나려 하지 않았다. 그를 만난 여자들 중에는 부모에게 "남의 부인이 될지언정 차라리 그분의 첩이라도 되게 해주세요"라고 조르는 사람도 10여 명이나 되었다. 사람들은 그가 다른 사람 앞에 나서서 무언가 말하는 것을 본 적도 없고 그저 다른 사람의 말에 맞장구를 치는 모습만 보았다. 그는 정치를 잘해서 백성을 구제하는 정승이나 왕도 아니고, 재산이 많아서 식량을 나눠주는 거부도 아니다. 그저 너무나 못생겨서 세상 사람들을 놀라게 할 뿐이다. 동조할 뿐 주장하는 일도 없고, 아는 것이라고는 자기 주변의 일상사를 넘지 못한다. 그런데도 남녀를 막론하고 그 앞에 몰려드는 것은 그에게 반드시 보통 사람들과 다른 무엇이 있기 때문일 것이다.

그래서 어느 날 노나라의 임금인 애공이 소문을 듣고 애태타를 만났는데 역시 소문만큼이나 몰골이 추악했다. 그러나 그 사내와 몇 달을 함께 지내고 나니 애공의 마음이 그에게 기울기 시작했다. 1년이 채 지나지 않아 애공은 그를 완전히 믿게 되었다. 마침 그때 재상 자리가 비어 그에게 부탁하려 했다. 그러자 그는 마지못해 하는 듯하면서 멍한 표정으로 주저했다. 임금은 갑자기 부끄러운 마음이 들어 그냥 무작정 그에게 국정을 맡겼다. 그러자 그는 곧 임금을 떠나버렸다. 이에 애공은 나라를 함께 다스리며 즐거워할 사람을 잃은 것 같았다. 도대체 그는 어떤 사람일까?

– 《장자》

예쁜 여자와 살면 한 달이 즐겁고, 요리 잘하는 여자와 살면 1년이 즐겁고, 마음 좋은 여자와 살면 평생이 즐겁다. 가장 큰 매력은 참 나에서 나온다. 온 세상의 선삼선녀들이여, 당신이 어떤 외모를 가졌건, 남들이 당신의 외모를 의식하지 않을 정도로 참 나의 매력을 가꾸어보라.

➡ **수용확언** 나는 자꾸만 나의 못난 모습이 의식되지만 마음속 깊이 진심으로 나 자신을 받아들입니다.

➡ **연상어구** 내가 나의 추함을 잊으면 남도 나의 추함을 잊는다. 남들이 나의 추함을 볼까봐 싫고 두렵다면 먼저 내가 나의 추함을 보지 않도록 하라. 내가 나의 추함에 신경 쓰지 않을 때 남들도 더 이상 나의 추함에 신경 쓰지 않는다. 나의 추함도 남의 추함도 다 잊어라. 모든 추함을 잊고 나면 미추를 초월한 아름다움만이 마음에 가득하리라.

270

형상과 한계를 초월한다

위나라 임금 영이 제나라 임금과 맹약을 맺었는데 제나라 임금이 이를 어겼다. 위왕은 제나라 임금의 배신에 분노가 치밀어 자객을 보낼지 아니면 전쟁을 일으켜 치욕스럽게 죽일지를 여러 신하들과 의논하고 있었다. 신하들 간에 의견이 분분하여 통일되지 않았다. 그러다 위나라 임금이 무위의 도를 닦은 대진인을 만나 이에 관해 의견을 물었다.

"전하께서는 혹시 달팽이를 아시는지요?"

"당연히 알지."

"달팽이의 왼 뿔에 촉씨의 나라가 있고, 오른 뿔에 만씨의 나라가 있습니다. 이 두 나라가 때때로 영토를 확장하기 위해 전쟁을 벌이는데 켜켜이 쌓인 시체가 수십만이고, 도망간 적을 쫓아갔다 오는 데만 보름이 넘게 걸린다고 합니다."

"아니 자네는 불필요하게 일과 상관없는 허무맹랑한 소리를 하는가?"

"진정 그렇게 여기신다면 조금만 더 들어보시지요. 임금님의 마음으로 천지 사방을 의식해볼 때 다함이 있습니까?"

"다함이 없네."

"전하께서 이 가없는 우주에 마음을 펼친 다음에 왕래가 있는 몇 나라를 본다면, 그 나라들은 이 우주와 비교할 때 있는 듯 없는 듯하겠죠?"

"그렇겠지."

"우주가 있고, 그 안에 왕래가 가능한 몇 나라가 있고, 그 한 나라가 위나라이고, 위나라의 가운데에 수도인 양이 있고, 양이란 곳의 한 점에 바로 임금님이 계십니다. 그렇다면 임금님이나 촉씨나 만씨가 서로 큰 차이가 있겠습니까?"

이윽고 대진인이 나가자 임금은 넋을 잃고 우두커니 앉아 있었다.

－《장자》

공자는 태산에 올라 천하가 작음을 알았다. 어느 우주 비행사는 우주에서 달처럼 작은 지구를 보면서 맨 처음 무한한 아름다움을 느꼈고, 그다음 그토록 심각했던 자신의 인생 문제가 별것 아니라고 여겨졌다. 문제는 똑같은데 지구 안에서 볼 때와 지구 바깥에서 볼 때가 이렇게 다르다. 내 눈에 보이는 한계를 벗어나 더 크게 멀리 볼 줄 알아야 한다. 에고가 아닌 참 나의 눈으로 보라.

우물 안에 개구리 한 마리가 살았다. 어느 날 이 개구리가 동해의 거북에게 말했다.

"나처럼 즐겁게 사는 삶이 또 있을까! 우물의 시렁 위에서 펄쩍 뛰기도 하고, 우물을 쌓은 벽돌 위에서 쉬기도 한다네. 물에서는 두 팔을 끌어모아 턱을 받쳐 떠 있고, 진흙탕을 차면 발만 가라앉을 정도지, 둘러보면 장구벌레, 게, 올챙이 녀석들이 있지만 한 놈도 나만 못하다네. 이렇게 한 웅덩이의 물을 몽땅 독차지하고, 우물 속에서 맘껏 뽐내는 이 즐거움이야말로 최고라네. 자네도 한번 때때로 들어와보게."

거북이 이 말을 듣고 들어가는데, 왼발이 미쳐 다 들어가지도 못해 오른 무릎이 걸려버렸다. 이에 뒷걸음질로 물러나 바다에 관해 말해주었다.

"바다는 천리라는 말로도 그 크기를 나타낼 수 없고, 천길이라는 말로도 그 깊이를 표현할 수 없네. 우임금 때에는 10년 동안에 아홉 번이나 큰 홍수가 졌지만, 그렇다고 수량이 늘지 않았네. 또 탕임금 때에는 8년 동안 일곱 번이나 큰 가뭄이 들었지만, 그렇다고 해안선이 물러나지도 않았네. 이렇게 사계절이 변해도 요동하지 않고, 수량이 변해도 해안선이 불변하는 것이 바로 바다의 큰 즐거움이네."

이말을 듣고 개구리는 놀라서 벌벌 떨면서 정신이 아득해졌다.

－《장자》

인간은 이미 경험한 것과 눈앞에 드러나는 것만 보고서 우쭐대거나 좌절한다. 하지만 이미 경험한 것과 눈앞에 보이는 것보다 더 크고 무한한 세계가 있음을 잊지 마라. 나를 넘어 새로운 나를 만날 때 더 큰 세계를 경험하리라.

바람에 국적의 경계가 없어 중국의 황사가 우리나라까지 날려오듯, 마음에도 경계가 없다. 바닷물에 국적이 없어 우리나라에서 병을 띄우면 대마도까지 흘러가듯 무의식에도 나와 남의 구분이 없다. 하지만 에고는 이 무한한 우주에 '나라는 한 점'을 애써 경계 지으려 끊임없이 고군분투한다. 모든 것이 변화하고 흘러가는 세상에서 에고만이 영원히 머물러 고여 있으려 한다. 그래서 흐르지 못하고 변화하지 못하는 정신은 결국 썩게 된다. 고인 물은 썩고 흐르는 물은 산다. 마찬가지로 흐르고 변화하고 열린 정신만이 영원하다.

보통 다음과 같은 순간에 한 인간의 진가가 드러나기 마련이다. 바로 이 순간에 나의 무의식의 진실과 내가 생각하는 나의 한계가 적나라하게 노출된다. 모든 것을 잃었을 때, 억울한 일을 겪을 때, 모든 것을 가졌을 때, 술에 만취했을 때, 고속도로에서 운전할 때, 큰 시련에 직면할 때, 돈 빌릴 때, 돈 빌려줄 때, 이익을 나눌 때, 나보다 우월한 사람을 만날 때, 잘나갈 때, 인생이 꼬일 때, 무척 아플 때, 건강해서 힘이 넘칠 때, 누군가에게 큰 상처를 받았을 때, 배신당했을 때.

살다보니 힘들어서 더 이상은 어떻게 할 도리가 없다고 느껴지는 때가 있지 않았는가. 바로 이때 다시 한 번 생각해보라. 당신이 어떤 사람이 되기를 원하는지를. 얼마나 힘든지가 아니라 당신이 어떻게 되기를 원하는지를 다시 한 번 생각해보라. 바로 이 순간에 당신을 재발견해보라. 당신이 누구였는지가 아니라 어떤 사람이 되고 싶은지를 생각하는 순간, 당신 안에서 그 모습을 찾고 만들게 될 것이다. 그리고 이제 이렇게 재발견된 당신을 실현해보라. 위기는 기회다. 이런 상황에서 과거의 나로 존재하기가 더 이상 힘들어 '낡은 정체성에고'이 깨지려고 할 때, 바로 이 순간이 새로운 나를 발견하고 만들 시간이다.

이렇게까지 말했는데도 여전히 '어쩔 수 없어. 나는 이것밖에 안 돼.'라고 생각하는 사람이 있다면 좀 더 냉정한 진실을 하나 알려주고 싶다. 이 결정적인 순간에 바로 '나는 이것밖에 안 돼'라고 생각하는 동안 당신은 진정 그렇게 되고 있다는 것을. 내가 생각하는 내가 바로 나 자신이 된다. 게다가 때때로 바로 앞에서 예를 든 순간처럼 결정적인 순간에는 곧바로 이것을 경험하게 된다. 그러니 이제 밖에다 대로 무작정 살려달라고 비는 짓일랑 그만두고 내가 나를 어떻게 생각하는지부터 다시 한 번 돌아보라.

● ● ● ● ● 우주의 크기보다 내 마음의 크기가 더 중요하다. 내 마음의 크기만큼 우주가 내 마음에 담긴다. 그러니 내 마음의 크기를 넓혀라.

➡ **수용확언** 나는 지금 이 상황에서 더 이상 어쩔 수 없이 그냥 이대로 살 수밖에 없다고 생각하지만, 마음속 깊이 진심으로 나 자신을 받아들입니다.

➡ **연상어구** 당신이 누구였는지는 잊어버려라. 진정 누구인지를 기억하라. 이제 당신이 누구인지를 다시 정의해보라. 당신이 어떤 사람이 되고자 하는지를 생각하라. 이제 당신의 됨됨이를 재창조하라.

말보다 체험과 실천을 중시한다

제나라의 임금인 환공이 정자 위에서 책을 읽고 있는데 마침 정자 아래에서는 편이라는 수레바퀴를 만드는 장인이 작업에 열중하고 있었다. 잠시후 편이 일하다 말고 환공에게 여쭈었다.

"전하 감히 묻겠나이다. 전하께서는 무엇을 보고 계십니까?"

"성인의 말씀을 기록한 책이니라."

"그 성인은 살아 계십니까?"

"벌써 돌아가셨다."

"그렇다면 전하께서 지금 읽는 것은 옛 성인이 남긴 찌꺼기가 아니겠습니까?"

이에 환공이 격노하여 말했다.

"임금인 내가 책을 읽는데 어찌 감히 한낱 바치^{장인}가 주제넘게 참견을 하는가. 만일 네 행동의 합당한 이유를 댄다면 모르되 아니라면 당장 목을 쳐버리겠다."

이에 미천한 신분의 편이 태연하게 대답했다.

"신은 저의 경험으로 미루어보아 말씀드린 것입니다. 나무를 깎아 바퀴를 만들 때에 너무 깎으면 헐렁해서 빠져버리고, 덜 깎으면 빡빡해서 들어가지 않습니다. 서로 잘 맞게 적절히 깎아내는 것은 저의 손과 마음에 잡히는 온 느낌을 통해 할 수밖에 없습니다. 이 기술은 어떻게 말로 표현할 수도 없고, 글로 쓸 수도 없습니다. 심지어는 제 자식에게도 다 전할 수가 없어, 70의 나이가 되니 지금에도 제가 몸소 바퀴를 만들고 있습니다. 그러니 지금 보시는 책이 성인의 책이라고는 하나 어쨌든 핵심이 빠진 찌꺼기가 아니고 무엇이겠습니까?" —《장자》

통발로 물고기를 잡는다. 물고기를 잡으면 통발은 버린다. 덫으로 토끼를 잡는다. 토끼를 잡고나면 덫은 버린다. 말은 뜻을 전달한다. 뜻이 전달되면 말은 잊는다. 하지만 사람들은 뜻을 버리고 말을 잡는다. 말을 잊은 사람이 있다면 그와 더불어 진심으로 말해보고 싶다. —《장자》

말을 잡지 말고 뜻과 체험을 잡아라.

처음 장자를 보던 해에는 무척 행복하고 자유로웠다. 세상에 거리낄 것이 없다고 느꼈다. 그렇게 한참을 좋게 지내다 어느 순간에는 아무리 장자를 많이 보아도 느낌이 오지 않았다. 왜 마음의 자유를 주던 책이 더 이상 아무 느낌을 주지 않았을까? 마치 갑자기 냉담해진 절세미인의 애인을 만나는 것처럼 괴롭게 몇 달을 아무 느낌 없이 장자를 읽고 베껴 쓰던 어느 날, 문득 이런 생각이 들었다. '장자는 《장자》가 필요 없다. 장자처럼 살지도 않으면서 《장자》만 읽으면 무엇 하나? 내가 장자가 되자!' 그 순간 온몸에 전율이 느껴지면서 장자의 삶을 살기로 결심했다.

이 책은 장자의 삶을 추구하면서 20년간 살아본 경험의 산물이다. 사진이 실물을 대신할 수 없듯, 언어가 삶을 대신할 수는 없다. 그러니 깨달음이니 사랑이니 떠들지만 말고 깨달음과 사랑을 체험하고 실천하라. 아무리 좋은 언어도 결국은 다 죽은 찌꺼기에 지나지 않는다. 오직 체험과 우주만이 생생한 진실일 뿐이다.

오래전에 소설가 황석영이 한 말이 생각난다. 어떻게 하면 글을 잘 쓸 수 있느냐는 질문에 황석영은 다음과 같이 말했다. "글 쓰려고 고민하지 말고 그냥 열심히 살아라. 열심히 살다 보면 글은 따라온다." 그는《장길산》을 쓸 때에도 전국을 떠돌면서 현장에서 글을 쓰느라 매번 연재 마감 시간에 맞춰 가까운 시외버스 터미널에 나가 서울 가는 사람 아무나 붙잡고 원고를 부쳤다고 한다. 택배도 없던 그 시절, 그럴 때마다 전 국민이 기꺼이 배달부가 되어주었다고 감동스러워했다.

나는 개인적으로 소설을 그다지 좋아하지 않는다. 하지만 황석영의 소설에서는 존재를 움직이는 힘을 느꼈는데, 결국 그 힘의 정체가 그의 삶과 경험이었던 것이다. 내가 허먼 멜빌의《모비딕》에 그렇게 온몸이 요동친 것도 아마 그의 삶 자체가 그러했기 때문일 것이다.

경험 그 자체가 목적이자 성공이다.

➡ **수용확언** 나는 이 모든 경험이 벅차고 두렵고 버겁지만 어쨌든 있는 그대로 이 경험과 나 자신을 이해하고 받아들이고 감사합니다.

내가 이 경험에 저항하든 받아들이든 이것은 당분간 지속될 것이고 상황이 바뀌기를 기다리며 힘들어하기보다는 일단 먼저 나의 마음을 편하게 만드는 것을 선택합니다. 상황을 바꾸는 것보다 내 마음을 바꾸는 것이 더 쉽고 빠르니까요. 지금은 싫게 느껴지는 이 경험이 내 삶의 전체에서 어떤 밑거름이 될지도 모르니까요. 인생이란 큰 그림 속에서 좋은 것이 나빠지기도 하고 나쁜 것이 좋아지기도 하니까요. 모든 것은 변화하므로 이것 역시 지나갈 것입니다. 그러니 다시 한 번 마음속 깊이 있는 그대로 이 모든 경험과 나 자신을 이해하고 받아들입니다.

➡ **연상어구 1** 경험하라. 경험이 가장 큰 재산이다. 삶의 목적은 성공이 아니라 경험이다. 많은 부모들이 자기 자식들이 무난無難하게, 즉 아무 경험 없이 성공하기를 바란다. 과연 무난한 성공이 가능하고 의미 있는 것일까. 골짜기 없는 산이 산이 아니듯 경험 없는 성공이 성공일까?

정상 정복이 등반의 목적이라며 헬기를 타고 정상에 오르는 등반가가 없듯 성공이 삶의 목적이라고 경험過程 없이 성공에 이른들 무슨 의미가 있을까? 그러니 이제 이렇게 외쳐라. 충분히 경험하라. 그리고 그 과정에서 중간중간 얻게 되는 성공이라는 의외의 열매를 충분히 음미하라. 하지만 등반가가 정상에 영원히 머무를 수 없듯 약간의 시간이 지나면 성공도 내려놓고 다시 떠나라. 오를 정상도 많고 맛볼 성공도 너무나 많으니 누군가 당신의 성공을 탐낸다면 던져주고 가라. 그저 충분히 경험하고 떠나라. 하나의 정상에 머무르지 않을 때 수많은 정상을 오를 수 있고 하나의 성공에 머무르지 않을 때 수많은 성공을 맛보리라. 그러니 그저 떠나고 또 경험하라. 경험이라는 사막에 성공이라는 오아시스는 여기저기 충분히 있다. 그러니 인생을 믿고 떠나라. 붙잡지 않으면 모든 것을 가질 수 있다.

➡ **연상어구 2** 네가 가르치는 것의 대변인이 아니라 모델이 되어라. 애들에게 잘 살라고 가르치지 말고 잘 사는 모습을 보여주어라. 맘 편하게 먹으라고 가르치지 말고 맘 편한 사람이 되어라. 행복하게 살라고 가르치지 말고 행복한 사람이 되어라. 용서를 가르치지 말고 용서하는 사람이 되어라. 좋은 말 하는 부모와 정치인과 선생님은 전혀 부족하지 않다. 그러면 무엇이 부족한 것인가? 우리에게 필요한 것은 말로 가르치는 사람이 아니라 행동으로 보여주는 사람이다. 네가 그것이 되지 않을 때 어떤 것도 아직 되지 않으리. 이미 충분히 경험하지 않았던가! 언제까지 말로만 가족과 친구와 세상을 바꾸려 하는가? 그것을 말하지 말고 그것이 되어라.

➡ **연상어구 3** 이 세상의 비판자가 아니라 네가 보고 싶은 세상의 창조가가 되어라. 세상에 대한 비판이 세상을 바꾸지 못한다는 것을 알 때까지 세상은 여전히 이 모습일지니 네가 그것이 되어라. 세상이

필요로 하는 것은 비판자가 아니라 실천하는 사람일 뿐이다. 나의 비판이 그 누구도, 그 어떤 세상도 바꾸지 못했음을 이미 충분히 경험하지 않았는가. 그러니 네가 원하는 세상을 지금 바로 여기서 만들기 시작하라. EFT로 비판하는 마음과 말로 때우고 싶은 마음을 지우고 확언으로 네가 그것이 되고 그것을 만들 때 이 세상은 천국이 되리라. 네가 그것이 되어라. 네가 바로 그것이다.

신기를 발휘한다

공자가 초나라로 가다가 숲에 들어서게 되었다. 그때 마침 한 꼽추 노인이 마치 돌을 줍듯 손쉽게 매미를 잡고 있었다. 공자가 신기해서 물었다. "재주가 대단하십니다. 거기에도 무슨 도가 있나요?"

"당연히 있지. 5~6개월 동안 훈련하여 장대 끝에 구슬 두 개를 포개놓고, 장대를 움직여도 구슬이 안 떨어지면 매미를 놓치는 일이 드물지. 세 개를 포개놓고서도 잘되면 실패율이 10퍼센트 이하가 되지. 다섯 개를 쌓고도 잘되면 매미를 그저 물건처럼 줍게 되지. 내가 매미를 잡을 때의 몸가짐을 보면, 나무 그루터기처럼 무심하게 웅크리고 앉아, 고목이 가지를 뻗듯 팔을 쭉 내밀지. 이 너른 우주에 온갖 만물이 있지만 이 순간만은 그저 매미의 날개만 문짝처럼 커다랗게 보인다네. 설사 하느님이 온 세상을 준다 해도 이 순간 그저 매미 날개만 보일 뿐이네. 그러니 어찌 매미를 못 잡겠는가?'

이에 공자가 제자들을 보며 말했다. "정신이 흐트러지지 않으면 신기神技에 이른다고 했는데 바로 이 노인을 두고 하는 말이구나." – 《장자》

에고는 긴장과 집착을 만들고, 참 나는 신기를 만든다. 에고는 억지로 되게 하고, 참 나는 저절로 되게 한다.

에고의 판단을 내려놓을 때, 대상과 일치되는 물아일체物我一體의 경지에 들어가 대상과 나를 함께 움직이는 근원적인 의식의 흐름을 타게 된다. 이때 발휘되는 것이 신기다.

안연이 공자에게 물었다.

"일찍이 제가 배를 타고 상심이라는 깊은 연못을 건넌 적이 있는데 그때의 뱃사공이 배를 젓는 솜씨가 신기에 가까웠습니다. 그래서 '이렇게 배 젓는 것도 배울 수 있겠는가?'라고 물었습니다. 뱃사공이 '헤엄을 잘 치면 빨리 배울 수 있습니다. 게다가 잠수를 잘한다면 배를 본 적이 없어도 바로 잘할 수 있습니다'고 하였습니다. 그래서 그 까닭을 물었으나 아무 말도 하지 않았습니다. 선생님께 다시 이에 관해 묻고 싶습니다."

공자가 말했다.

"헤엄을 잘 치는 사람이 빨리 배우는 것은 물을 의식하지 않기 때문이다. 게다가 잠수의 명인은 깊은 연못도 그저 언덕 보듯 보고, 배가 뒤집어져도 수레가 후진하는 것 정도로 여기게 되니, 어찌 빠르지 않겠느냐!

눈앞에서 물이 시퍼렇게 깊어지고, 배가 확 뒤집어져도 마음에 들어오지 않으니, 어디서든 마음이 여유롭지 않겠느냐. 내기 활쏘기를 하는데 기와 조각 정도를 걸고 하면 잘 쏘다가도, 명품 허리띠 고리를 걸면 떨려서 실수가 잦아지고, 황금 덩어리를 걸면 정신이 멍해져서 아예 못 맞히게 된다. 본래의 솜씨는 변함이 없지만 내기를 건 물건에 따라 마음의 걸림이 생긴다. 이렇게 외부에 마음이 걸리기 시작하면, 내면의 신기는 쪼그라든다." - 《장자》

대상에 대한 모든 집착과 두려움이 사라지고 집중만 남을 때 신기가 발휘된다.

나무 장식을 만드는 장인인 경이 나무를 깎아 쇠종의 거치대를 만들게 되었다. 이윽고 그것이 완성되었다. 그 거치대에 조각된 상이 꼭 살아서 꿈틀거리는 것 같아서 보는 사람들마다 귀신을 보듯 깜짝 놀랐다. 노나라의 왕이 이에 소문을 듣고 경을 만나 물었다.

"도대체 자네는 어떤 기술로 이것을 만들었는가?"

"저는 미천한 장인인데 무슨 기술이 있겠습니까? 군이 있다고 한다면 조각을 할 때 억지스런 마음으로 기를 소모시키는 짓을 하지 않는 것입니다. 일단 시작하기에 앞서 목욕재계하고 마음을 가다듬습니다. 3일 정도 재계하면 상 받을 욕심이 사라집니다. 5일 정도 재계하면 타인의 평가를 의식하지 않게 됩니다. 7일 정도 재계하면 손과 발과 몸이 있다는 사실조차 문득 까맣게 잊게 됩니다. 이때에는 엄숙한 조정에 있다는 것도 모릅니다. 저의 마음은 오로지 기교에만 집중될 뿐 그 밖의 어떤 것도 모두 사라집니다. 이 상태에서 산으로 들어가면 조각을 하기에 가장 좋은 나무가 보이고 그 나무에서 이미 조각할 대상의 모습이 보입니다. 바로 이 상태에서 이 조각을 하기 시작합니다. 이런 상태가 아니면 조각을 하지 않습니다. 이렇게 저는 나무의 천성이 저의 천성을 통해 드러나게 할 뿐입니다. 아마도 그래서 귀신을 보는 듯한 생동감과 신비함이 나타나는 듯합니다."

– 《장자》

무판단으로 나도, 대상도 잊은 상태에서 모든 것이 저절로 된다.

장자의 신기가 그저 과장이라고 생각되는가? 내가 5년 동안 학창시절을 보냈던 경주에는 남산이라는 산이 있는데 높이도 서울의 남산 정도다. 이 경주 남산은 신라시대의 불교 유적지로도 널리 알려져 있다. 불교가 신라에 전파되면서 숭산신앙崇山信仰 및 암석숭배신앙과 결합된 불교 유적들이 남산에 집중적으로 남아 있기 때문이다. 현재까지 절터 112군데, 석불 80체, 석탑 61기, 석등 22기 등의 유물과 유적이 산 전체에 널려 있어 노천 박물관으로 불러도 손색이 없을 정도다. 특히 거의 모든 불상들이 가공되지 않은 바위를 다듬어 만들어졌는데 그 천연스러운 신기함이 마치 바위 속에서 부처님이 막 빠져나오는 순간을 바위가 포착한 듯한 느낌이 들 정도다. 그래서 남산 바위의 석불들을 설명할 때, 흔히 "바위 속의 부처님을 모셔냈다"고 표현한다.

선각육존불
울퉁불퉁한 표면에 부처의 모습이 자연스럽게 드러난다.

경주 남산의 바위 석불 중에서도 단연 압권은 삼릉계곡의 선각육존불이다. 이 불상은 사진에서 보다시피 울퉁불퉁한 자연석 표면을 선으로 쪼아 6명의 부처를 표현한 것이다. 워낙 울퉁불퉁하고 표면을 다듬지 않은 자연석이므로 밑그림을 그릴 수도 없고, 실수하면 파내거나 덧붙일 수도 없다. 오직 석공이 바위와 하나가 되어 바위 속의 부처를 보면서 망아 상태에서 일필휘지하듯 쓱싹쓱싹 몇 달을, 아니 몇 년을 새겨야 했을 것이다.

나는 이 불상 앞에서 1400여 년 전 신라의 석공이 된 듯한 기분으로 서서 바위와 석공과 불상과 하나 되는 기분을 느껴보곤 했었다. 분명 그 석공은 바위 속에서 부처를 보고, 부처를 모셔오는 희열 속에서 저도 바위도 바위 쪼는 정도 다 잊고, 내면의 신기神氣에 따라 신기神技를 발휘했을 것이다. 그 경지에서 바위는 그저 내면의 부처를 비추는 스크린이자 두부보다 무른 조각 재료였을 것이다.

그도 그럴 것이 약간 떨어져 이 불상들을 보면, 마치 바위 안에서 부처님들의 모습을 바위 표면에 비춘 것처럼 느껴질 정도로 표현과 비례가 너무나 자연스럽고 웅장하고 감동적이다.

다시 한 번 강조하지만 이 바위는 너무나 울퉁불퉁해서, 새겼다기보다는 바위 표면에 부처님이 그저 비친다고 표현해야만 그 자연스러움이 말로 표현된다. 나는 앞의 장자의 구절들을 볼 때마다 항상 남산의 선각육존불이 떠오르면서 신라의 후손인 우리들이 당연히 이런 신기를 발휘하기를 기대한다.

열어구가 백혼무인에게 활쏘기를 자랑했다. 활을 쥔 왼 팔꿈치 위에 가득 채운 물잔을 올린 채 활을 쏘았는데 전혀 흘리지 않았다. 더욱이 연이어 화살을 날리는 것을 보면, 기계로 활을 쏘듯 끊이지 않고 나가는 것이, 마치 단 하나의 긴 화살을 쏘는 것 같았다. 그때 열자는 마치 조각상인 듯 일체의 감정도 미동도 드러나지 않았다.

이윽고 백혼무인이 말했다. "자네는 활쏘기를 위한 활쏘기는 하지만 활쏘기를 넘어서는 활쏘기는 못하고 있군. 다시 말해 활쏘기의 술은 얻었으나 활쏘기의 도는 아직 얻지 못했어. 시험 삼아 나를 따라오게."

백혼무인은 열어구를 데리고 높은 산에 올라, 깎아지른 듯한 바위 끝에 서서, 그 아래 수심이 수십 미터가 넘는 연못을 함께 내려다보면서 과녁을 정했다. 열어구가 이윽고 활을 들고 자세를 잡는데 무서워서 뒷걸음질만 치다가 식은땀이 발뒤꿈치를 다 적실 때까지 부들부들 떨기만 했다.

이에 백혼무인이 말했다. "지인至人은 위로는 푸른 하늘 끝까지 엿보고, 아래로는 지구 끝까지 들어가고, 천지 팔방에 자유자재로 날아다니면서도 그 정신이 조금도 변함이 없네. 그런데 겨우 이 정도에서 눈이 가물거리고 벌벌 기다니. 보이는 활은 잘 다루되 활을 쏘는 내 마음을 다루는 것은 아직 멀었군." -《장자》

눈에 보이지 않는 마음을 닦기 위해 눈에 보이는 술을 닦는 것이다. 눈에 보이는 술에 집착하여 마음을 놓치면 술이 오히려 스트레스만 만들 수 있다. 술을 넘어서는 술을 추구하라. 술을 넘어서는 술은 도가 된다. 술의 궁극적인 목적은 도, 즉 참 나를 찾는 것임을 명심하라.

앞에 나온 소 해체하는 이야기를 포함하여 신기를 발휘하는 이야기를 보면 모두 대상에 대한 주관적 인식이 바뀐다. 다시 말해서 대상에 대한 내부 표상이 바뀌는 것이다. 대상이 크게 보이기도 하고, 한 부분만 보이기도 하고, 오히려 대상이 사라져 텅 비어 보이기도 한다. 이런 현상들은 에고가 사라지고 참 나의 작용만이 남았을 때 일어나는 현상이다. 이런 현상은 사실 누구나 경험하는 것이다. 뭔가에 집중하느라 시간을 잊어본 적이 없는가? 또 누가 불렀는데도 전혀 듣지 못했던 적은 없는가? 바로 이때가 물아일체의 망아 상태다. 이 상태를 '몰입' 상태라고도 한다.

이런 상태를 제일 많이 경험하는 사람들은 스포츠 선수들이다. 유명한 선수들의 경기 경험을 들어보면 모두 이 망아 상태를 표현하고 있음을 알 수 있다. 예를 들면 이런 것이다. 육상 선수가 자기 레인만 크게 보이고 옆 레인은 전혀 보이지 않는다. 저 먼 홀컵이 갑자기 커다랗게 확대되어 보여 골프공이 잘 들어간다. 결정적인 샷을 때려야 할 때 골프 관객의 모습도 소리도 사라져 공과 필드만 보인다. 축구 원정 경기에서 우리를 비난하는 다른 나라 관객의 모습도 소리도 다 사라지고, 오직 골대만 보여 편안하게 골을 넣는다.

몇 년 전 EFT와 확언에 대해 처음 강의를 할 때는 은근히 긴장이 많이 되었다. 그도 그럴 것이 그 당시에 나는 대중 강의 경험이 전혀 없었고 교수법에 대해서도 아는 것이 없었기 때문이다. 오로지 자신감으로 강의를 시작했지만, 자꾸 나 자신이 의식되어 어색함과 긴장감이 느껴지는 것은 어쩔 수 없었다.

그렇게 몇 달이 지나 강의를 하던 어느 날이었다. 강의 중간에 갑자기 몸에서 긴장감과 어색함이 사라지면서 나 자신을 의식하지 않게 되었다. 그 순간만은 내가 있다는 사실조차도 전혀 느껴지지 않았다. 그러자 나의 강의를 듣는 청중들의 얼굴이 하나하나 또렷이 보이기 시작했다. 나는 그저 형체가 없이 목소리로만 존재하는 듯한 느낌이었다. 사실 그 전에는 청중이 한 무리로 멀리 보였고, 오로지 나 자신만 크게 느껴졌을 뿐이었다. 이제 나는 사라지고 청중들의 얼굴만 뚜렷이 보이자, 청중들의 반응을 읽게 되고, 청중의 반응에 자연스럽게 대응하여 분위기를 이끌어가게 되었다. 이렇게 되자 이후에 어떤 청중이나 상황을 앞에 두고도 자연스럽게 반응을 읽고 끌어내게 되었다. 그래서 요즘은 대중 강의가 거실에서 아내와 대화하는 것보다 더 자연스러울 정도가 되었다.

때로는 이런 신기를 발휘하는 직관과 통찰이 갑작스럽게 벼락치듯 찾아오기도 한다. 나는 이런저런 이유로 재수도 아닌 삼수를 해서 대학에 들어가게 되었는데, 재수까지 하는데도 항상 수학이 정확하고 깔끔하게 이해되지 않는 느낌이 들었다. 특히 이과 수학의 맨 뒷부분인

확률과 통계는 너무나 어려운 데다 선생님들도 잘 건너뛰고 입시에도 한 문제 정도만 나오는지라 대부분 대충 찍어서 맞히는 형편이었다. 나는 그때 수학 만점을 받고 싶었고, 만점을 받으려면 하나라도 대충 알아서는 안 되었다. 하지만 그럼에도 수학은 항상 난해하고 애매하기만 해서 재수를 시작하던 때에는 이를 갈며 다짐했다. '이놈의 수학을 어떤 일이 있어도 다 떼고 말 테다. 이해가 안 되면 대한민국에 있는 모든 수학 책을 다 외서라도 해내고야 말겠다.'

이런 말도 안 되는 결심을 해서인지 나는 그때 수학을 정말 열심히 공부했다. 그렇게 수학에 미쳐 있던 나는 어떻게 하면 이런 문제들을 풀 수 있을까 하는 생각에 빠져 있었고, 재수하는 내내 성과는 별로 없어서 참담했지만 그렇다고 포기하지도 않았다. 지금도 그렇지만 나에게 포기란 죽음보다 싫은 것이니까. 수학에서 별로 진전을 보이지 못한 채 다시 삼수를 시작하게 되었을 때, 온갖 참담함과 좌절감이 다 들었지만 그렇다고 포기하지는 않았다. 어차피 이 싸움은 내가 죽거나 수학이 나에게 굴복해야만 끝날 테니까. '네가 죽거나 내가 죽거나 둘 중 하나일 뿐이다.'

그러던 어느 날, 시립도서관의 찬 공기가 볼을 스치던 2월쯤이었다. 그날따라 도서관 입구의 쭉쭉 뻗은 메타세콰이어 나무들 사이로 비치는 아침 햇살이 참으로 영롱하다고 느끼며 계단을 올라서는데, 숲속의 찬바람이 머리를 스치면서 갑자기 내 안에서 작지만 분명한 목소리가 들렸다. '이제 알았다.' 그 순간 뭔지 모르지만 어쨌든 뭔가가 되었다는 생각이 들었다. 그래서 항상 들고 다니던 일본 입시 문제집을 펼쳤다. 오호, 이럴 수가! 그동안 못풀어서 표시해둔 문제들이 보자마자 다 풀리는 것이 아닌가. 내가 공부하던 1989~1991년 당시에 일본 입시 문제는 난해하기로 악명이 높았다. 하지만 그 문제들을 다 풀었다. 심지어 최악의 악명을 가진 도쿄대 수학 문제까지도 풀었다. 화두를 깨친 고승들이 말하는 돈오頓悟가 바로 이런 것이 아닐까.

이후에 나누 수학에 막힘이 없었다. 심지어 대한민국에서 내가 수학을 제일 잘할 거라는 생각까지 들었다. 함께 공부하던 서울대반 아이들 중에서 나만큼 수학을 잘하는 애도 없었고, 내가 못 푸는 문제도 없었으니까. 드디어 수학의 달인이 된 것이다. 누구도 내가 달인이라고 알아주지는 않았지만, 목숨 걸고 해낸 이 성과에 대해 그 어떤 것으로도 대신할 수 없는 뿌듯함을 느꼈고, 이 경험은 나에게 평생의 자산이 되었다.

이렇게 직관과 통찰이 크게 한 번 터지자, 이후에 영어, 철학, 한의학, 한학 무엇을 공부하든 아무리 궁지에 몰려도 때가 되면 뭔가 터질 것이라고 믿게 되었고, 실제로도 다 그렇게 되었다. 어떤 분야의 것을 공부하고 경험하든 간에, 약간의 시간이 지나면 항상 전체를 보는 통찰과 더 나은 방법에 대한 직관이 생겨났다. 요즘에는 직관과 통찰이 워낙 수시로 생겨서 별로 신기하지도 않을 지경이다. 이 정도면 독자들은 망아 상태가 얼마나 큰 신기를 발휘하는지 이해했을 것이다. 하지만 이해만으로는 부족하다. 독자들이 직접 이 상태를 자유자재로 경험하고 활용할 줄 알아야 한다. 어떻게 하면 자유롭게 망아의 상태를 이끌어내고 활용할 수 있을까?

첫째, 대상에 대한 집착과 긴장과 의무감을 버려라. 너무 잘하려고 애쓰지도 말고, 안 될까봐 안달하지도 말고, 상과 벌에 마음 졸이지도 말아야 한다. 집착과 애씀이 사라질 때 저절로 모두 잘되리라. 이를 위해 당연히 EFT를 잘 활용하면 된다.

둘째, 대상 자체를 즐겨라. 무의식 또는 참 나는 놀이 상태에서 가장 큰 가능성, 즉 신기를 발휘한다. 놀이에 열중한 나머지 세상 모르는 아이들을 본 적이 있을 것이다. 그러니 무엇을 하건 이왕이면 편안하게 재미있게 즐겁게 하라. 더 나아가 인생 자체를 놀이로 느끼고 즐겨라. 삶 자체가 한바탕의 놀이가 될 때, 삶 곳곳에서 신기가 터지리라.

요즘 나는 영어의 달인이 되기로 했다. 원래 영어로 읽고 쓰는 것은 웬만큼 하지만, 듣기가 약해 듣기의 달인이 되기로 했다. 그런데 일반 듣기 교재로는 쉽게 지쳐서 어떻게 하면 쉽고 즐겁게 재미있게 할 수 있을까를 생각하다보니, 내가 좋아하는 영어책을 오디오북으로 들으면 질리지도 않고 재미있을 것 같았다. 게다가 틈틈이 쉬는 시간마다 들으면서 다른 일을 함께 하면 굳이 따로 시간을 내지 않아도 된다. 그래서 쉴 때마다 심지어는 낮잠을 자는 동안에도 《신과 나눈 이야기》의 원서를 영어로 들었더니 몇 달이 지나가 영어가 점차 술술 그냥 저절로 들리기 시작했다. 그럼 나는 영어 듣기를 공부한 것인가 아니면 영어를 갖고 논 것인가? 열심히 하는 사람이 즐기는 사람을 못 당하는 법이다.

셋째, 과도한 자부심을 버려라. 보통 하나의 술을 완성하게 되면 자만심이 생겨 오히려 새로운 발전을 저해한다. 언제 어디서나 당신은 지금보다 더 발전할 수 있다. 그러니 지금의 기술이 아무리 뛰어나 보여도 버릴 줄 알아야 한다. 술을 넘어서는 술을 추구할 때 도를 얻는다. 버리면 새로 얻는다. EFT로 자만심을 지워라. 빈 마음은 언제나 신기를 발휘한다는 것을 명심하라.

넷째, 모든 것에서 술을 닦고 도를 추구하라. 〈생활의 달인〉이라는 TV 프로그램에는 온갖 달인이 다 나온다. 떡 썰기, 박스 접기, 빵 만들기, 물건 쌓기의 달인 등. 사실 이 달인이라는 말 자체가 장자에서 나온 말이다. 술과 도에는 크고 작음도 귀천도 없다. 술을 통해 마음을 닦고 도를 완성한다. 그러니 어떤 술이든 닦다 보면 도도 얻고 삶의 지혜도 얻을 것이다. 내가 수학을 연마해서 삶의 한 도를 터득했듯이 여러분도 각자가 가진 술을 연마해서 도를 터득하고 삶까지 완성할 것이다. 술의 달인이 삶의 달인이 됨을 명심하라. 삶의 달인이 바로 도인이다.

➤ 연상어구 및 확언 즐겁게, 재미있게, 느긋하게, 할 수 있는 만큼 할 수 있는 대로, 되는 만큼 되는 대로, 하고 싶은 만큼 하고 싶은 대로.

항상 승리한다

기나라의 성자라는 사람이 제나라 왕을 위하여 싸움닭을 훈련시키게 되었다. 열흘이 지나 왕이 물었다. "훈련이 끝났는가?" "아직 이릅니다. 마구 허세를 부리며 날뜁니다." 열흘이 지나 다시 물었다. "아직 이릅니다. 하찮은 소리나 그림자에도 싸울 태세를 갖춥니다." 또 열흘이 지나 다시 물으니 이렇게 대답했다. "아직 이릅니다. 상대가 보이면 째려보고 몸에 힘을 잔뜩 줍니다." 또 열흘이 지난 후에는 이렇게 말했다. "거의 다 되었습니다. 다른 닭의 울음소리가 나도 모습이 전혀 바뀌지 않습니다. 멀리서 보면 마치 나무 조각처럼 우두커니 서 있습니다. 다른 닭이 감히 덤벼들지 못하고 다 달아납니다." - 《장자》

진정한 힘은 무엇일까? 얼핏 경제력, 군사력, 명성, 권력, 세상의 권위 등이 세상을 움직이고 지배하는 것처럼 보인다. 많은 사람들이 이런 것들이 진정한 힘이라고 생각한다. 이렇게 가식적이고 만져지는 것들만이 유일한 힘이라고 본다. 물론 이런 것들이 한동안은 세상에 대한 지배력을 발휘할 수는 있다. 하지만 이 모든 힘은 영원하지 못하므로 그 어떤 것도 영원한 만족감을 주지는 못한다.

반면에 외부적이고 가시적인 힘에 흔들리거나 지배되지 않을 때 무적이 된다. 바로 이것이 진정한 힘이다. 이 힘은 매일 '나의 없음'을 닦을 때마다 쌓이는 것이다. 정말 뭔가 되고 싶은가? 그렇다면 먼저 '별 볼 일 없는 사람이 되는 법'부터 단련하라. 자신의 위대함을 의식하지 않는 사람보다 더 위대한 사람은 없다. 자신의 힘을 의식하지 않는 사람보다 더 힘센 사람이 어디 있으랴. 이 세상의 그 누구도 그 무엇도 그를 이길 수 없다.

물은 길은 막는 바위에 저항하지 않고 상대의 형태에 따라 자유자재로 변화하며, 가장 부드럽지만 가장 강한 바위를 뚫는다. 지구상의 모든 바위의 모양이 결국은 가장 부드러운 물과 바람이 다듬은 것이다. 그러니 단단한 바위로 세상과 부딪히다 결국 깨지고 말 것인가 아니면 가장 부드러운 물이 되어 만물을 빚어내는 창조자가 될 것인가? 그랜드 캐니언의 거대한 지형도 콜로라도 강의 물이 만든 것이다. 물은 아무리 강한 바위도 반드시 깎고 뚫고 녹인다. 그러니 EFT로 마음이 물처럼 무위무형無爲無形이 될 때 그 어떤 것도 당신의 길을 막지 못하리라. "물처럼 살아가라." "물처럼 싸워 이겨라."

● ● ● ● 망아가 가장 큰 힘이다. 당신이 망아가 되면 세상을 바꾸고 이기리라.

승리하면 항상 생각나는 사람이 있다. 바로 일본의 유명한 검객 미야모토 무사시다. 미야모토 무사시는 평생 60여 회의 진검승부에서 모두 이졌다. 진검승부에서 패배란 죽음을 의미한다. 죽거나 승리하거나 둘 중 하나일 뿐이다. 무사시의 검술 테크닉을 컴퓨터로 계산하니 4단 정도가 나왔다고 한다. 하지만 이는 가당찮은 결과다. 진검승부에서는 상대의 목을 치기 위해서 나의 어깨나 손목을 내주기도 한다. 목검 시합이라면 잔기술의 점수 따기로는 이기지만 실전에서는 목숨을 잃을 수도 있다.

무사시는 명성을 얻기 위해 결투를 자청했고 그래서 잘 살기를 원했다. 그런데 살려면 이런 위험한 결투는 하지 말아야 한다. '목숨을 걸되 반드시 살아야 한다'는 모순 명제를 실현해야만 했다. 이 모순 명제의 현실적 달성에 그의 검술 철학의 의미가 있는 것이다. 이것을 해명하기 위해 시바 료타로의 소설 《미야모토 무사시》에서 몇 구절을 인용한다.

"신을 공경하되 의지하지 않는다."

무사시가 어느 아침 죽음의 결투를 하러 신사 앞을 지나다 불안한 마음을 달래기 위해 신사에서 이기게 해달라고 절을 할까 하는 생각이 들자, 위의 말을 하면서 마음을 고쳐먹고 바로 결투장으로 갔다. 신의 존재 여부는 중요하지 않다. 신에 의지하려는 나약함이 문제일 뿐이다.

"깨달음을 얻으면 검술과 선은 하나가 된다劍禪一如."
"선에서는 마음이 텅 빈 상태를 공空이라고 한다. 공의 경지에 이르는 첫

걸음은 아집을 버리는 것인데, 검술로 치자면 이겨야 한다는 집착을 버리는 것이다. 이와 더불어 아집을 일으키는 자기 자신까지 버려야 한다. 그리고 더 나아가 자기를 버리려는 자기를 버리고, 불법에 따라 버리려는 그 불법을 버려야 한다."

장자에서는 이것을 한마디로 '살려고만 하면 못 산다生生者 不生也'라고 말한다. 임진왜란 때 배설이라는 사람이 있었다. 그는 당시 이순신의 바로 아래 직급의 고위관리였다. 이순신이 13척의 전함으로 300척이 넘는 왜선을 상대하려는 것을 보고 겁이 나서 명량대첩 직전에 도망가 버렸다. 이렇게 도망해 2~3년을 구차하게 버티다가 결국은 종전 후에 잡혀서 사형을 당했다. 여러분에게 묻고 싶다. 당신도 삶이 두려워 이렇게 도망가고 있지 않은가? 미야모토 무사시는 또 이렇게 말했다.

"다리의 폭은 똑같기 때문에 이론적으로 생각하면 당연히 건널 수 있겠지만, 두려움과 같은 잡념 때문에 건너지 못하는 겁니다. 그런 잡념을 떨치고 마음을 비우는 것이 검술 수련입니다."

개울에 걸쳐진 폭 50센티미터의 널빤지를 건너라고 하면 누구나 건너지만, 같은 널빤지를 절벽에 걸쳐놓으면 건너지 못한다. 무사시는 검술이 무엇인가라고 묻는 질문에 위와 같이 말하여 좌중을 감동시켰다.

불가능이나 실패나 죽음은 세상에 있는 것이 아니라 내 안에 있는 것이다. 나는 나의 내면세계에 오점이 존재하는 것을 용납할 수 없다. 그래서 오늘도 천일千日의 수련과 만일萬日의 수련을 한다. 나는 나의 내면세계를 완성하기 위해 외부세계를 경험한다. 나는 나의 내면세계의 창조자다. 그리고 나의 내면세계는 그대로 외부로 실현된다.

● ● ● ● 죽음에 대한 두려움을 버릴 때 영원히 살고, 실패에 대한 두려움을 버릴 때 영원히 승리하리라.

➡ **연상어구** 성실하게 선을 행하되 그 무엇도 악이라 판단하지 마라. 그럴 때 당신은 소모됨이 없이 영원히 지속될 것이다. 당신의 진보에 저항할 어떠한 적수도 상대도 없어서 바위를 뚫고 나가는 물처럼 마침내 불굴과 무적의 경지에 이르기 때문이다. 말 없이 가르침을 실천하라. 최고의 선행은 물과 같으며 잘 싸우는 사람도 물과 같다.

항상 도를 닦고 실천한다

오, 자연의 도여. 오, 조물자여. 늦가을이 되면 칼날 같은 서리로 짙푸르던 산의 녹음을 다 벗겨버리다가도, 봄이 되면 다시 따뜻한 바람으로 산천 초목에 초록 비단옷을 입힌다. 이 세상 만물을 만대萬代에 걸쳐 길러내지만 인자함을 자랑하지 않는다. 하늘과 땅보다 오래되었지만, 나이를 의식하고 자랑하지 않는다. 하늘은 만물을 덮게 하고 땅은 만물을 싣게 하면서 온갖 모습의 만물을 빚어내지만 기술을 자랑하지 않는다. ―《장자》

도는 형상 세계의 만물을 지어내지만 드러난 형상으로만 속박하거나 규정할 수 없다. 도는 형상으로 드러나되 항상 그 이상이다.

그림자 곁에 생기는 반그림자들이 그림자를 비난하여 말했다.

"너는 좀 전에는 아래를 내려다보더니 지금은 올려다보고 있다. 좀 전에는 머리를 단정히 묶고 있더니 지금은 머리를 다 풀어헤치고 있다. 좀 전에는 앉아 있더니 지금은 서 있다. 좀 전에는 움직이더니 지금은 멈춰있다. 도대체 왜 이리 줏대가 없는가?"

"너희들은 왜 이리 좁쌀영감처럼 잔소리가 많은가? 너희 말처럼 내가 그렇기는 하지만 그 까닭은 나도 모른다. 나는 매미나 뱀이 벗어놓은 허물처럼 겉모양은 매미나 뱀과 비슷하되 그것 자체는 아니다. 빛과 어둠이, 해와 달이 매일 내 앞에서 갈마든다. 나는 그저 이런 빛의 세기와 방향에 의존하여 생존할 뿐이다. 어찌 보면 형체가 있는 만물이 나처럼 그 이상의 것에 의존해서 존재하는 것이 아니겠는가. 빛이 오면 나도 오고 빛이 가면 나도 간다. 빛이 강해지면 나도 강해지고 빛이 약해지면 나도 약해진다. 게다가 그 빛도 다시 그 이상의 무엇에 의지하고 있는 것 같거늘, 겨우 나에게 의지해서 살아가는 너희들이 무슨 잔소리를 하느냐!"

형상이 있는 모든 것들은 모두 서로 의존하고 있다. 형상이 있는 모든 것들은 또 도에 의존하고 있다. 눈에 보이는 세상의 것이 아무리 크고 좋아도 도에 비하면 하찮은 것에 불과하다. 이 세상 어떤 거창한 의리나 은혜나 도덕도 도를 얻는 것보다는 못하다.

술에 취한 사람은 달리는 수레에서 떨어져도 다칠지언정 죽는 일은 없다. 술에 취한 사람의 뼈와 관절이 보통 사람과 다르지 않은데 이렇게 적게 다치는 것은 그 신기神氣가 완전히 보전돼 있기 때문이다. 술에 취한 사람은 수레에 탄 것도 수레에서 떨어지는 것도 모른다. 그의 마음에는 삶, 죽음, 놀람, 두려움 등의 감정이 전혀 없고, 오직 신기만이 있을 뿐이다. 그래서 떨어지는 순간에도 두려움 없이 무심하게 대처하게 된다. 술에 취하는 것만으로도 이렇게 생명을 보전할 수 있는데 도에 취하면 어떠할까?

— 《장자》

세상에서 가장 큰 힘과 행복은 도에 머물 때 나온다. 무심無心. 무판단 또는 망아할 때 도를 체험하고 도에 머물고 도를 실천하게 된다.

동곽자가 장자에게 물었다. "도는 어디에 있는 것이오?" 장자가 대답했다. "없는 곳이 없소." "특별히 하나를 찍어주시기 않겠소?" "땅강아지나 개미에게 있소." "너무 천박합니다." "강아지풀이나 피와 같은 잡초에도 있소." "어찌 점점 더 천박해집니까?" "기와나 벽돌에도 있소." "너무 하십니다." "똥이나 오줌에도 있소." 여기에 이르자 동곽자가 황당해서 아무 대꾸도 못했다.

장자가 말했다. "시장에서 돼지를 감별할 때에는 보이지 않는 깊은 곳을 밟아볼수록 살찐 정도를 더 잘 알게 된다 하오. 마찬가지로 도가 어디에 한정된 것이라 생각하지 마시오. 도와 동떨어져 있는 것은 없소. 지극한 도는 이와 같소. 위대한 말씀도 이와 같소. '널리周', '두루遍', '골고루咸', 이 셋은 이름은 다르지만 실제로는 같은 것. 그 의미는 모두 하나로 도를 가리키는 것이오." - 《장자》

도는 이 우주에 널리 두루 골고루 존재한다. 도가 없는 것은 없다.

혹 당신은 자신이 잘나서 자신의 힘으로 산다고 생각하는가? 당신의 머리카락은 당신이 자라게 하는가? 당신이 잠들 때 심장을 뛰게 하는 것은 당신인가? 당신의 발톱을 자라게 하는 것을 당신인가? 이렇게 본다면 도대체 당신의 생존을 위해서 당신 힘으로 하는 것이 얼마나 되겠는가? 우리 몸은 자연이다. 자연이라 함은 저절로 스스로 된다는 뜻이다. 저절로 스스로 되는 것에 어찌 나의 공을 자랑할 수 있으랴. 그렇다면 도대체 내가 사는 것인가 아니면 내가 도에 의해 살아지는 것인가?

그런데 과연 도가 무엇인가? 여러분은 이런 의문이 들지 않는가? 노장 사상에 입문하자마자 제일 이해하기 어려웠던 것은 바로 '도가 무엇인가?'하는 문제였다. 어떤 면에서는 하느님과 같은 수준이기도 하고, 또 어떤 면에서는 우주의 근원적인 법칙처럼 보이기도 한다. 수많은 동서양의 철학자들이 도에 관해 이런저런 설명을 했지만 그다지 명쾌하지는 않았다. 왜? 그들은 무의식을 이해하지 못했기 때문이다.

도는 바로 무의식이다. 더 정학하게는 에고가 사라진 무의식, 즉 참나다. 한마디로 에고가 사라진 무의식의 존재 자체가, 또한 그것의 작용과 원리가 바로 모두 도다.

이제 도를 닦는 것에 관해 알아보자. 도대체 수도^{修道, 도를 닦음}란 무엇일까? 먼저 다음 인용 구절들을 살펴보자.

"하늘이 명한 것을 성이라 하고, 성을 따르는 것을 도라 하고, 도를 닦는 것을 배움이라 한다^{天命之謂性, 率性之謂道, 修道之謂敎}." — 《대학》

"에고가 없는 참됨 자체는 하늘^{자연}의 도이며, 참되려고 하는 것은 사람의 도다^{誠者, 天之道; 誠之者 人之道}." — 《중용》

도가에서는 《대학》의 성性과 도道를 합쳐 도라고 통칭한다. 도는 언어를 포괄하되 초월하는 그 무엇이다. 데이비드 봄의 이론처럼 우주의 질서에는 드러나는 질서와 숨겨진 질서가 있다. 인간은 오관으로 드러난 질서를 지각하고 직관으로 숨겨진 질서를 인식한다. 도의 난해함은 숨겨진 질서를 포함하는 데 있다. 도道를 지각과 직관으로 인식하고 몸에 익히는 것, 즉 도를 닦는 것을 덕德이라고 한다. 덕이란 득得이며 득은 체득體得, 몸에 익힘을 의미한다.

그런데 도를 닦아야 하는 까닭은 무엇일까? 그것은 인간의 마음이 에고小我와 참 나大我로 나뉘어 있기 때문이다. 사람의 몸에 암세포가 있듯 우리의 마음에도 맹목적인 이기심과 성장만을 추구하다 심지어는 숙주까지 파괴하기도 하는 암세포적인 정신 영역이 있으니, 그것이 바로 에고이다.

인간의 숙명은 이 암세포적인 에고의 길들임이니 이러한 길들임을 바로 수도修道라고 하는 것이다. 하늘자연은 에고가 없는 참 나 그 자체이므로 참됨誠이다. 하지만 인간은 에고가 있어 에고를 초월하여 참 나로 나아가야 하므로, 참됨성실함을 닦고 실천하는 것이 바로 인간의 도가 되는 것이다.

나는 가시적인 모든 것들이 비가시적인 것에 의해 운영된다는 것과 외부세계가 내면세계의 반영이라는 것을 확실히 깨달은 이후에도 문득문득 혼란에 빠졌다. 우리의 마음은 보이고 만져지는 것들만을 믿도록 너무나 오랫동안 훈련되고 교육되어서 이런 것들이 집단적 에고가 되어버렸기 때문이다.

그래서 우리는 흔히 우리 안의 힘을 믿기보다는 외부의 힘을 믿고 의지하게 된다. 보이는 것에 너무 잘 속기 때문이다. 그러므로 우리는 날마다 이런 혼란과 괴리를 바로 잡을 필요가 있다. 이러한 마음의 바로잡음을 닦음 또는 수도라고 한다.

깨달음은 천둥과 번개처럼 순식간에 온다. 하지만 이후에도 습관화된 마음의 혼란을 매일매일 바로잡아 나가야 한다. 이것이 바로 매일 도를 닦고 실천해야 하는 이유다.

●●●● 내면세계^{무의식, 참 나}가 물질세계^{형상세계}보다 우위에 있음을 항상 명심하라. 형상의 세계를 맘껏 누리되 형상의 세계에 지배당하지 마라. 그러니 날마다 마음을 닦으라.

➡ **연상어구 및 확언** 이 생각과 감정을 모두 지운다. 모두 비운다. 모두 흘려보낸다. 모두 내려놓는다. 에고의 생각과 감정이 사라질 때, 도에 의해 삶은 저절로 살아진다.

유머를 잘 발휘한다

장자가 죽을 때가 되어 제자들이 장례를 후하게 지내려 하자 장자가 말했다. "나는 하늘과 땅을 관 뚜껑과 바닥으로 삼고, 해와 달과 별을 만장으로 삼고, 만물을 부장품으로 삼는다. 이미 장례 물품이 다 준비되었으니 더할 것이 무엇인가?" "까마귀나 솔개들이 시신을 먹지 않겠습니까?" "위로는 까마귀와 솔개들에게 먹히고 아래로는 개미와 땅강아지에게 먹힌다. 그러니 어차피 저쪽 것을 빼앗아 이쪽에게 주는 것에 불과하니, 어찌 한쪽만 편애할 수 있으랴." – 《장자》

무판단으로 에고의 집착을 버려 참 나로 살아가면 죽음도 좀 더 긴 잠에 불과하다는 생각이 든다. 하늘이 이불이고 땅이 요다. 이 세상 한바탕 웃으며 잘 놀다 가라.

혜자가 양나라의 재상이 되었다. 장자가 혜자를 만나러 가는데, 어떤 사람이 혜자에게 말했다. "장자가 오면 당신의 자리를 차지할 것입니다." 혜자는 너무 놀라 나라 안을 사흘 밤낮으로 뒤져 장자를 찾아내려 했다. 그러던 차에 장자가 혜자를 찾아가 말했다.

"남쪽에 원추라고 하는 봉황새가 있네. 자네도 알 것이네. 이 새가 남쪽 바다에서 북쪽 바다로 날아간다네. 도중에 오동나무가 아니면 머물지 않고, 멀구슬나무의 열매가 아니면 먹지 않고, 달고 맑은 약수가 아니면 마시지 않네. 그런데 마침 올빼미 한 마리가 썩은 쥐 한 마리를 물고 있는데, 원추가 지나가자 우러러보면서 '꽥' 하고 소리를 질렀네. 자네도 이놈처럼 재상이라는 썩은 쥐 때문에 나에게 '꽥' 하고 소리치는 것인가?"

－《장자》

무심해지면 장자처럼 이렇게 풍자와 해학도 자연스럽게 나오는 법이다. 세상일에 뭐 그리 심각한가?

태초에 하느님은 유머를 창조했고 악마는 심각함을 창조했다. 그러니 많이 웃을수록 천국에 가까워지고, 심각할수록 지옥에 가까워진다. 물론 이것은 나의 상상이니 독자들이 믿어야 할 이유는 없다. '심각할수록 심각해진다. 웃을수록 우스워진다.' 날마다 무슨 일이 있든 웃음을 단련하라. 그러면 해탈에 이를 것이다. 실제로도 많이 웃으면 에고가 약해지고 참 나가 강화된다. 참 나는 유머를 좋아한다. 그러니 웃음이 얼마나 중요한가.

어느 날 종교에 관해 생각하다가 모든 종교의 신이 너무 심각하다는 것을 깨달았다. 사실 나는 현대 사회에 이제 더 이상 제도화된 종교가 필요 없다고 생각하지만, 여전히 필요로 하는 사람들을 위해서 다음과 같이 생각해보았다.

첫째, 만일 하느님이 중개인보다 직거래를 선호한다면 중개료가 좀 더 싸지고 하느님이 필요할 때 언제라도 편하게 만날 수 있지 않을까. 그래서 직거래가 활성화되면 종교 중개로 먹고사는 종교 집단은 모두 사라지고, 모든 가정이 교회나 사찰이 되지 않을까. 이렇게 해서 남는 막대한 시주나 십일조나 헌금은 생명운동이나 사회복지에 사용되어 사회복지 수준과 환경 수준이 엄청나게 좋아지지 않을까.

둘째, 만일 하느님이 무게 잡기보다는 유머를 알았더라면 신성모독 죄나 비싸고 엄숙한 제사와 의례는 모두 사라지고, 하느님도 대통령처럼 필요하면 언제라도 씹을 수 있는 존재가 되고, 하느님도 말 안 듣는 인간을 같이 씹으면서 웃지 않을까. 게다가 하느님을 제일 잘 웃기는 순서대로 천당이나 극락에 간다고 하느님이 말한다면, 이 세상에 유머 감각이 넘치고 교회와 사찰에도 웃음이 넘치고, 코미디언이나 개그맨이 스님이나 신부가 되지 않을까. 이 하느님이 만든 지옥은 다음과 같을 것이다. 절대 웃지 않는 사람들끼리 모여서 평생 진지하고 엄숙하게 인상 쓰면서 살아가는데, 자신이 웃거나 남을 웃길 때까지 절대로 이곳을 빠져나갈 수가 없다.

셋째, 만일 하느님이 토론과 논리를 좋아한다면 하느님을 무조건 믿으라고 하지 않고, 어떤 질문에든 이해될 때까지 답을 할 것이고, 신부나 스님들도 믿음보다는 이해를 강조할 것이다. 진리는 믿지 않아도 자명하게 이해되는 것이므로 서로에게 자신의 믿음을 우길 일도 없어질 것이다. 그래서 이해보다는 믿음을 강조하는 종교는 저절로 사라지고, 만유인력의 법칙처럼 자명한 법칙을 하느님의 법칙으로 누구나 받아들이고 믿게 될 것이다. 종교는 믿음의 대상이 아니라 이해의 대상이 되어 안 믿으면 지옥 가는 것이 아니라 그저 바보가 될 뿐인 세상이 되지 않을까.

넷째, 만일 하느님이 명령을 내릴 때 '하지 말라'가 아닌 '하라'는 긍정적인 표현으로 제시한다면 더 밝은 세상이 되지 않을까. '~하지 말라'라고 하니 사람들은 더 하고 싶어진다. 그래서 결국 참다 참다 나중에 폭발하면 죄인이 되어버린다. '~하지 말라'고 하면 더 하기 마련이다. '간음하지 말라'고 하니 더 끌리게 된다. 차라리 이런 명령은 어떨까? '행복하게 살 줄 알라, 너그럽게 살 줄 알라, 용서하면서 살 줄 알라, 받아들이면서 살 줄 알라, 감사하면서 살 줄 알라, 다른 신을 존중할 줄 알라' 등. 그러면 범죄가 더 줄고, 종교분쟁도 사라지고, 오히려 조금이라도 더 선행을 베풀고, 세상도 더 밝아지지 않을까.

나는 친근하고, 유머감각 있고, 논리적이고 긍정적인 하느님을 사랑하고 바란다. 지금까지 모든 신은 너무 심각했다. 이제 이런 하느님은 어떤가?

● ● ● ● 에고는 무게 잡은 듯 심각하고, 참 나는 항상 웃는다. 그러니 늘 웃어라.

→ **연상어구** 무슨 일이든 심각하면 더 심각해진다. 무슨 일이든 웃으면 점점 우스워진다. 사람이 평균 80 평생을 산다고 할 때 웃는 날이 얼마나 될까? 웃는 시간을 다 합치면 한 달이나 채 될까? 한 달도 못 웃으며 80 평생을 사느니 40년을 살아도 웃으며 사는 것이 낫지 않을까! 에고는 무게 잡고 참 나는 웃는다. 그저 웃어라. 세상은 놀이마당이요, 인생은 한 편의 코미디가 아닌가!

무심하다

안회가 공자의 문하에서 학문을 어느 정도 익혀 드디어 세상에 나가고 싶다고 말했다.

"어디에 가려고 하느냐?" "위(衛)나라로 가려고 합니다." "무엇을 하려고 하느냐?" "위나라 임금이 젊은 혈기에 제멋대로 권력을 휘두르면서도, 자신의 잘못을 전혀 모릅니다. 그래서 강가에 백성의 시신이 짚단처럼 쌓이고, 백성들이 의지할 데가 없다고 합니다. 전에 선생님께서 '명의는 죽을 병을 고치고 참 선비는 망할 나라를 구한다'고 하신 대로, 저도 참 선비가 되고자 합니다."

"아! 아서라. 네가 가면 결국 형벌밖에 더 받겠느냐. 무릇 도란 잡스러움을 싫어한다. 잡스러우면 도가 여러 갈래로 갈라진다. 갈라지면 도가 흔들린다. 도가 흔들리면 결국 마음에 걱정과 불안만 더할 뿐이다. 흔들리는 마음으로 어찌 다른 흔들리는 마음을 구제할 수 있겠느냐. 옛 현인들은 먼저 자신의 마음을 바로 잡은 이후에야 남의 마음을 바로잡으려 했다. 그러니 자기 마음 하나 못 잡으면서 어찌 포악한 자의 마음을 바로잡을 수 있겠느냐?

게다가 너는 참된 덕이 어떻게 일그러지고 분별적 지식이 왜 생기는지 아느냐? 참된 덕은 공명심 때문에 일그러지고, 지식은 남과 싸워 이기려는 데에서 비롯되는 것이다. 공명심 때문에 서로 다투게 되고, 지식은 이런 싸움의 도구일 뿐이다. 그런데도 네가 참된 선비가 되겠다는 공명심과 지식욕으로 폭군을, 더 나아가 세상을 바로 잡을 수 있다고 보느냐?

그리고 폭군 앞에서 억지로 도덕과 법도를 설하는 것은 모범생이 불량 학생을 붙잡고, '너희들도 그렇게 살지 말고 나처럼 열심히 해서 장학금 타라'라고 하는 것과 같다. 결국은 저의 못남에 나의 잘남을 대놓고 자랑하는 것과 같으니, 이러고도 무사하기를 바랄 수 있겠느냐?"

안회가 말했다. "그러면 단정하고 겸허하되 일관성 있게 꾸준히 도덕과 법도를 말하면 되겠습니까?" "어허 그것이 어찌 가능하겠느냐? 아들이 공부하라는 어머니의 거듭되는 잔소리에 건성으로 대답하듯, 기껏해야 그 임금도 귀찮아서 건성으로 너에게 화답할 뿐이다. 겉으로만 듣는 척할 뿐이니, 어찌 내면의 진정한 변화가 이것으로 가능하겠느냐?" "그러면 겉으로는 폭군과 어울리는 척하면서 속으로는 저의 주관을 갖고 있으면 어떻겠습니까? 겉으로는 같이 방탕한 척하면서 친밀감을 형성합니다. 그러나 의견을 말할 때에는 ^{저의 의견에 맞는}기존의 도덕적 이론을 그저 객관적으로 말한다면 임금도 저를 탓하지 않을 것입니다." "어찌 가능하겠느냐? 이렇게 갈수록 폭군에 맞춰 이리저리 인위적으로 너의 처신을 꾸며대느라 잡스러워지기만 할 뿐이다. 비록 형벌에 죽지는 않겠지만 네가 원했던 '나라를 구함'은 아예 불가능할 것이다. 그것은 네가 너의 주관^{主觀, 애고의 판단}에만 집착하고 있기 때문이다."

안회가 말했다. "스승님, 이제 더 이상은 모르겠습니다. 가르침을 주십시오."

공자가 말했다.

"재^{齋, 재계를 한다는}를 하라. 이미 가진 알량한 식견으로만 해결하려 하니 되겠느냐?"

"저는 가난하여 여러 달 동안 술도 기름진 음식도 먹지 못했습니다. 이정도면 재계하는 것과 무엇이 다르겠습니까?" "그것은 몸의 재이지 '마음의 재^{心齋}'가 아니다. 너는 마음의 재를 하거라." "그렇다면 부디 '마음의 재'가 무엇인지 알려주십시오." "처음에는 의식을 집중하라. 그다음에는 소리를 귀로 듣지 말고, 마음으로 들어라. 다음에는 마음으로도 듣지 말고, 기^{氣, 무의식의 자연스러운 흐름}로 들어라. 이렇게 되면 귀는 그저 모든 소리를 집착 없이 들을 뿐이고, 마음도 그저 ^{판단 없이} 소리를 인식하게 된다. 그밖의 시각, 후각, 미각, 촉각도 이와 같다. 마음이 비어야 기가 거침없이 모든 사물과 상

311

황에 맞게 대응하고, 이런 빈 마음에만 도가 깃든다. 이렇게 마음을 비우는 것이 바로 '마음의 재'라고 한다."

안회가 다시 마음의 재를 실천한 후에 물었다. "제가 재를 하기 전에는 그저 안회였을 뿐입니다. 하지만 재를 통해 무심하게 내맡기자 안회라는 사람 자체가 사라져버렸습니다. 이것이 바로 마음이 비워진 것일까요?" 공자가 기뻐하며 말했다. "드디어 깨쳤구나. 다시 한 번 너에게 이르겠다. 거저 육신으로 세상을 살아가지만 마음은 세상에 얽매여서는 안 된다. 어떤 사건과 사물이 닥치더라도 마음은 그저 텅 비어 맞이할 뿐이다. 마음이 먼저 움직이지도 막아서지도 않고, 그저 사건과 사물의 변화에 따라 꼭 맞게 움직여 마침내는 모든 것을 다 이루어낼 것이다. 한마디로 빈 마음에 신통함이 생기는 것이니 너는 평생 '마음 비우기재'를 실천하도록 하여라."

– 《장자》

정치판의 격언에 '보수는 부패로 망하고 진보는 분열로 망한다'고 했는데, 이 땅의 많은 진보적 지식인들의 한계를 보며 무척 답답할 때가 있다. 그들은 '자신이 옳고 선이다'라는 생각에 빠져 세상과 상대방을 전혀 인정하지 않고 비판만 하다 정작 세상에 필요한 변화는 일으키지 못한다. 물에 빠진 사람이 물에 빠진 사람을 구할 수 없듯, 내 마음도 어쩌지 못하는 사람들이 어찌 세상을 구한다고 하는가! 당장 안회처럼 심재부터 실천하라. 그래서 먼저 내 안의 평화를 찾고 그다음 세상의 평화를 실천하라. 사실은 내 안의 평화가 세상의 평화일 뿐이다. 무의식은 하나이며 나와 남을 구분하지 않으니까.

남백자규南伯子葵가 참사람의 도를 깨달았다. 그러던 어느 날 복량의가 참사람의 자질이 있음을 알고 제자로 받아들였다. 그는 또 하나의 참사람을 기대하면서 기쁘게 그를 가르쳤다. 이윽고 도를 가르치고 지켜보기를 사흘 째, 복량의는 세상을 잊었다. 다시 이레가 지나자 만물을 잊었다. 다시 아흐레가 지나자 삶을 잊었다. 삶을 잊게 되자 다시 '확 뚫림'을 경험하게 되었다. 확 뚫리고 나자 다시 절대 독립의 경지, 외물에 의지함이 없는 상태인 '홀로 우뚝 섬'을 경험하게 되었다. '홀로 우뚝 섬'을 경험하고 나자 다시 고금古今의 구분이 없는 '영원한 찰나'를 경험하게 되었다. '영원한 찰나'를 경험하게 되자 곧 '삶도 죽음도 없는 경지'에 들어가게 되었다.

— 《장자》

이 부분은 정신적 성장과 각성을 이해하는 데 중요한 구절이다. EFT와 관련하여 이 부분을 설명해보자.

첫째, EFT로 삶에 대한 모든 판단과 감정을 지우다보면, 세상이 바깥이 아니라 내 안에 있음을 깨닫는다. 세상이 내 마음무의식의 표현임을 깨닫고, 오로지 나의 주체성만이 존재함을 느끼고, 주체성을 실천한다. 세상일에 내 마음이 흔들리지 않는다. → 세상을 잊는다.

둘째, EFT로 사물에 대한 판단과 구별을 내려놓는다. 사물에 대한 시비 판단과 호오의 감정이 사라져 있는 그대로 받아들인다. 사물로 인해 내 마음이 흔들리지 않는다. → 만물을 잊는다.

셋째, EFT로 내 삶이 우주적 생명의 한 표현이고, 죽음은 이런 표현의 변화임을 깨닫는다. 그래서 삶에 집착하지 않고 그저 모든 것을 편안하게 받아들이며 살아간다. → 삶을 잊는다.

넷째, EFT로 에고가 사라져 그저 하나 된 나, 즉 참 나만이 존재한다. 내가 큰 하나^{참 나}에게로 확 뚫려버린 상태다. → 참 나를 향해 뚫린다.

다섯째, EFT로 에고가 사라진 참 나는 '상대되는 나'가 없는 절대 독립의 나다. 이 경지에서는 마음에 어떤 걸림도 없어 마치 바람과 같이 자유롭다. → 홀로 우뚝 선다.

여섯째, EFT로 무판단을 추구하다 보면 어느 순간 시간과 공간도 에고가 만든 판단의 환상임을 깨닫는다. 시간의 대소에 구애되지 않고 매 순간을 온전하게 경험한다. → 영원한 찰나를 경험한다.

일곱째, 시공간의 구별이 사라지면 영원한 삶을 경험할 뿐이다. → 삶도 죽음도 없는 경지에 이른다.

이 모든 것이 EFT를 꾸준히 하다보면 저절로 얻게 되는 경지다. 처음에는 조금씩 맛보다 나중에는 더 많이 맛본다.

그래서 무판단의 경지에 이르면 주로 이 경지에서 머물다가 필요한 만큼만 생각을 쓰게 될 것이다. 바로 이때 나는 생각의 노예가 아니라 생각의 주인이 된다.

안회가 말했다. "제가 뭔가를 이룬 것 같습니다." 공자가 물었다. "무슨 말이냐" "제가 인仁이니 의義니 하는 것을 잊어버렸습니다." "좋다. 그러나 아직 멀었다."

얼마 후 다시 안회가 공자를 뵙고 말했다. "제가 또 뭔가를 이룬 것 같습니다." "무슨 말이냐?" "제가 예禮니 악樂이니 하는 것을 잊어버렸습니다." "좋다. 하지만 아직 멀었다."

얼마 후에 안회가 다시 공자를 뵙고 말했다. "제가 또 뭔가를 이룬 것 같습니다." "무슨 말이냐?" "저는 그냥 앉은 채로 다 잊어버렸습니다坐忘." 공자가 깜짝 놀라 물었다. "앉은 채로 다 잊다니 무엇을 말하는 것이냐?" "손발은 생명 없는 물건처럼 축 늘어지고, 귀와 눈의 감각 작용이 사라집니다. 마음이 판단을 멈추니 육신의 한계를 넘어서고 곧 '큰 뚫림大通'이 되어버렸습니다. 이것이 바로 앉아서 잊어버리는 것입니다." "놀랍구나. 너의 경지는 '좋다'는 말로도 '깨달았다'는 말로도 표현할 수가 없구나. 궁극의 경지를 어찌 상대적인 인간의 언어로 표현하겠느냐? 게다가 오히려 지금부터는 내가 너를 따르며 배워야겠다." – 《장자》

에고의 한계가 사라진 상태가 바로 '큰 뚫림'이다. 이 상태가 되면 말로 표현할 수 없는 일체감과 더불어, 내게 필요한 정보가 그저 쏟아져 들어온다. 그러니 한마디로 '큰 뚫림'이 아니겠는가! 또 인의예악이란 공자의 가르침의 핵심이다. 이것들을 잊었다는 것은 기존 진리의 한계를 벗었다는 의미이기도 하다. 스님이 부처를 잊고, 목사가 예수를 잊고, 회교도가 알라를 잊는 경지가 바로 이것이다. '큰 뚫림'을 얻으려면 이렇게 나의 가장 소중한 기존 진리마저도 내려놓아야 한다.

참사람은 사람의 모습을 가졌지만 사람의 감정이 없다. 사람의 모양을 지녀서 사람들과 섞여 산다. 하지만 감정이 없으므로 시비의 다툼은 없다. 그저 사람과 섞여 살아가니 실로 보잘것없도다. 하지만 시비 없는 그 마음은 홀로 하늘^{자연, 우주}과 하나가 되었으니 실로 위대하도다.

— 《장자》

참사람이란 도를 깨닫고 체득하여 망아의 경지에 이른 사람이다. 참사람의 몸은 인간 사이에 있되 마음은 항상 근원에 가 있다. 형상으로만 보면 그저 한 인간이되, 마음으로만 보면 우주와 하나 된 사람이다. 그러니 얼마나 큰 사람인가! 망아니 무심이니 하는 것이 너무 고원^{高遠}해서 엄두도 나지 않는가? 사실 망아와 무심은 범인들이 범접할 수 없는 그 무엇이 결코 아니다. 혹 여러분은 망아와 무심의 상태를 경험해본 적이 없는가?

• 가없는 밤하늘의 별들을 평상에 누워 무심코 바라보다 나를 잊었다.

• 망망대해에서 무한히 꿈틀거리는 파도를 보며 아무런 생각이 들지 않는다.

• 바닷가에서 낙조나 일출을 보며 무한한 감동을 느낀다.

• 너무 힘들어 포기하고 싶은 마음이 굴뚝같지만, 꾹 참고 산을 오르다 보니, 어느 순간 사방이 확 트인 정상이 아닌가. 이 순간 형언할 수 없는 벅찬 감정을 느낀다.

• 너무나 감동적인 음악이나 영화에 몰입하여 시간 가는 줄 몰랐다.

이런 경험은 다들 인생에서 몇 번은 해보았을 것이다. 바로 이때가 망아와 무심의 순간이다. 망아와 무심은 선사나 수도사들이 수십 년씩 경험해야만 얻을 수 있는 그 무엇이 결코 아니다. 그저 우리가 항상 갖고 있으면서도, 에고의 내부 대화^{판단}에 가려 지속되지 못하는 일상적인 경험일 뿐이다. 이제 우리가 할 일은 EFT로 무판단에 이르러 무심의 마음을 계속 유지하는 것이다.

이와 관련하여 중국의 조주선사 이야기를 소개하려 한다.

조주선사^{趙州 禪師: 778~897}는 60세가 되어서야 선禪에 입문하여 80세까지 계속 수행 정진한 끝에 깨달음을 얻었다. 그리하여 80세가 되던 해부터 120세의 나이로 열반할 때까지 제자들을 가르쳤다. 하루는 한 제자가 그에게 물었

317

다. "만일 제가 제 마음속에 아무것도 없다면, 그때는 어떻게 합니까?" 조주선사가 대답했다. "그것을 내던져버려라." 그러자 제자가 다시 물었다. "하지만 스승님, 제 마음속에 아무것도 없는데 어떻게 그것을 내던져버릴 수 있습니까?" 조주선사가 대답했다. "그렇다면, 그것을 그대로 갖고 다니거라."

나는 EFT와 노장 사상을 통해 계속 판단과 집착을 내려놓으면서 내가 얼마나 내 안의 생각내부 대화에만 빠져 살았는지 절실히 깨달았다. 반대로 그것이 사라지는 만큼, 그래서 내 마음이 비는 만큼, 빈 마음이 얼마나 많은 가능성과 평화를 주는지도 경험하게 되었다. 또 생각이 얼마나 에너지를 소모시키는지도 절실히 깨달았다.

● ● ● ● 먼저 EFT로 모든 판단을 내려놓으라. 이제 그 무판단을 유지하라.

➡ **수용확언** 나는 이 생각과 감정에 마음이 흔들리지만 마음속 깊이 진심으로 나 자신을 받아들입니다.

➡ **연상어구** 이 생각과 이 느낌을 모두 지운다. 모두 내려놓는다. 모두 흘려보낸다. 모두 비운다. 기러기가 지난 뒤 연못은 그림자를 붙

잡지 않고 바람이 지난 뒤 대숲은 소리를 남기지 않는다. 일이 생기면 내 마음이 나타나지만 일이 사라지면 내 마음도 사라진다.

인생을 노닐 듯이 살아간다

송나라의 임금 원군元君이 화공을 모아 그림을 그리게 했다. 많은 화공이 몰려들었다. 안에 들어가지 못해 밖에서 기다리는 사람도 반이 넘었다. 화공들은 저마다 화판을 받자, 엄숙하게 거들먹거리며 붓을 핥기도 하고 먹색을 고르기도 했다. 한 화공이 뒤늦게 왔지만 오히려 느긋하게 행동하며 결코 서둘지 않았다. 그는 다른 사람들과 달리, 화판을 받자마자 서서 기다리지 않고 숙소로 바로 돌아갔다. 원군이 사람을 보내 보게 하였더니, 옷을 벗어젖히고 두 다리를 뻗고 태연히 앉아 있었다. 이에 원군이 말했다. "됐다. 이 사람이 진짜 화공이다." - 《장자》

위대한 예술의 본질은 바로 놀이의 정신이다. 거추장스런 격식도 버리고, 타인의 시선을 의식하지도 않고, 그저 내키는 대로 놀아보라. 더 나아가 인생이라는 예술을 한바탕 즐겨보라. 그래서 세상 떠날 때 "이 세상 정말 잘 놀다 간다"고 얘기해보는 것은 어떤가.

구름 장군이 구름의 무리를 이끌고 동쪽으로 길을 나섰다. 신령스런 부요나무 가지를 지나치다가 마침 홍몽鴻蒙. 크게 어리석다는 뜻을 만났다. 홍몽은 마침 넓적다리를 두드리며 까치처럼 깡충깡충 뛰면서 놀고 있었다. 구름 장군이 흠칫 놀라 가만히 서서 물었다. "영감님은 어떤 분이시며, 무엇을 하고 계십니까?" 홍몽은 여전히 뛰어 놀면서 대답했다. "이렇게 놀고 있네." "한 가지 묻고 싶은 것이 있습니다." 홍몽이 올려다보며 의아한 듯 말했다. "그래?" 구름 장군이 또 물었다. "하늘과 땅의 기운이 흩어지고 막혀서 사계절의 시기와 기후가 절도를 잃었습니다. 그래서 사계절의 질서를 바로잡아 모든 생명을 키우려고 하는데, 어떻게 하면 되겠습니까?" 이에 홍몽은 여전히 넓적다리를 두드리고 깡충깡충 뛰놀았다. 이번에는 머리까지 흔들면서 말했다. "나는 몰라. 나는 몰라." 구름 장군은 다시 묻지 못했다.

3년이 지나서 송나라의 어느 들을 지나다가, 마침 다시 홍몽을 만났다. 구름 장군은 못내 기뻐하며 달려갔다. "선생님께서는 저를 잊으셨습니까? 저를 잊으셨습니까?" 두 번 절하고 머리를 조아려 홍몽의 말을 기다렸다. "자유로이 노닐며, 어떤 것도 필요한 줄 모르고, 내키는 대로 살아 굳이 가야 할 곳도 모른다. 이렇게 자유로이 노니는 사람은 우주의 참된 모습을 우두커니 지켜볼 뿐이니, 굳이 무엇을 안다고 하겠는가?" 구름 장군이 말했다. "저도 나름대로 내키는 대로 산다고 생각했는데, 자꾸 구름 백성들이 저를 따라옵니다. 그래서 어쩔 수 없이 백성을 다스리다 보니, 제가 우두머리가 되어버렸습니다. 바라건대 다스림에 관해 한마디 일깨워주십시오."
홍몽이 말했다. "자연의 법칙을 어기고 만물의 참모습을 거스르면 자연의
조화를 발휘할 수 없네. 짐승의 무리가 흩어지고, 새들이 밤중에 자지 않
고 울어대며 풀과 나무가 시들고 곤충이 죽어가네. 아! 이것이 다스리려는
마음에서 비롯되는 것이거늘." "그렇다면 저는 어찌해야 되겠습니까?" "어
허, 갑갑하구나. 그저 마음 비우고 돌아가게." "이런 선생님을 만나는 것은
좀처럼 쉽지 않습니다. 그러니 한 말씀만 일러주십시오."

　홍몽이 말했다. "그럼 마음을 기르게. 그것이 다야. 자네가 억지로 함이
없으면 만물은 저절로 변화될 것이네. 몸도 잊고 감각도 잊고 세상과 사람
도 다 잊어 무심으로 대도大道와 하나가 되게. 이렇게 정신의 집착과 속박이
사라지면, 아스라이 나의 존재마저도 다 잊게 되네. 이 경지에서 만물은 근
원에서 나와 스스로 번창하다가 또다시 무심코 근원根元으로 돌아가네. 오감
과 지식으로 판단하지 않으면 평생 이 근원과 함께 할 것이네. 하지만 판단
으로 분별하면 오히려 멀어지게 되네. 그러니 무판단의 자세를 유지하면
만물이 스스로 저절로 변화할 것이네." "선생님께서 저에게 몸소 가르침을
보여주고 베푸셨습니다. 이제야 평생 애써 구하던 바를 얻게 되었습니다."
구름 장군은 이렇게 말하면서 두 번 절하고, 머리를 조아리고 일어나 하직
하고 물러났다. ─《장자》

'무판단=무심=망아=놀이하는 마음=도'임을 명심하라.

놀이와 웃음의 순간에 참 나가 제일 잘 드러난다. 또 놀이와 웃음은 항상 같이 나타난다. 심각하게 노는 아이를 본 적이 있는가? 놀이는 항상 즐겁다. 예술의 본질이 또한 놀이다. 장자는 더 나아가 삶 자체를 놀이라고 본다. 놀이하는 마음과 웃는 마음이 바로 무심이다. 내가 만난 수많은 환자들은 전부 너무 심각했다. 놀지도, 웃지도 못할 정도로 심각하면 마음과 몸이 다 병든다. 그러니 놀이하듯 웃으며 살아가라.

놀 듯 사는 삶을 가장 잘 구현하는 국민이 미국인이다. 내가 카투사로 근무할 때의 일이다. 군대에서 제일 힘든 일이 검열을 받는 것이다. 특히 힘들었던 검열은 막사 검열과 총기 검열이었다. 막사 검열은 정말 엄격한데, 검열관이 흰 장갑을 끼고서 막사 곳곳을 마구 훑고 지나간다. 그런 이유로 지적받지 않으려면 무척 심혈을 기울여 청소와 정리정돈을 해야 하는데, 이 청소에 대한 스트레스가 엄청났다. 총기 검열에서도 수많은 총기들을 완전 분해해서, 이를 닦듯 녹과 때를 작은 솔로 다 제거하고 심지어 광까지 내야 하니 한국인 카투사는 엄청난 스트레스를 받았다. 그래서 검열 때만 되면 전사처럼 비장한 얼굴을 하고 심각하게 총기를 닦고 청소를 했다.

반면 놀랍게도 미군들은 전혀 달랐다. 그들은 검열 준비를 할 때, 흥겨운 음악을 틀고 간단한 간식을 준비한 뒤에, 즉 일할 준비가 아니라 놀 준비를 먼저 한 다음에 어깨춤을 춰가면서 일을 시작한다. 그러니 그들이 일하는 것을 보면 그냥 노는 것 같았다. 물론 그렇다고 일을 제대로 못하는 것도 아니었다. 오히려 재미있게 하면서 쉽게 끝났다. 나는 이때 받은 충격을 평생 잊지 못할 것이다. 그때까지 일은 그저 일이고, 심각하고 진지하게 해야 하는 것으로만 알았다. 이런 나의 기본 믿음이 바로 이 순간 송두리째 흔들린 것이다. 미국의 지식인들이 가장 창의적인 이유는 바로 이렇게 놀이와 일^{학문}이 일치되어 있기 때문이다. 놀이하는 마음이 모든 창의성의 근원이기 때문이다. 침구학의 일종인 EFT가 종주국인 중국과 한국이 아닌 미국에서 나올 수 있었던 것도 바로 이것이다. 명심하라. '인생은 재미난 놀이, 세상은 큰 놀이터.'

● ● ● ● 뭔가를 제일 잘하는 방법을 즐기는 것이다. 삶을 제일 잘 사는 방법은 있는 그대로 삶을 즐기는 것이다. 놀듯 살아가라.

➡ **수용확언** 나는 지금 너무 심각하고 진지하지만 마음속 깊이 진심으로 나 자신을 받아들입니다.

➡ **연상어구** 너무 심각하다. 너무 진지하다. 부담감 때문일까. 의무감 때문일까. 편안하고 즐겁게, 재미있고, 느긋하게, 되는 만큼 되는 대로, 할 수 있는 만큼 할 수 있는 대로, 하고 싶은 만큼 하고 싶은 대로 하면 모두 다 된다. 오히려 더 잘된다.

온전한 삶을 누리는 자

　전자방이 위나라 왕 문후에게 계공을 자주 칭찬했다. 문후가 말했다.

　"계공이 자네의 스승인가?" "아닙니다. 같은 마을에 사는데 그의 말이 도리에 합당한 것이 많았습니다." "그러면 자네는 스승이 없는가?" "있습니다." "그게 누구인가?" "동곽순자입니다." "어찌하여 그대는 자신의 스승에 대해서는 한 번도 칭찬하지 않았는가?" "그 분은 인위와 작위가 전혀 없는 '참 사람'입니다. 비록 사람의 모습이지만, 그 마음은 하늘처럼 허심하고, 매사에 자연스럽게 내맡기되 끄달리지 않고, 무심하게 만물을 받아들입니다. 아무리 무도한 사람도 받아들여 스스로 깨닫게 하고, 곁에 있으면 사람들의 마음이 사라지게 합니다. 그러니 제가 감히 무슨 말로 이런 분을 칭찬할 수 있겠습니까?"

　전자방이 물러난 다음 문후는 넋을 잃고 하루 종일 아무 말도 하지 않았다. 그러다 정신이 들자 곁에 지키고 선 신하를 불러 말했다. "진정으로 덕을 쌓은 사람의 경지는 까마득한 것이구나. 전에는 누구나 일컫는 진리와 칭찬하는 행동이 가장 옳은 줄만 알았다. 그런데 전자방의 스승에 관해 듣고 나니 맥이 다 풀리고 입이 떨어지지 않는다. 내가 지금까지 배운 것은 모두 화려한 포장의 껍데기에 불과했구나." -《장자》

　말할 수 있는 도가 참된 도가 아니듯, 칭송할 수 있는 사람은 참사람이 아니다. 참사람은 상식적인 비판과 칭찬의 영역을 넘어선 사람이다. 공자나 예수나 석가가 현대인으로 환생한다면 사람들이 성인으로 알아볼 수 있을까. 독자들은 어떻게 생각하는가?

이런 사람들은 천자도 신하로 삼을 수 없고 제후들도 친구로 사귈 수 없다. 뜻을 기르는 사람은 육신의 이익에 좌우되지 않으며, 육신을 기르는 사람은 이득으로 육신을 상하지 않는다. 하물며 도를 추구하는 사람은 헛된 욕망을 일으키는 마음을 다 놓아버린다. – 《장자》

참사람은 외물外物에 의지하지 않으므로 절대 독립과 절대 자유의 경지에서 노닌다.

장자가 강에서 낚시를 하고 있었다. 그때 초나라 왕이 장자에게 재상을 맡기고자 두 명의 사자를 보냈다. 두 사자가 옆에 가서 물었다. "부디 우리나라의 정치를 맡아주십시오." 장자가 낚싯대를 쥔 채 돌아보지도 않고 말했다. "당신네 나라에는 3천 년이나 된 신성한 거북의 등딱지점치는 데 쓴다가 있어 비단으로 싸서 사당을 지어 보관할 정도로 소중하게 여긴다고 들었소. 그런데 그 거북은 생전에 죽어 등딱지가 되어 귀하게 쓰이고자 했겠소? 아니면 산 채로 진흙탕에서라도 꼬리를 끌며 마음대로 돌아다니기를 바랐겠소?" 그러자 두 사람이 말했다. "그야 당연히 살기를 바랐겠지요."

장자가 조용히 말했다. "그만 돌아가시오. 저도 진흙탕 속에서 꼬리를 끌며 마음대로 돌아다니고 싶소." -《장자》

참사람은 '이것'이 아닌 '저것'을 바라거나, '이 세상'이 아닌 '저 세상'에 살고 싶어하지 않는다. 항상 이 세상을 받아들이고 누린다.

내가 녹차를 마신 지 18년은 된 것 같다. 아마도 스물두 살 무렵부터 한학, 영문학, 철학, 사서, 노자, 장자 등을 섭렵하면서, 군대 식당의 공짜 홍차에 맛을 들이기 시작하다가 마침내는 녹차의 맛에 귀착되었다. 이렇게 오랫동안 녹차를 마셨지만, 녹차의 진미를 알게 된 것은 2년 채 안 된 것 같다. 그제야 녹차를 제대로 알게 되었고, 다도가 무엇인지 알게 되었다. 그전까지는 여느 사람들이 커피를 마시듯 녹차를 마셨다. 콜라나 술을 마시듯 녹차를 들이켰다.

하지만 최근에야 녹차는 들이키는 것이 아니고, 혀끝에 굴려가면서 한 방울씩 음미하는 것이라는 것을 깨달았다. 녹차는 맛으로 먹는 것이 아니다. 녹차는 사실 별 맛이 없다. 이 별로 맛없는 맛을 혀끝에서 굴려 가면서 음미하는 것이 바로 다도인 것이다. 이렇게 맛없음을 맛보는味無味 과정에서 지금 여기의 온전함이 온몸으로 느껴지고, 마침내는 녹차에서 오미五味가 살아나서 전해지는 것이다.

녹차 한 잔을 제대로 맛보는 것은 결국 지금 여기의 모든 느낌을 온전히 되새기고 느끼는 과정이자, 생각에 취해 마비된 마음에 현존現存이라는 상쾌한 각성의 바람을 불어넣는 일이다. 그런데 차 하나를 음미하는 데도 16년의 세월이 걸렸는데, 인생의 진미를 음미하는 데는 얼마나 긴 시간이 필요할까? 지금 나는 삶을 그저 게걸스럽게 먹어치우고 있는 것은 아닌가. 혀끝에서 녹차 한 방울을 굴려가며 음미하듯, 지금 이 순간 삶을 꼭꼭 씹어가며 잘 음미해보라. 무슨 맛이 나는가. 생각 속에서 비치는 세상은 경쟁과 희소성과 우열과 양적 성장만 있지만, '지금 여기'의 삶을 온몸으로 음미할 때, 세상은 풍요 그 자체로 영롱하게 반짝인다. 나는 어떤 것도 필요하지 않지만 모든 것이 즐겁다.

● ● ● ● 지금 여기에서 삶의 한 방울을 온전히 음미하라.

그럼 구체적으로 어떻게 해야 삶을 음미할 수 있을까? 이 글을 쓰고 있는 순간 서울 전역에 오랜만에 제법 많은 눈이 내렸다. 하얗게 눈이 쌓인 거리를 걸어가던 한 쌍의 남녀가 대화하는 소리가 들린다. 낭만적인 성격인 듯 남자가 감동에 겨워 말한다. "야, 세상이 온통 하얀 게 정말 예쁘다." 그러자 아가씨가 냉소적으로 한마디 던진다. "좋긴 뭐가 좋아. 좀 있으면 차랑 사람이 다 짓밟아서 시커멓게 될 텐데." 똑같이 흰 눈을 보는데 왜 두 사람이 이렇게 다를까? 한 사람은 흰 눈을 흰 눈 그대로 보고 좋아하는 반면에 다른 사람은 흰 눈에서 짓밟힌 눈을 보기 때문이다. 이렇게 바깥에 보이는 것보다 내 안에 보이는 것이 더 중요하다.

과거에 재벌이었던 사람이 쫄딱 망해서 일주일을 굶다가 어렵사리 분식집에서 라면 한 그릇을 먹게 되었다. 처음 반쯤 먹을 때에는 태어나서 이렇게 맛있는 라면을 먹어본 적이 없었다. 그도 그럴 것이 일주일이나 굶었으니까. 그러다 갑자기 자신이 잘나갈 때, W호텔에서 한강을 바라보며 호기롭게 최고급 식사를 하던 생각이 떠올랐다. 그 순간 갑자기 비참함과 서글픔이 몰려와 라면 맛이 뚝 떨어져 젓가락을 놓고 말았다. 왜 똑같은 라면 맛이 이렇게 순식간에 바뀌었을까?

왜 흰 눈을 흰 눈 그대로 즐기지 못하고, 짓밟혀 검어질 것을 생각하면서 미리 짜증내는가? 왜 현재의 라면 맛을 있는 그대로 즐기지 못하고, 과거에 먹었던 호텔 식사와 비교하면서 비참해지는가? 이렇게 마음이 지금 여기에 머무르지 못하고, 그때 거기에 머물게 되면, 항상 비교하게 되고 비교가 비참함과 고뇌와 고통을 만든다. 우리는 항상 지금 여기를 그때 거기와 비교하려 한다. 그러니 지금 여기를 판단하는 생각을 모두 내려놓을 때 우리는 지금 여기에서 천국을 경험하게 된다.

● ● ● ● 무판단이 지금 여기를 천국으로 만든다. 무판단이 삶을 음미하는 최고의 방법이다.

요즘 당신 마음에 들지 않는 사람과 상황과 사건 때문에 마음이 불편

328

하고 심지어 불행한가? 그렇다면 이것을 기억하라. 당신은 '당신이 되지 못한 것'을 만나기 전까지는 '현재 당신의 됨됨이'를 진정으로 경험할 수 없다. 이것이 바로 상대적이고 형상적인 세계가 존재하는 목적이다. 말하자면 현실 세계의 모든 대립항들은, 겉보기에는 극렬히 대립하고 갈등하는 것 같지만, 사실은 한 손의 양면처럼 서로 배제할 수 없는 관계로 존재하는 것이다.

예를 들면 선과 악, 영혼과 육신, 자유와 속박, 좌와 우, 가난과 부, 귀함과 천함, 입자와 파동, 고난과 안락, 정통과 이단 등이다. 육신에 관해서도 우리는 단순이 육신에 묶인 것이 아니라, 오히려 육신의 경험을 선택한 것이다. 당신은 '당신이 아닌 것'에 의해서 정의된다. 어떤 의미에서 '나는 _____ 이다'를 경험하기 위해서 '나는 _____ 가 아니다'를 함께 경험해야만 한다. 세상은 항상 이렇게 상대적으로 존재했고 그래야만 한다. 어찌 다른 방식으로 존재할 수 있으랴.

그렇다면 육신을 가진 영혼으로서 우리는 이 지구별 여행을 어떻게 누릴 것인가?

첫째, 오감과 쾌감과 성적 쾌락 등 육신의 경험과 생로병사를 포함한 삶의 모든 양상들을 맘껏 누려라. 다만 아무리 좋은 음식도 과식은 좋지 않듯, 즐기되 과하지 않도록 하라. 중용은 어디서나 중요한 원칙이다. 둘째, 성실하게 당신의 윤회의 길을 추구하되 다른 영혼의 윤회의 길도 판단 없이 허용하라. 비록 그들이 당신을 비난하고 해치고 심지어 목숨을 위협하도라도. 당신은 불멸의 우주적 생명으로 단지 변화하고, 결코 끝나지 않으며, 어쨌거나 물질적 육신 이상이기 때문이다. 셋째, 만물의 좋은 점을 맘껏 누리되 동시에 만물의 안 좋은 점도 역시 맘껏 누려라. 안 좋음과 좋음이 어울리고 통합되어 '궁극의 좋음'을 이루는 것이니 '안 좋음'은 '궁극의 좋음'의 일부분이라는 것을 알기 때문이다. 육신은 안 좋음을 안 좋음으로만 보지만 참 나는 모든 좋음과 안 좋음을 다 좋음으로 본다. 그러니 육신으로 이 형상 세계를 실컷 경험하되 참 나의 눈으로 판단 없이 보라.

● ● ● ● 범사에 감사하고 있는 그대로 받아들여라.

이제 마지막으로 내가 나름대로 평생을 공부하면서 깨달은 몇 가지를 다시 한 번 정리해보고자 한다.

첫째, 지혜란 무엇인가? 일체의 존재와 현상을 나라는 존재의 필요성판단에 의해서가 아니라 있는 그대로 보는 것이다. 생과 사, 선과 악, 고통과 안락, 천당과 지옥, 번뇌와 해탈, 아픔과 건강함, 갈망과 만족, 명예와 치욕, 가난과 부, 고귀함과 비천함 등의 양 극단을 꿰뚫어 온전히 보는 것이다. 살려고만 너무 버둥거리다 도리어 애달프게 죽지 않는 것이다. 참사람은 무판단으로 인간 생존의 양 극단을 굽어보고 넘어서서 온전함을 산다. 죽을 각오로 사는 자는 진정한 삶을 살게 되고,

구차히 살려고 하는 자는 소멸하는 것이다. 삶과 죽음이 아닌 삶만을 살려고 하는 자는 결코 온전히 살 수 없다.

둘째, 무지無知, 즉 무명無明이란 무엇인가? 한마디로 부분적이고 치우치는 앎이다. 이것을 결국 세상과 사물을 보는 인간의 눈을 비뚤어지게 한다. 그래서 있는 그대로의 사물과 사건에 들어맞지 않는다. 모든 종류의 고뇌는 인간의 필요성판단에 현실을 끼워맞추려는 부질없는 노력에서 생겨난다. 고로 마음의 눈에 낀 비늘을 계속 벗겨내야 한다.

셋째, 수행이나 닦음이란 무엇인가? 마음의 눈에 낀 비늘을 끊임없이 벗겨내어 온전한 앎에 이르도록 노력하라. 그리하여 이러한 밝은 눈에 자연스럽게 비치는 법칙과 원리를 계속 실천하라. 이것이 바로 쉼 없는 닦음이다.

● ● ● ● 지혜를 닦고 실천하라. 멈추지 말고 평생 정진하라.

➡ **연상어구** 당신 앞에는 다양한 음식이 있다. 이제 뭘 먹을지 맛이 어떨지는 그만 생각하고 그냥 먹어보라. 인생은 뷔페와 같다. 두려움 속에서 생각만 하지 말고 그저 살아보라. 그러지 않고 시간만 죽이다 보면 인생이 쉬어빠져서 못 먹게 될 수도 있다. 음식은 보는 것이 아니라 먹는 것이다. 그러니 쳐다만 보지 말고 일단 맛보라. 인생은 생각하는 것이 아니라 살아가는 것이다. 그러니 생각만 하지 말고 일단 살아보라.

후기

● ● ● ● 어렸을 때 종종 먼 산꼭대기를 바라보면서 저 너머에 뭐가 있을까 궁금해하곤 했다. 이 호기심이 항상 나를 그 너머로 데려가곤 했다. 때때로 우리는 '아무리 해도 이게 나야'라고 심각하게 결론을 내린다. 그런데 '나라고 생각했던 나'가 전부이고, 그 이상은 없는지 나는 그게 정말 궁금했다. 그래서 나는 나의 내면에서 새로운 꼭대기를 찾아 계속 오른다. 마치 산악인이 목숨을 건 등반을 마치자마자 다시 새로운 산을 찾듯이. 그게 나다. 그것뿐이다.

"나는 나다. 나는 '나였던 나'를 넘어서는 나다."

오늘도 나는 이렇게 내 마음속의 새로운 산을 오른다. 때때로 너무 힘들고 지쳐서 포기하고 싶지만, 저 너머의 그 무언가가 자꾸 나를 유혹한다. 만약 저 너머로 넘어간 후에 아무 것도 보이지 않는다 해도 그런 건 문제되지 않는다.

아무것도 하지 않으면서 느끼는 공허함은 쓸쓸하기만 하지만, 힘들에 넘어간 후에 느끼는 공허함은 도리어 달콤하다. 이 달콤한 뒷맛이 끝없이 나를 불러일으킨다. 나는 넘어섬이다. 그러다 종종 꼭대기에 힘들어 오를 무렵 갑자기 먹구름 가득한 하늘이 갈라지면서 세계와 나에 대한 조망과 통찰이 생겨나기도 한다. 비록 찰나이지만 평생을 걸만한 매력과 가치가 있다. 때로는 80평생을 사는 것보다 짜릿한 5분이 더 나을 때도 있다. 그러니 어디로든 떠나고 어디든 올라라.

"생존하라. 성공하라. 초월하라."

참된 삶은 나였던 나를 넘어설 때 비로소 시작된다. 이 넘어섬 자체가 바로 삶이며 바로 나다. 우주는 항상 새로워지려고 한다. 지금 당신은 이 우주에 얼마만큼의 새로움을 더했는가? 이 새로움의 노력이 참된 삶이며 삶의 목적이다.

"EFT로 두려움을 지우고 확언으로 자신감을 써넣어라. 그리고 이제 떠나라. 그리고 어느 산이든 올라라."

참고문헌

《깨어나세요》, 티모시 프릭, 정신세계사, 2005

《마음의 의학》, 칼 사이몬튼, 정신세계사, 1998

《만물은 원자, 원자로 구성된 나》, 네이버캐스트(www.naver.com), 김찬주

《면역의 의미론》, 타다 토미오, 한울, 1998

《미야모토 무사시》, 시바 료타로, 창해, 2005

《사람은 늙지 않는다》, 디팍 초프라, 정신세계사, 1993

《禪詩와 함께 엮은 장자》, 김달진, 고려원, 1989

《신화의 이미지》, 조지프 캠벨, 살림, 2008

《열녀의 탄생》, 강명관, 돌베개, 2009

《우주의 형상과 역사》, 편집부, 뉴턴코리아, 2009

《자기암시》, 에밀 쿠에, 하늘아래, 2008

《장자》, 박일봉, 육문사, 1996

《장자》, 오강남, 현암사, 2009

《현대물리학이 발견한 창조주》, 폴 데이비스, 정신세계사, 2000

《호모스피리투스》, 데이비드 호킨스, 정신문화원, 2007

《화이트헤드 과정 철학의 이해》, 문창옥, 통나무, 2002

《통증 혁명》, 존 사노, 국일미디어, 2006

《A BRIEF HISTORY OF EVERYTHING》, Ken Wilber, Shambhala, 2007

《A TALK Given on a COURSE IN MIRACLES—An Introduction》, Kenneth Wapnick, Foundation for A COURSE IN MIRACLES, 1996

《EFT For Back Pain》, Gary Craig, Energy Psychology Press, 2009

《GENIE IN YOUR GENES》, Dawson Church, Energy Psychology Press, 2007

《IF LIFE is a GAME, THESE are the Rules》, Cherie Carter—Scott, Broadway Books, 1998

《The No Nonsense Guide to Enlightenment》, Blair Warren, e—book, 2005

《The Structure Of Scientific Revolutions》, Thomas Khun, The university Of Chicago Press, 1962

《Trance — formation》, Richard Bandler, Health Communications Inc., 2008

《莊子今注今譯》, 陳鼓應, 中華書局, 1998

EFT로 술술 풀리는 내 인생

1쇄 인쇄 2016년 4월 10일
1쇄 발행 2016년 4월 20일

지은이 최인원
펴낸이 김지연
펴낸곳 MBS출판사
출판등록 2015년 3월 3일 | 제2015-000018호
주소 서울시 중구 저동2가 78번지 을지비즈센터빌딩 9층
전화 02)3406-9181 | 팩스 02)3406-9185
홈페이지 http://blog.naver.com/hondoneft

ISBN 979-11-955432-1-2   03190

copyright ⓒ 최인원

※ 이 책은 저작권법에 따라 보호받는 저작물이므로 무단 전재와 무단 복제를 금합니다.
Published by MBS, Printed in Korea